Portugais

MÉTHODE INTÉGRALE

Manuela Cook

HARRAP

Cet ouvrage a été publié par Hodder & Stoughton en 2003 sous le titre
Teach Yourself Portuguese

Texte de Manuela Cook

HARRAP est une marque de Larousse SAS.
Harrap® est une marque déposée.

www.harrap.com

Édition française :
© Larousse, 2011
21, rue du Montparnasse
75283 Paris Cedex 06

ISBN 978 2 81 870225 3

Direction de la publication : Carine Girac-Marinier
Direction éditoriale : Claude Nimmo
Suivi éditorial : Beata Assaf
Révision : Odette de Barros
Informatique éditoriale : Dalila Abdelkader
Conception graphique : Sophie Rivoire
Mise en page : Jérôme Faucheux
Fabrication : Rebecca Dubois

Édition précédente
Traduction : Solenn Alazet, Christina Mendes
Coordination éditoriale : Julie Lehoux
Direction éditoriale : Patrick White

Table des matières

Table des matières

Bienvenue !

Cette méthode répond-elle à vos besoins ?

Si vous êtes adulte sans aucune notion de portugais, et que vous étudiez par vous-même, alors cette méthode est faite pour vous. Si vous êtes sur le point de reprendre le portugais après avoir interrompu votre apprentissage, ou bien que vous avez l'intention d'apprendre en assistant à des cours, encore une fois, ce cours sera parfaitement adapté à vos objectifs.

Développer vos compétences

Le langage présenté dans cette méthode est centré autour de scènes quotidiennes réalistes. L'accent est mis avant tout sur l'utilisation du portugais, mais ce cours prétend également vous donner une idée du fonctionnement de la langue, de façon à ce que vous puissiez former vos propres phrases. Cette méthode vous permet de travailler vos compétences orales et écrites.

Structure de l'ouvrage

L'ouvrage comporte 25 chapitres, dont un chapitre d'introduction, ainsi qu'un chapitre de référence à la fin du livre.

Les chapitres On peut diviser les chapitres en catégories que vous trouverez ci-après, bien qu'elles se chevauchent parfois.

Définition des objectifs Les objectifs de chaque chapitre seront donnés en première page, vous saurez donc quelles compétences vous devrez avoir acquises à la fin du chapitre.

Présentation du nouveau langage Dans la plupart des chapitres le nouveau langage est présenté sous la forme de deux petits dialogues, qui figurent sur l'enregistrement et qui sont transcrits dans votre livre. Ils introduisent le thème et les caractéristiques linguistiques qui seront traités dans le chapitre. Pour vous aider, le vocabulaire nouveau est encadré. La présentation des textes est telle qu'il est facile de les étudier. De plus, ils reprennent systématiquement ce qui a été vu précédemment.

Pratique du nouveau langage Sous le titre **Exercices**, les activités sont classées par niveaux : celles qui requièrent de la **compréhension** sont proposées en premier ; puis, au fur et à mesure que vous prenez confiance, vous serez encouragé(e) à vous **exprimer** à la fois par écrit et oralement. À la fin de l'ouvrage, vous pourrez comparer vos réponses avec le **Corrigé des exercices**.

Prononciation et intonation Le meilleur moyen d'acquérir une bonne prononciation et une bonne intonation est d'écouter les locuteurs natifs et d'essayer de les imiter. La plupart des personnes, cependant, ne remarquent pas que certains sons portugais se prononcent différemment de leurs homologues français, jusqu'à ce qu'on le leur fasse remarquer. C'est pour cela que des conseils et des exercices spécifiques sont donnés dans la rubrique **Comment ça se prononce ?**, à l'intérieur même des chapitres. Le **Guide de prononciation** à la fin de l'ouvrage vous propose un tableau des sons portugais.

Expressions Du vocabulaire nouveau et des expressions sont donnés pour être utilisés dans des situations variées liées aux thèmes des chapitres. À la fin de l'ouvrage, un index des différents **thèmes abordés** est donné, il vous permettra de facilement retrouver les expressions et le vocabulaire qui vous intéressent pour chaque thème.

Constructions linguistiques et grammaire Dans la rubrique **Comment ça marche ?**, vous apprendrez comment la langue fonctionne, de façon à pouvoir former vos propres phrases correctement. Pour ceux qui ont des difficultés avec la grammaire, de l'aide est proposée de différentes manières, notamment grâce à quelques « trucs » qui vous aideront à mémoriser certains aspects de la langue. À la fin de l'ouvrage, un **glossaire des termes grammaticaux**, des renseignements supplémentaires sur la conjugaison, des **tableaux de verbes** et, pour finir, un **index des points grammaticaux et des mots difficiles** sont également là pour vous apporter le soutien dont vous pourriez avoir besoin.

Vocabulaire Le vocabulaire nouveau est généralement présenté au moment où il apparaît. Vous trouverez également un **Lexique** portugais – français et français – portugais à la fin de l'ouvrage.

Renseignements sur les pays lusophones Vous aurez l'opportunité de découvrir dans cet ouvrage des informations intéressantes sur certains aspects de la culture lusophone, comme par exemple la façon dont la langue est utilisée dans les formules de politesse, les situations formelles et informelles, ainsi que des informations sur la cuisine locale, les traditions et les sites touristiques historiques. Des précisions culturelles sont données sous différentes formes : dialogues, articles spécifiques et textes authentiques provenant de sources diverses. Ces informations sont toujours précédées du symbole .

Vérifier vos progrès Pour vous aider à évaluer vos progrès, des exercices sont proposés à la fin de chaque chapitre qui vous permettront de vous assurer que vous avez bien compris les points principaux abordés. La comparaison de vos résultats avec le **Corrigé des exercices**, à la fin de l'ouvrage, vous dira si vous avez réussi ou non. Tous les quatre chapitres, un chapitre de révisions vous permettra de vous auto-évaluer régulièrement. Les quatre derniers chapitres du cours comportent également des exercices de révision. La rubrique **Tests d'auto- evaluation** vous indiquera comment procéder dans cette démarche.

Comment utiliser ce livre ?

Assurez-vous au début de chaque chapitre que vous savez parfaitement ce que vous allez apprendre. Lisez toujours les informations contextuelles données puis lisez les dialogues d'introduction ou bien écoutez-les sur l'enregistrement audio.

Faites les exercices **certo ou errado?** (*Vrai ou faux ?*) et **perguntas e respostas** (*Questions-réponses*). Ce sont des exercices de compréhension qui vous aideront à mieux assimiler le contenu des dialogues d'introduction. Vérifiez toujours vos résultats avec le **Corrigé des exercices** à la fin de l'ouvrage avant de continuer.

Lisez la rubrique **Comment ça se prononce ?** et essayez d'imiter les locuteurs. Si vous avez besoin de davantage d'explications, référez-vous au **Guide de prononciation** situé à la fin de l'ouvrage.

Étudiez le contenu de la rubrique d'expressions. Ne vous précipitez pas, et prenez bien le temps d'intégrer les nouvelles informations données. Imaginez-vous dans une situation concrète qui nécessiterait l'emploi de quelques-unes de ces expressions, et prononcez-les à haute voix même si ce sont les mêmes, ou qu'elles sont semblables aux expressions que vous avez déjà vues dans les dialogues d'introduction.

Vous pouvez alors étudier la rubrique **Comment ça marche ?**. Les explications grammaticales sont données aussi simplement que possible. Il vous revient de décider du temps qui vous est nécessaire pour étudier et bien comprendre les points traités dans cette rubrique. Certaines personnes préfèrent s'exercer à détecter ce qui « sonne » juste, tandis que d'autres ont besoin de savoir en détail comment les phrases se construisent. Le **Glossaire des termes grammaticaux** peut se révéler utile à ce stade, ainsi que le **Guide de conjugaison**, à la fin de l'ouvrage.

Lorsque vous vous sentirez prêt(e), vous pourrez alors passer à la dernière série d'**Exercices** et les faire en respectant les instructions qui les précèdent. Pensez bien à vérifier soigneusement vos réponses à la fin de l'ouvrage. Nos propres erreurs peuvent souvent nous échapper. Si vous avez un « copain de classe », une bonne idée serait peut-être de vous corriger mutuellement.

Alors que vous avancerez dans le livre, à chaque niveau de progression utilisez l'index de la **Liste des thèmes abordés** afin de réviser le vocabulaire et les expressions spécifiques à certains domaines. Et n'oubliez pas de suivre les conseils sur le contrôle de vos progrès donnés à la rubrique **Tests d'auto-évaluation.**

Comment utiliser cette méthode si vous disposez des enregistrements

Cette méthode a été conçue de manière à ce que vous puissiez travailler avec ou sans l'enregistrement. L'utilisation des CD constitue toutefois une aide supplémentaire qui vous permettra d'améliorer votre prononciation et votre compréhension du portugais.

Les deux CD enregistrés par des acteurs natifs du Portugal et du Brésil vous permettront de vous familiariser avec les deux accents différents. Des symboles vous indiqueront les textes et exercices qui figurent sur les CD et vous aideront à vous orienter au travers des différentes rubriques de chaque chapitre. Tous les dialogues et certains exercices sont enregistrés. Le **Guide de prononciation** se trouve également à la fin du second CD.

Si vous étudiez seul, l'enregistrement audio vous fournira l'opportunité d'écouter la langue portugaise et de la parler.

Voici comment aborder les dialogues à partir de l'enregistrement : essayez toujours de comprendre le maximum avant de lire la transcription donnée dans le livre. Ensuite, référez-vous à cette transcription et au vocabulaire encadré pour étudier les dialogues plus en détail. Écoutez de nouveau et essayez d'imiter les locuteurs. Écoutez d'abord puis répétez chaque petite série de mots. Écoutez ensuite et répétez chaque phrase complète.

Ne tombez pas dans le piège de penser que vous avez fini votre leçon lorsque vous avez écouté l'enregistrement deux ou trois fois et lu les dialogues dans le livre. Vous **comprenez** peut-être ce que vous entendez et lisez, mais vous avez très certainement encore beaucoup de chemin à faire avant de pouvoir **exprimer** correctement et couramment ce qui se dit dans les dialogues. C'est pour cela que l'on vous conseille vivement de toujours écouter votre enregistrement dès que vous en avez l'occasion : dans le bus ou le métro, dans la salle d'attente du dentiste ou coincé dans un embouteillage en voiture ; en mettant à profit le temps qui serait autrement du temps perdu. Bien entendu, vous devez également assimiler ce que vous entendez et le comprendre : passer l'enregistrement en musique de fond sans vraiment y prêter attention ne suffit pas !

Le portugais aujourd'hui

Le portugais est parlé par environ 200 millions de personnes. Il se trouve en sixième position des langues les plus parlées dans le monde, et parmi ces langues, la troisième européenne après l'anglais et l'espagnol. Le portugais est la langue officielle de huit pays dispersés sur quatre continents, à savoir l'Angola, le Brésil, le Cap-Vert, le Timor Oriental, la Guinée-Bissau, le Mozambique, le Portugal et São Tomé et Príncipe. Des communautés lusophones importantes sont également établies au Canada et aux États-Unis, dans certains pays d'Amérique du Sud comme le Vénézuela et l'Argentine ; en France, en Allemagne, en Espagne, dans d'autres pays d'Europe et dans les îles Britanniques ; en Afrique du Sud et dans d'autres pays d'Afrique, en Australie, à Macao. Les lusophones du monde entier ont leur langue en commun, et les accents ou les mots régionaux différents ne constituent en aucun cas un obstacle à la communication.

Quel portugais vais-je apprendre ?

La langue choisie pour votre *Portugais méthode intégrale* est le portugais standard qui vous permettra de communiquer où que vous soyez dans le monde lusophone.

Les variations entre le portugais péninsulaire et le portugais sud-américain sont expliquées tout au long des chapitres, et signalées par les abréviations **Eur.** pour européen, qui s'appliquera également à l'Afrique sauf mention contraire, et **Br.** pour brésilien. Les alternatives lexicales et autres, cependant, ne sont pas toujours mutuellement exclusives. Par exemple, **comboio** (Eur.) / **trem** (Br.) pour *train*, signifiera que vous devez utiliser le premier à l'est de l'océan Atlantique et le second au Brésil ; mais **vermelho / encarnado** (Eur.), pour la couleur *rouge*, signifiera que le premier pourra être utilisé dans tous les pays lusophones et que le second pourra également être utilisé à l'est de l'Atlantique.

Où puis-je trouver du vrai portugais ?

Ne vous attendez pas à comprendre tout ce que vous entendrez ou lirez immédiatement. Si vous regardez des programmes télévisés ou lisez des journaux en portugais, ne vous découragez pas lorsque vous vous rendrez compte de la vitesse avec laquelle les locuteurs natifs parlent, et de la quantité de vocabulaire qu'il vous reste encore à apprendre. Concentrez-vous sur un **court** extrait (un clip audio / vidéo ou un petit article) et étudiez-le jusqu'à ce que vous le maîtrisiez. Vous trouverez ainsi que votre maîtrise du portugais se développe régulièrement.

Lorsque vous visitez un pays lusophone, prêtez une attention particulière aux annonces et aux publicités adressées au grand public. Elles constituent un très bon exemple de la langue quotidienne, et, qui plus est, elles sont courtes. Dans cet ouvrage vous trouverez des textes authentiques utilisés avec l'autorisation des organisations respectives. L'auteur tient à les remercier pour leur coopération.

Si vous souhaitez davantage d'informations, lisez le chapitre **pour aller plus loin** **pages 379-81**.

* * *

Nous espérons que l'étude du portugais avec *Portugais méthode intégrale* vous plaira. Essayez de ne pas vous laisser décourager. La maîtrise d'une langue étrangère est un processus qui nécessite temps et persévérance, cela peut parfois paraître difficile. Lorsque c'est le cas, faites une pause, remettez-vous au travail le lendemain et vous verrez que tout ira mieux.

Muito prazer

Enchanté(e)

Communication

- Saluer
- Demander le nom de quelqu'un et vous présenter
- Dire au revoir

A) Les formules de salutation

CD1 piste 2

Vous allez entendre un certain nombre de personnes se saluer. Nous avons retranscrit le premier échange pour vous.

1) Regardez les illustrations et si vous possédez l'enregistrement écoutez les différentes façons de saluer quelqu'un.

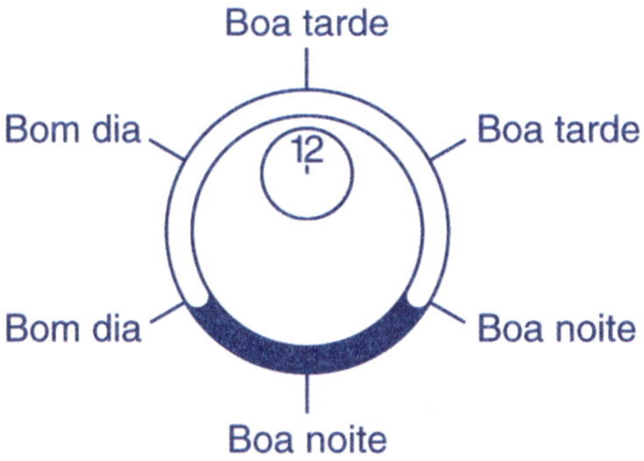

Bom dia	*Bonjour*
Boa tarde	*Bonjour / bonsoir*
Boa noite	*Bonsoir*

2) Lisez les formules de salutation page 2. Vous pouvez également écouter de nouveau l'enregistrement et prononcer chaque expression, en essayant d'imiter les locuteurs.

O dia signifie *le jour, la journée* ; **a tarde** correspond à la partie de la journée située entre midi et le coucher du soleil ; **a noite** est *la nuit*. Utilisez **bom dia** de l'aube à midi. De midi au crépuscule utilisez **boa tarde**. Utilisez ensuite **boa noite** jusqu'au lever du jour. Veuillez remarquer que la traduction de *bonsoir* se trouve à la fois dans **boa tarde** et **boa noite**, selon qu'il fait encore jour ou pas.

3) **a** On vient vous chercher à l'aéroport pour vous emmener à votre hôtel. Vous arrivez à 23 heures. Saluez la personne.

b À 10 heures à peu près, vous allez à la banque pour changer des devises. Saluez l'employé du guichet.

c Il est 13 heures et vous entrez dans un restaurant. Saluez le garçon.

4) D'autres personnes se saluent. Écoutez ou lisez ce qu'elles disent.

CD1 piste 2

- Boa noite, senhor José.
- Boa noite, dona Laura.

- Oi! (Br.)
- Oi! (Br.)

- Olá, boa noite.
- Olá!

-Tudo bem?
-Tudo bem.

Afin de rendre votre salutation plus formelle, vous pouvez ajouter des mots, comme par exemple ***dona*** ou ***senhora*** lorsque vous vous adressez à une femme, ou ***senhor*** si c'est à un homme. Ces deux titres sont généralement abrégés à l'écrit en ***D.*** ou ***Sr.ª*** et ***Sr.*** respectivement. Si vous vous adressez à José par son nom de famille de cette façon : ***Sr. Santos (M. Santos)***, la salutation sera encore plus formelle.

Pour un salut très informel vous pouvez dire ***Olá! (Salut !)***. ***Oi!*** est l'équivalent brésilien de ***Olá!***.

On utilise ***tudo bem*** à la fois comme question et comme affirmation. Cela ressemble beaucoup à notre *Ça va ? - Ça va*. Littéralement, ***tudo bem*** signifie *Tout (va) bien ? - Tout (va) bien.*

5) Reprenez les salutations formelles et informelles et répétez-les.

6) **a** Laura vous a salué de manière formelle. Retournez-lui son salut de la même façon.
b Joana vous a salué de façon très informelle. Rendez-lui son salut.

dialogue

B) Demander le nom de quelqu'un et se présenter

CD1 piste2

1) Vous allez entendre des personnes qui se rencontrent pour la première fois. Elles se présentent et se serrent la main. Si vous disposez de l'enregistrement, écoutez-le et lisez ci-dessous le script de ce qu'elles se disent.

- César Oliveira. Qual é seu nome?
- Fátima Rocha.
- Muito prazer.
- Muito prazer.

- Como se chama?
- Marcelo Ribeiro. E você?
- Cristina Silva.
- Muito prazer.
- Igualmente.

vocabulaire

Qual é o seu nome? (Eur.)	
Qual é seu nome? (Br.)	*Quel est votre nom ?*
O meu nome é... (Eur.)	
Meu nome é... (Br.)	*Mon nom est...*
Como se chama? (Eur.)	*Comment vous appelez-vous ?*
Chamo-me… (Eur.)	*Je m'appelle…*
E você?	*Et vous ?*
Muito prazer	*Enchanté(e)*
Igualmente	*De même*

2) Écoutez encore plusieurs fois les personnes qui font connaissance pour la première fois.

3) Lorsque vous vous sentirez prêt(e), jouez le rôle de chacun des personnages avec votre propre nom.

dialogue

C) Dire « au revoir »

CD1 piste 2

1) Quatre personnes se disent au revoir. Regardez les illustrations et écoutez ce qu'elles disent si vous avez l'enregistrement.

2) Voici d'autres façons de prendre congé. Écoutez (ou reportez-vous au script **page 295**) et cochez pour chaque personne les cases correspondantes dans le tableau **page 6**. Le premier exemple a déjà été fait pour vous.

Expressions pour dire au revoir	1	2	3	4
a bom dia				
b boa tarde	√			
c boa noite				
d até logo				
e até breve				
f adeus				
g tchau				

On peut utiliser **bom dia**, **boa tarde** et **boa noite** à la fois pour saluer et pour prendre congé. Ces expressions ne sont pas vraiment formelles mais sont d'un registre neutre. De la même façon que pour les formules de salutation, vous rendrez l'échange plus formel si vous ajoutez **dona Laura / senhora Laura** ou **senhor José**.

Avec les personnes que vous connaissez et vos amis vous pouvez également utiliser **adeus** au Portugal, où la formule brésilienne **tchau** est aussi devenue assez populaire. On peut les utiliser seuls ou en conjonction avec d'autres expressions : **Adeus, bom dia, até à próxima!** ; **Tchau, bom dia e até logo!**.

Si vous allez revoir la personne dans un moment, utilisez **até já** (*à tout de suite*). Si vous allez la revoir plus tard dans la journée, dites **até logo** (*à tout à l'heure)*, et si vous ne savez pas exactement quand, mais que le délai n'est que de quelques jours ou semaines, dites **até mais** (*à plus tard*) ou **até breve** (*à bientôt*). Quand il s'agit de délais plus longs, utilisez **até a próxima** (Br.) **/ até à próxima** (Eur.) (*à la prochaine*). Comme en français, cette dernière formule est familière.

3) Écoutez de nouveau les différentes façons de dire au revoir et répétez chacune d'elles après le locuteur.

4) **a** Nous sommes en plein milieu de la matinée. Vous voulez faire des courses et vous entrez dans un magasin. Dites au revoir au vendeur lorsque vous partez.

b Vous allez déjeuner dans un restaurant en début d'après-midi. Dites au revoir au serveur lorsque vous partez.

c Dites au revoir à votre collègue portugais (vous avez une réunion d'affaires ensemble plus tard dans la journée).

d Dites au revoir à votre ami brésilien.

01

Onde é a saída?

Où est la sortie ?

Communication

- Demander votre chemin
- Comprendre des directions simples
- Demander des explications et de l'aide

Ce chapitre a pour but de vous aider à trouver votre chemin au moment où vous arrivez dans un pays lusophone pour la première fois.

dialogue

Onde é a saída? *Où est la sortie ?*

CD1 piste 3

Pedro est à l'aéroport. Il arrête Isabel, une autre passagère, pour lui demander où est la sortie. Écoutez ou lisez ce qu'ils disent et étudiez le dialogue à l'aide du vocabulaire encadré ci-dessous.

Pedro	Por favor, pode me dizer onde é a saída?
Isabel	Em frente, à direita.
Pedro	Como?
Isabel	Em frente, à direita.
Pedro	Obrigado.
Isabel	De nada.

vocabulaire

por favor	*s'il vous plaît*
pode me dizer...?	*pouvez-vous me dire... ?*
onde	*où*
é	*est, c'est*
a saída	*la sortie*
em frente	*tout droit*
à direita	*à droite*
como?	*comment ?*
obrigado	*merci* (prononcé par un homme)
de nada	*de rien*

dialogue

Onde são os telefones? *Où sont les téléphones ?*

CD1 piste 3

Ana veut passer un appel téléphonique. Elle s'adresse à Paulo pour lui demander où sont les téléphones. Écoutez-les ou lisez le dialogue et étudiez le vocabulaire nouveau.

Ana	Desculpe, pode me dizer onde são os telefones?
Paulo	*(désignant les escaliers)* São no andar de cima, nos correios. Os correios são à esquerda, a seguir ao banco e em frente da farmácia.
Ana	Como? Mais devagar, por favor.
Paulo	São no andar de cima..., nos correios... Os correios são à esquerda..., a seguir ao banco... e em frente da farmácia...
Ana	Obrigada.
Paulo	De nada.

desculpe	*excusez-moi (de vous déranger)*
são	*sont, ils sont*
os telefones	*les téléphones*
o andar	*l'étage*
de cima	*d'en haut*
nos (= em + os) correios	*au bureau de poste*
à esquerda	*à gauche*
a seguir ao (a + o) banco	*après la banque* (littéralement *après + à + la + banque*)
e	*et*
em frente da (de + a) farmácia	*en face de la pharmacie*
mais devagar	*plus lentement*
obrigada	*merci* (prononcé par une femme)

Exercices

1.1 Certo ou errado? *Vrai ou faux ?*

Pour chaque affirmation suivante, cochez la case C si c'est vrai, ou la case E si c'est faux. La première case a déjà été cochée pour vous.

		C	E
1	A saída é à esquerda.	☐	☑
2	A farmácia é no andar de cima.	☐	☐
3	Os correios são em frente da farmácia.	☐	☐

1.2 Perguntas e respostas *Questions-réponses*

Choisissez la bonne réponse et écrivez-la sur un cahier.

1 Onde é a saída?
- **a** À direita.
- **b** Em frente, à direita.

2 Onde é a farmácia?
- **a** No andar de cima, à direita.
- **b** No andar de cima, a seguir aos correios.

3 Onde são os telefones?
- **a** Nos correios, no andar de cima, em frente da farmácia e do banco.
- **b** Nos correios, no andar de cima, à esquerda, em frente da farmácia.

Comment ça se prononce ?

CD1 piste 4

Prononcez les mots suivants. Si vous possédez l'enregistrement, essayez d'imiter les locuteurs en répétant les mots après eux. Faites particulièrement attention aux sons marqués en caractère gras.

-ão et s**ão** :

a estaç**ão** (*la station, la gare*) ; perd**ão**! (*pardon* !). Prononcez *an* comme dans *sans*.

-ões :

as informaç**ões** (*la réception*). Prononcez *on* suivi du *ï* de *aïe*.

-lh- :

a reco**lh**a de bagagem (*la réception des bagages*). Prononcez *lli* comme dans *million*.

-nh- :

a se**nh**ora (*la dame*). Prononcez *gn* comme dans *oignon*.

N'hésitez pas à vous reporter au **guide de prononciation** qui se trouve à la fin de cet ouvrage si vous avez besoin d'aide supplémentaire. Vous y trouverez davantage de mots français comportant des sons similaires aux sons portugais.

« S'il vous plaît » et « merci »

Avec **se faz favor** et **por favor** on demande littéralement une faveur. Le premier est utilisé au Portugal tandis que l'on entend l'autre de chaque côté de l'Atlantique. Utilisez **por favor** ou **se faz favor** (ou **faz favor**) lorsqu'en français vous diriez *excusez-moi* et/ou *s'il vous plaît* pour attirer l'attention de quelqu'un ou pour accompagner une demande.

Remarque :

L'expression **faz favor** n'est utilisée qu'en début de phrase, dans tous les autres cas on dira **se faz favor**.

Por favor / Se faz favor (Eur.), **pode me dizer onde é a saída?**	*Excusez-moi, pourriez-vous me dire où est la sortie, s'il vous plaît ?*

ou simplement,

Por favor / Faz favor (Eur.), **onde é a saída?**	*Excusez-moi, où est la sortie, s'il vous plaît ?*

On utilise **Pode me fazer um favor?** (littéralement, *pourriez-vous m'accorder une faveur ?*) lorsqu'en français on dirait *Pourriez-vous me rendre un service ?*.

Desculpe et **perdão** permettent tous les deux de dire *pardon*.

- Préférez **desculpe** à **por favor** ou **faz favor** pour attirer l'attention de quelqu'un ou avant de formuler une demande, lorsque vous sentez que vous dérangez la personne.

Desculpe, pode me dizer onde são os telefones?	*Excusez-moi de vous déranger, pourriez-vous me dire où sont les téléphones, s'il vous plaît ?*

(Lorsque, par exemple, vous avez interrompu une conversation pour poser votre question.)

- Utilisez **perdão** ou **desculpe** lorsqu'en français vous diriez *pardon* pour vous excuser :

Perdão! ou **Desculpe!** *Pardon !*

(Lorsque, par exemple, vous avez bousculé quelqu'un.)

Obrigado ou **obrigada**, *merci* (littéralement, *obligé*, *reconnaissant*), est l'équivalent de *je vous suis reconnaissant*. (Voir page 12 pour les différentes terminaisons **-o**/**-a**.) **Muito obrigado** ou **muito obrigada**, c'est à dire *très reconnaissant*, correspond à *merci beaucoup*. L'alternative (**muito**) **agradecido** ou (**muito**) **agradecida** a le même sens.

vocabulaire

« Comment ? »

Como? est la version abrégée de **Como disse?** ou **Como é?** (Br.) (litt. *Comment avez-vous dit ?* ou *Comment est-ce ?*). On l'utilise lorsque l'on n'a pas bien compris, de la même façon que *Comment ?* en français.

Lorsque quelqu'un parle trop vite pour vous, vous pouvez également ajouter **mais devagar, por favor / se faz favor**. C'est un bon moyen de demander à la personne de parler plus lentement.

vocabulaire

Directions et emplacements

Comme en français, certains mots sont utilisés à la fois pour donner une direction et pour définir un emplacement :

em frente	*tout droit*	*en face*
à direita	*à droite*	*à droite*
à esquerda	*à gauche*	*à gauche*

As lojas são em frente.	*Les boutiques se trouvent tout droit.*
As lojas são em frente da entrada.	*Les boutiques sont en face de l'entrée.*

grammaire

Comment ça marche ?

Le genre

En portugais également les noms sont soit masculins soit féminins, mais leur genre n'est pas nécessairement le même qu'en français.

masculin	*féminin*
o homem (*l'homme*)	**a mulher** (*la femme*)
o banco (*la banque*)	**a saída** (*la sortie*)
o telefone (*le téléphone*)	**a bagagem** (*les bagages*)

Comment savoir si un nom est masculin ou féminin ?

Par sa terminaison : un nom qui se termine en **-o** a toutes les chances d'être masculin ; un nom qui se termine en **-a** est très certainement féminin, ainsi que les noms se terminant en **-gem** ; **-dade** ; **-tude** ; **-ão** (lorsque dans sa traduction en français le mot se termine en *-ion*) :

a viagem (*le voyage*) ; **a verdade** (*la vérité*) ; **a juventude** (*les jeunes, la jeunesse*) ; **a estação** (*la station, la gare*).

Il y a cependant des exceptions : par exemple **o dia** (*le jour*), qui se termine en **-a** mais qui est masculin. La seule façon efficace de connaître le genre des noms est de les apprendre avec leur article défini (*le* ou *la* en français), qui sera **o** ou **a**:

o devant un nom indique qu'il est masculin

a devant un nom indique qu'il est féminin

Essayez de toujours mémoriser un nouveau nom précédé de son article **o** ou **a**. Dans les listes de vocabulaire qui se trouvent à la fin de cet ouvrage, un (m) à la suite d'un nom indique qu'il prend un **o**, et un (f) qu'il prend un **a**.

Les adjectifs, ainsi que certains autres mots ayant la fonction d'adjectifs, sont également masculins ou féminins. Voici pourquoi :

Il faut dire **bom dia** (m) pour dire *bonjour* mais **boa noite** (f) pour dire *bonsoir / bonne soirée / bonne nuit.*

Pour *merci*, si vous êtes un homme vous direz **obrigado** mais si vous êtes une femme vous direz **obrigada**.

Muito obrigado pela sua hospitalidade.	*Merci beaucoup pour votre hospitalité.* (Stéphane qui parle à Laurie)

« Le » ou « la »

Comme en français, l'article défini (*le* ou *la*) s'accorde en genre (masculin et féminin) et en nombre (singulier et pluriel) avec le nom qu'il précède. En français il n'y a qu'un article pluriel pour le masculin et le féminin mais en portugais, en plus de **o** (m) et **a** (f) qui sont singuliers, il existe **os** (m pluriel) et **as** (f pluriel).

o homem, os homens — *l'homme, les hommes*
a saída, as saídas — *la sortie, les sorties*

De : « de » et « à »

Très souvent, **de** est également traduit en français par la préposition *de* :

em frente do (= de + o) **banco** — *en face de la banque*
longe do (= de + o) **aeroporto** — *loin de l'aéroport*

De est souvent utilisé pour relier un nom à un autre mot (qui n'est pas nécessairement un nom) afin d'en préciser la signification. Dans ce cas, **de** est traduit par les prépositions françaises *de* ou *à*:

a bagagem de mão — *le bagage à main*

o depósito **de** bagagem (*la consigne à bagages*), o bilhete **de** avião (*le billet d'avion*), o cartão **de** embarque (Eur.) / a ficha **de** embarque (Br.) (*la carte d'embarquement*), a porta **de** embarque (Eur.) / o portão **de** embarque (Br.) (*la porte d'embarquement*), a carta **de** condução (Eur.) / a carteira **de** motorista (Br.) (*le permis de conduire*).

Les mots contractés

Certaines prépositions se contractent et s'assemblent avec les articles définis :

de + o : **do**	de + a : **da**	*du / de la*
a + o : **ao**	a + a : **à**	*au / à / à la / de*
em + o : **no**	em + a : **na**	*dans le / dans la / en / au / sur*

O hotel é na rua a seguir à estação, no centro da cidade — *L'hôtel est dans la rue après la gare, dans le centre ville.*

Remarque :

L'emploi de la préposition portugaise **a** est similaire à celui de la préposition française *à*. Elle peut cependant être traduite par *en* dans certains cas, comme par exemple dans :

ir a França — *aller en France*

Les pluriels

Les noms, les adjectifs et certains autres mots, lorsqu'ils sont utilisés comme des adjectifs, suivent les mêmes règles basiques.

Les mots qui se terminent avec une voyelle prennent un **-s** au pluriel :

o telefone (*le téléphone*) ; **os telefones** (*les téléphones*)

Il faut cependant noter que certains mots se terminant en **-ão** (qui correspond souvent à une terminaison en *-ion* en français) changent leur orthographe en **-ões** :

a estação (*la station, la gare*) ; **as estações** (*les stations, les gares*)

Les mots qui se terminent avec une consonne autre que **-m** ou **-l** prennent **-es** à la fin:

a mulher (*la femme*) ; **as mulheres** (*les femmes*)

Les mots qui se terminent en **-m** changent en **-ns** :

o homem (*l'homme*) ; **os homens** (*les hommes*)

Les mots qui se terminent en **-al** changent en **-ais** :

o hospital (*l'hôpital*) ; **os hospitais** (*les hôpitaux*)

autoévaluation

Exercices

1.3

CD1 piste 5

Les endroits suivants sont mentionnés dans cinq courts dialogues que vous pourrez écouter ou lire **page 295**.

(a) recolha de bagagem
(la) réception des bagages

(as) informações
(la) réception

(o) controlo de passaportes
(le) contrôle des passeports

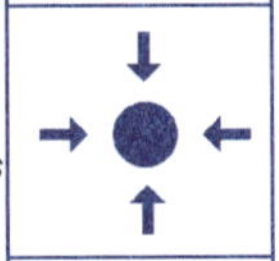

(o) ponto de encontro
(le) point de rencontre

(os) sanitários ou
(as) casas de banho
(les) toilettes

… **para senhoras***
… *pour dames*

(o) aluguer de carros (Eur.)
(o) aluguel de carros (Br.)
(la) location de voitures

… **para homens****
… *pour hommes*

(a) praça de táxis (Eur.) /
(o) ponto de táxi (Br.)
(la) station de taxis

* Indiquées par un **S** (Senhoras) ou un **D** (Damas)
** Indiquées par un **H** (Homens) ou un **C** (Cavalheiros)

1.3.1 Dans ces dialogues des personnes demandent leur chemin et on leur indique des directions. Écoutez ce qu'elles disent ou référez-vous **à la page 295** et regardez les illustrations ci-dessous. Cochez deux cases qui mèneront chaque personne à l'endroit où elle souhaite aller. Le premier dialogue a déjà été fait pour vous à titre d'exemple.

i A recolha de bagagem:

A √

B √

C ☐

ii As informações:

A ☐

B ☐

C ☐

iii As casas de banho das senhoras:

A ☐

B ☐

C ☐

iv As agências de aluguer de carros:

A ☐

B ☐
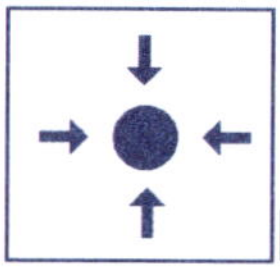
C ☐

v A praça de táxis:

A ☐

B ☐

C ☐

1.3.2 À présent, écoutez de nouveau les dialogues et retranscrivez-les sur papier ou lisez la transcription **page 295** à voix haute.

1.4

1.4.1 Demandez où se trouvent les endroits suivants :

a la pharmacie
b la banque
c la réception
d les toilettes pour hommes

1.4.2 Si vous n'aviez pas tout à fait compris ce qu'on vient de vous dire, comment demanderiez-vous des éclaircissements ?

1.4.3 Que diriez-vous en remerciement de l'aide apportée ?

1.5

CD1 piste 6

C'est maintenant à votre tour d'aider les autres. Observez les panneaux et écrivez dans les cases les directions adéquates pour se rendre à l'endroit indiqué. Si vous avez les enregistrements, vous pouvez écouter les questions posées. Avant de commencer, observez l'exemple qui est donné.

Exemple :

Chegadas	**À direita**

i

ii

C'est à votre tour maintenant :

i Partidas Internacionais
ii Partidas Domésticas

Lisez à haute voix ce que vous avez écrit.

1.6

CD1 piste 7

vocabulaire

(a) agência de câmbio (Eur.) / **(a) casa de câmbio** (Br.) — *(le) bureau de change*

Une femme demande le chemin du bureau de change. Construisez une phrase correcte à partir des mots et expressions qui vous sont donnés ci-dessous. Vous pouvez également retrouver la phrase en écoutant les enregistrements.

Por favor, / a agência de câmbio? / onde / pode / é / me / dizer

02

Ida e volta, por favor

Aller-retour, s'il vous plaît

Communication

- Acheter des billets pour voyager
- Comprendre de simples avis publics
- Demander ce dont vous avez besoin à votre arrivée

Para o Porto *Pour Porto*

CD1 piste 8

Clara est dans une gare au Portugal, elle achète des billets de train pour Porto.

Clara	Queria um bilhete para o Porto.
Empregado	Ida e volta?
Clara	Sim, ida e volta, por favor.

Para São Paulo *Pour São Paulo*

CD1 piste 8

Beatriz est dans une gare au Brésil, elle achète des billets de train pour São Paulo.

Beatriz	Queria uma passagem para São Paulo.
Empregado	Ida e volta?
Beatriz	Não, somente ida, por favor.

vocabulaire

queria	*je voudrais* (litt. *(je) voulais*)
um bilhete para (Eur.)	*un billet pour*
(um de) ida e volta	*(un) aller-retour*
(um de) ida	*(un) aller simple*
uma passagem para (Br.)	*un billet pour* (litt. *un passage pour*)
não	*non*
somente	*seulement*

Para Coimbra *Pour Coimbra*

CD1 piste 8

Alice est dans une gare routière au Portugal, elle achète des billets pour Coimbra.

Alice	Queria dois bilhetes de ida para Coimbra.
Empregado	Como? Quantos?
Alice	Dois, se faz favor.

Para o Rio *Pour Rio*

CD1 piste 8

Rosana est dans une gare routière au Brésil, elle achète des billets pour Rio de Janeiro.

Rosana	Queria duas passagens para o Rio, ida e volta.
Empregado	Para onde?

Rosana	Para o Rio de Janeiro.
Empregado	Para hoje ou reserva?
Rosana	Como? Mais devagar, por favor.
Empregado	Para hoje... ou... reserva?
Rosana	Para hoje, por favor.

vocabulaire

dois bilhetes (Eur.)	*deux billets*
quantos?	*combien ?*
duas passagens (Br.)	*deux billets*
para onde?	*pour où ?*
para hoje	*pour aujourd'hui*
ou	*ou*
(uma) reserva	*(une) réservation*
mais devagar, por favor	*plus lentement, s'il vous plaît*

autoévaluation

Exercices

2.1 Certo ou errado? *Vrai ou faux ?*

	C	E
1 Para o Porto o bilhete é de ida e volta.	☐	☐
2 Para Coimbra são dois bilhetes.	☐	☐
3 Para São Paulo são duas passagens.	☐	☐

2.2 Perguntas e respostas *Questions-réponses*

1 Quantos são os bilhetes para o Porto?
a Um. **b** Dois.

2 Como são os bilhetes para Coimbra?
a De ida. **b** De ida e volta.

3 Quantas e como são as passagens para o Rio?
a Uma de ida e volta. **c** Duas de ida e volta.
b Duas de ida.

prononciation

Comment ça se prononce ?

CD1 piste 9

Comme le français, le portugais comporte beaucoup de sons nasalisés, notamment le son produit par une voyelle suivie des lettres *n* ou *m*. Prononcez les mots suivants avec un accent nasal très accentué sans jamais clairement prononcer la consonne marquée en caractère gras. Vous pouvez vous exercer à l'aide de l'enregistrement, si vous le possédez.

voyelle + n :

banco ; **cen**tro ; **fren**te ; **cin**co (*cinq*) ; **cin**to (*ceinture*) ; **on**de ; **lon**ge ; **pon**to ; **encon**tro.

voyelle + m :

b**em** ; **sem** (*sans*) ; viag**em** ; bagag**em** ; passag**em** ; **sim** ; **fim** (*fin*) ; **sim**ples (*simple*) ; b**om** ; **com** (*avec*) ; **um**.

Queria *Je voudrais*

En ajoutant à **Queria** (*Je voudrais*) des mots différents, vous pouvez demander tout ce dont vous avez besoin dans un premier temps, qu'il s'agisse d'un billet de train ou d'une tasse de café.

Queria um bilhete para o Porto.	*Je voudrais un billet pour Porto.*
Queria uma passagem para São Paulo.	*Je voudrais un billet pour São Paulo.*
Queria um café.	*Je voudrais un café.*

Il y a même une manière encore plus simple de demander une chose que vous savez être disponible. Il suffit juste de dire **Um …** ou **Uma …** suivi de **por favor** (Br.) / **se faz favor** (Eur.).

Um bilhete para o Porto, se faz favor.	*Un billet pour Porto,… s'il vous plaît.*
Por favor, uma passagem para São Paulo.	*Un billet pour São Paulo,…*
Um café, se faz favor.	*Un café,…*

De même, lorsque vous prenez le taxi vous pouvez indiquer au conducteur **Queria ir para** (*… aller)* **…**, ou simplement **Para …**, en ajoutant votre destination.

Para o Hotel Sol-Mar, por favor.	*L'Hotel Sol-Mar, s'il vous plaît.*

O título de transporte (Eur.) / bilhete de passagem (Br.) *Le titre de transport*

Au moment d'acheter leur *titre de transport*, leur **título de transporte,** les Portugais demandent **um bilhete** et les Brésiliens **uma passagem**.

Um bilhete para o Porto, se faz favor.	*Un aller simple / Un billet pour Porto s'il vous plaît.*
Por favor, três passagens de ida e volta para o Rio.	*Trois allers-retours pour Rio s'il vous plaît.*

Pour des raisons pratiques, dans cet ouvrage on se réfère aux guichetiers et aux autres employés du secteur tertiaire comme **(o) empregado**. S'il s'agit d'une organisation de l'État, le terme **(o) funcionário**, c'est à dire **(o) empregado do Estado / (o) funcionário público** (*(le) fonctionnaire public*), est aussi applicable. Les équivalents féminins respectifs sont **(a) empregada** et **(a) funcionária**.

vocabulaire Favor *Faveur*

En plus de **por favor** et **se faz favor** (Eur.), il existe également **faça favor** et **faça / faz me o favor de**. Le terme **favor** (*la faveur*) est commun à toutes ces expressions. Mise à part **por favor**, presque toutes contiennent une forme du verbe **fazer** (*faire*).

Faça favor est une alternative à **faz favor** et à **desculpe** pour attirer l'attention de quelqu'un.

Faz favor / Faça favor, pode me dizer onde são os telefones?	*Excusez-moi, pouvez-vous me dire où sont les téléphones, s'il vous plaît ?*

Faça o favor de / Faz me o favor de... sont utilisées pour inviter une personne à réaliser une action. Prenez garde à la façon dont vous les employez car ces formules peuvent aisément être mal interprétées et vous risqueriez de passer pour un despote... Voici quelques exemples de leur utilisation :

Faça o favor de falar ao microfone.	*Veuillez parler dans le microphone.*

(dans le contexte d'un guichet de gare, de banque, etc.)

Faça o favor de se sentar.	*Veuillez vous asseoir.*
Faz me o favor de me chamar um táxi.	*Veuillez m'appeler un taxi.*

Faça o favor de... peut aussi être utilisé dans les avis publics, tout comme **É favor...** (litt. *C'est (une) faveur*), plus formel, bien que courtois.

É favor esperar aqui.	*Veuillez attendre ici.*

Remarque :

La formule **importa-se de** suivie de l'infinitif est également souvent utilisée au Portugal et est une très bonne alternative à **faz me o favor de.** N'hésitez pas à l'utiliser.

Importa-se de repetir?	*Pourriez-vous répéter ?*

Comment ça marche ?

Porto et Rio de Janeiro

L'article défini s'utilise avec un certain nombre de noms de villes.

Queria um bilhete para o Porto.	*Je voudrais un billet pour Porto, s'il vous plaît.*
Queria duas passagens para o Rio.	*Je voudrais deux billets pour Rio, s'il vous plaît.*

Cette tendance s'applique aux pays et aux lieux dont les noms (ou une partie) proviennent d'un nom commun ayant une signification propre.

Queria três bilhetes para a Madeira. *Je voudrais trois billets pour Madère.*

Le mot portugais **(o) porto** signifie en effet *(le) port*, et **(a) madeira**, (*le*) *bois*.

« Un / une »

En ce qui concerne l'article indéfini, le portugais possède **um** (m) ou **uma** (f), selon le genre (masculin ou féminin) du nom auquel il se rapporte.

um **homem** *un homme* uma **saída** *une sortie*

Il existe également **uns** et **umas**, traduisibles par *quelques / des* dans le sens de *un certain nombre de* ou *une certaine quantité de* et *un certain* (lorsque l'on spécifie).

uns **amigos**, umas **amigas** *des / quelques amis, des / quelques amies*

Les chiffres de 1 à 10

1 **um / uma**	3 **três**	5 **cinco**	7 **sete**	9 **nove**
2 **dois / duas**	4 **quatro**	6 **seis**	8 **oito**	10 **dez**

Remarques :

- *Un* et *deux* s'accordent avec le masculin et le féminin : **um / uma** et **dois / duas.**

  um **bilhete** *un billet* duas **pessoas** *deux personnes*

- Comme en français, les mots *un / une* sont également utilisés à la fois comme articles indéfinis et comme chiffres.

Les pluriels

Certains mots (noms et adjectifs) se terminent en **-s** au singulier et se prononcent comme un pluriel. Ils sont invariables.

o / os cais *le quai / les quais* **simples** *simple*

Lorsqu'il s'agit d'une séquence nom + **de** + nom ou un autre mot, seul le premier élément prend la marque du pluriel.

título de transporte; títulos de transporte	*titre de transport ; titres de transport*
fim de semana; fins de semana	*week-end ; week-ends*

Les verbes : les trois conjugaisons

-ar, -er, -ir

On peut classer les infinitifs de tous les verbes portugais dans l'une des trois conjugaisons ci-dessus, à l'exception du verbe **pôr** (*mettre*) et de ses dérivés, comme **compor** (*composer*) ou **supor** (*supposer*). Ceux-ci ne prennent pas d'accent circonflexe (^) sur le **o**.

Il existe des verbes irréguliers, mais la plupart suivent le schéma de l'une des trois conjugaisons selon leur terminaison verbale à l'infinitif. Vous trouverez ci-dessous trois verbes réguliers qui serviront de modèle de conjugaison pour les trois groupes tout au long de cet ouvrage :

Infinitif :	compr**ar** (*acheter*)	vend**er** (*vendre*)	part**ir** (*partir*)
Participe passé :	compr**ado** (*acheté*)	vend**ido** (*vendu*)	part**ido** (*parti*)

par ex. : **Vendido** pour une pancarte *Vendu*

Pour ce qui est des verbes irréguliers, référez-vous au **guide de conjugaison** à la fin de l'ouvrage. Dès que vous apprendrez un nouveau verbe, vérifiez-en toujours la conjugaison dans ce guide.

Le portugais utilise souvent l'infinitif là où le français ferait appel soit à l'infinitif, soit à l'impératif dans des avis, des instructions et divers autres messages destinés au grand public.

Voici quelques exemples :

Sur une porte : **Empurrar** (litt. *pousser*) pour *Poussez* ou **Puxar** (litt. *tirer*) pour *Tirez.*

Sur un distributeur de tickets, de chocolats ou de boissons : **Introduzir as moedas** pour *Introduire les pièces.*

Sur un paquet d'emballage : **Consumir antes de** pour *À consommer avant le* suivi d'une date.

Dans une cabine téléphonique, selon le pays dans lequel vous êtes : **Introduzir o cartão** *Introduire la carte* ou **Depositar uma ou mais moedas** (litt. *déposer...*) pour *Insérer une ou plusieurs pièces.*

Sur un téléphone portable : **Ler** et **Enviar** pour *lire* et *envoyer* respectivement un SMS.

Sur le dossier opposé à votre siège dans un avion : **Não fumar** pour *Ne pas fumer* et **Apertar o cinto** pour *Veuillez attacher votre ceinture.*

Vous remarquerez qu'il y a deux façons de dire, par exemple, *Espace non fumeurs* : **Não fumar**, présenté sous forme d'instruction, et **É proibido fumar**, présenté sous forme d'interdiction. Les participes passés sont souvent utilisés, comme **proibido**, dans **É proibido fumar**.

autoévaluation

Exercices

2.3

Devinez la signification des panneaux et avis suivants.

Vous avez vu les panneaux **1** et **3** sur des portes ; le **4** et le **5** à la gare ; le **6** et le **7** alors que vous conduisiez à la campagne ; le **8** dans un restaurant ; et le **9** au-dessus d'une poubelle, dans un jardin public.

Pour mieux en comprendre le sens, transformez le participe passé en son infinitif (ex. : **fechado** → **fechar**). Une fois que vous aurez fait cela, cherchez le mot obtenu dans la liste de vocabulaire qui se trouve à la fin de l'ouvrage.

1

FECHADO

2

ENCERRADO

3

Ocupado

4

Não fumadores

(Eur.)

Não fumantes

(Br.)

5

Esperar na Fila

6

Proibido parar
ou estacionar

7

Não é permitido acampar aqui

8

É favor não fumar

9

LIXO NO CHÃO NÃO AQUI SIM

2.4

CD1 piste 10

Ces personnes font différentes requêtes. Vous pouvez faire l'exercice en écoutant les enregistrements ou à partir de la transcription **page 297**.

2.4.1 Numérotez les cases en fonction de chaque requête. La première requête a déjà été numérotée pour vous.

i	um mapa *une carte*	
ii	dois cafés *deux cafés*	*1*
iii	quatro sandes (Eur.) / sanduíches *quatre sandwichs*	
iv	papel de carta e uma caneta *du papier à lettres et un stylo*	
v	um penso adesivo (Eur.) / esparadrapo (Br.) *un pansement adhésif*	
vi	alguma coisa para as dores de cabeça *quelque chose pour le mal de tête*	
vii	alguma coisa para a indigestão *quelque chose pour l'indigestion*	
viii	alguma coisa para as queimaduras solares *quelque chose pour les coups de soleil*	

2.4.2 Écoutez de nouveau les différentes requêtes et écrivez-les. Jouez ensuite le rôle de chacune de ces personnes et imitez-les en demandant les mêmes choses. Si vous ne possédez pas l'enregistrement, référez-vous à la transcription **page 296.**

2.5

CD1 piste 11

Plusieurs personnes se renseignent pour des billets de train, de car, de bateau et d'avion. Vous pouvez faire cet exercice à partir des enregistrements ou de la transcription **page 296**.

2.5.1 Complétez le tableau ci-dessous en fonction du nombre de billets désiré et si ceux-ci sont des allers simples ou allers-retours. La première ligne a déjà été faite pour vous.

	Quantos bilhetes? (Eur.) / Quantas passagens? (Br.)	Para onde?	Ida	Ida e volta
i	*três*	Faro	√	
ii		Porto		
iii		Cacilhas		
iv		Estoril		
v		Manaus		
vi		Belo Horizonte		
vii		Rio		
viii		Salvador		

2.5.2 Reprenez l'enregistrement ou sa transcription, puis écrivez et répétez les phrases à voix haute.

2.5.3 À présent, achetez ces billets :

i Au Brésil, vous allez à Belo Horizonte en train.

Belo Horizonte
→
x2

ii Au Portugal, vous allez à Faro en car.

Faro
↔
x2

iii Au Brésil, vous allez à Manaus en avion.

Manaus
→
x4

iv Au Portugal, vous traversez le Tage à Lisbonne.

Cacilhas

↔

x8

2.6

2.6.1 Mettez les mots suivants dans l'ordre de façon à demander si :

i Vous pouvez avoir l'annuaire téléphonique – (**a**) **lista de telefones**
Pode / a lista / me / de telefones? / dar

ii On peut vous passer – **ligar para** – ce numéro – **este número**
Pode / para / este número? / me / ligar

03

Um quarto individual ou duplo?

Une chambre simple ou double ?

Communication

- Réserver une chambre d'hôtel
- Se repérer en ville
- Localiser les magasins et les services publics

Na estação *À la gare*

CD1 piste 12

Maria se dirige vers le bureau des informations pour trouver un hôtel.

Maria	Por favor, pode me dizer onde fica o hotel mais próximo?
Empregado	O hotel mais próximo fica na primeira rua à esquerda a seguir à estação. É o Hotel Central.
Maria	É longe?
Empregado	Não, não é. Fica perto, são uns dez minutos a pé.
Maria	Muito obrigada. Bom dia.
Empregado	Não tem de quê. Bom dia.

vocabulaire

fica	*est, c'est* (alternative à **é** quand il s'agit d'emplacements)
o hotel mais próximo	*l'hôtel le plus proche*
(a) primeira rua	*(la) première rue*
é longe?	*(c')est loin ?*
não, não é	*non, ce n'est pas loin* (litt. *non, (ce) n'est pas*)
perto	*près d'ici, proche*
são uns dez minutos	*c'est à environ dix minutes* (litt. c'est *à quelques dix minutes*)
a pé	*à pied*
não tem de quê	*il n'y a pas de quoi* (alternative à de nada)

Na recepção do Hotel Central *À la réception de l'Hôtel Central*

CD1 piste 12

Maria est à la réception de l'Hôtel Central et demande une chambre.

Maria	Tem quartos vagos? Queria um quarto individual, para uma noite.
Recepcionista	(*il vérifie*) Um momento. Vago só tenho um quarto duplo, com cama de casal.
Maria	Duplo... Pode me mostrar o quarto?
Recepcionista	Claro! Fica lá em cima no segundo andar. A escada é à direita e o elevador é a seguir. Com licença... (*il passe devant Maria*).
Maria	(*après avoir vu la chambre*) Está bem. Fico com o quarto. (*retour à la réception*)

Recepcionista	Tem um documento de identificação? (*Maria sort son passeport*) Faça o favor de assinar. (*Maria signe le formulaire d'inscription*) Obrigado. Aqui está a chave do quarto.

vocabulaire

tem...?	*avez(-vous), a(-t-il), a(-t-elle) ?*
(um) quarto vago	*(une) chambre libre, vacante*
individual, duplo	*simple, double*
um momento	*un instant (s'il vous plaît)*
(uma) cama de casal	*(un) lit double*
mostrar	*montrer*
claro	*bien sûr*
(o) segundo andar	*(le) deuxième étage*
(a) escada	*(l')escalier*
(o) elevador	*(l')ascenseur*
com licença	*excusez-moi*
está bem	*c'est bon, d'accord*
fico com	*je prends* (litt. *je garde*)
um documento de identificação	*une pièce d'identité*
assinar	*signer*
aqui está	*(la, le) voici* (litt. *(il, elle, c') ici est*)
(a) chave	*(la) clé*

autoévaluation

Exercices

3.1 Certo ou errado? *Vrai ou faux ?*

	C	E
1 O hotel é longe.	☐	☐
2 O hotel tem um quarto vago.	☐	☐
3 O quarto tem uma cama de casal.	☐	☐

3.2 Perguntas e respostas *Questions-réponses*

1 Onde fica o hotel?
- **a** Na primeira rua à direita a seguir à estação.
- **b** Na primeira rua à esquerda a seguir à estação.

2 Onde fica o quarto duplo?
- **a** Lá em baixo (Eur.) / embaixo (Br.).
- **b** Lá em cima no primeiro andar.
- **c** Lá em cima no segundo andar.

3 Onde é o elevador?
- **a** Longe da escada.
- **b** Perto da escada.

Comment ça se prononce ?

CD1 piste 13

Vous trouverez ci-dessous des sons à prononcer à la suite des locuteurs de l'enregistrement, si vous le possédez. Ce sont des diphtongues, c'est à dire des sons qui commencent par une voyelle mais qui glissent et se terminent par une autre.

ai : m**ai**s	**au** : **au**tomóvel	**ei** : dir**ei**ta ; chuv**ei**ro
eu : m**eu** ; mus**eu**	**iu** : part**iu**	**oi** : d**oi**s ; n**oi**te
ou : **ou** ; s**ou**	**ui** : m**ui**to	

Dans le mot **praia** la diphtongue **-ai-** est suivie de la terminaison habituelle **-a**.

Vous remarquerez que certaines séquences de voyelles ne sont pas des diphtongues. Chaque voyelle est au contraire prononcée séparément. Exercez-vous à prononcer les mots suivants :

d**ia** (= d**i**+**a**) ; b**oa** (= b**o**+**a**) ; d**ua**s (= d**u**+**a**s) ; s**aí**da (= s**a**+**í**+da) (dans s**aí**da, l'accent sur le **i** sert à « annuler » la diphtongue **-ai-**).

Où passer la nuit

Vous avez le choix quant à l'endroit où vous souhaitez passer la nuit. Cela peut être l'hôtel (**o hotel**), la pension (**a pensão**), le motel (**o motel**), le gîte (**a estalagem** ou **a albergaria**), l'hôtel à caractère historique (**a pousada**), l'auberge de jeunesse (**a albergue de juventude** (Eur.) / **a pousada da juventude** (Br.)), le camping (**o parque de campismo** (Eur.) / **o camping** (Br.)). Vous pouvez également vous décider pour une petite maison de vacances, que l'on appelle **uma vila** ou **um chalé**. Vous choisirez peut-être une chambre double (**um quarto duplo** ou **um quarto de casal**) avec un lit double (**com cama de casal**) ou deux lits jumeaux (**com duas camas** ou **com camas individuais**). À moins que vous ne préfériez une chambre simple (**um quarto individual, um quarto simples** (Br.), **um quarto de solteiro** ou **um quarto para uma pessoa**). Parfois, et tout particulièrement au Brésil, **um quarto** ne sera pas obligatoirement doté d'une salle de bain attenante, contrairement à **um apartamento**. **Um apartamento** peut être aussi bien un petit appartement qu'un studio ou une chambre d'hôtel, avec une salle de bain adjacente et, dans certains cas, une kitchenette (**uma pequena cozinha**).

Lorsque vous souhaitez disposer d'une salle de bain privée, il suffit de dire **com quarto de banho**. Pour être plus précis, dites **com chuveiro** ou **com duche** (Eur.) / **com ducha** (Br.) si vous préférez une douche, et **com banheira** si vous préférez une baignoire. **A casa de banho** (Eur.) / **o banheiro** (Br.) est la salle de bain. On l'utilise également comme euphémisme pour désigner **a retrete** (Eur.) / **o sanitário**, les toilettes, terme qui équivaut à **o toilete** (Eur.) ou **o toalete** (Br.). L'expression « toilettes pour handicapés » se traduit quant à elle par **(as) instalações** ou **(as) facilidades para deficientes físicos**.

A diária est le coût par jour de votre séjour à l'hôtel. Le prix de la chambre comprend généralement le petit déjeuner – **o pequeno almoço** (Eur.) / **o café da manhã** (Br.). Il peut arriver que cela soit signalé par l'indication « bed and breakfast » – **dormida e pequeno almoço** (Eur.) / **pernoite e café da manhã** (Br.). Sinon, vous pouvez peut-être bénéficier d'une demi-pension (**meia pensão**) ou d'une pension complète (**pensão completa**).

vocabulaire Queria... *Je voudrais...* Pode... *Pouvez-vous...* Faz me o favor de... *Pourriez-vous... s'il vous plaît ?*

Vous avez été confronté(e) à ces trois différentes approches au moment d'effectuer une requête. Bien que l'on puisse souvent utiliser l'une pour l'autre, chacune d'elles joue un rôle spécifique. Les indications suivantes vous aideront à décider laquelle utiliser :

Queria... (*Je voudrais*) met l'accent sur vous, la personne qui fait la demande.

Queria um quarto individual.	*Je voudrais une chambre simple.*

Pode...? (*Pouvez-vous... ?*) et **Faz me o favor de...** (*Pourriez-vous... s'il vous plaît ? / Seriez-vous assez aimable pour...*) mettent l'accent sur la personne à qui l'on fait la demande. Il convient d'utiliser **Pode...** lorsque vous vous renseignez sur la possibilité d'obtenir une chose plutôt que sur la bonne volonté de la personne à vous la fournir.

Pode me dizer onde é o elevador?	*Pouvez-vous me dire où est l'ascenseur, s'il vous plaît ?*

- est très bien pour demander un renseignement.

Faz me o favor de me chamar um táxi.	*Pourriez-vous m'appeler un taxi, s'il vous plaît ? (Seriez-vous assez aimable pour m'appeler un taxi, s'il vous plaît ?)*

- est très bien pour demander un service.

vocabulaire Com licença *Avec (votre) permission*

Littéralement, **com licença** signifie *avec* (*votre*) *permission*. Cette expression est utilisée pour accompagner une action, comme en français vous diriez *Pardon* pour que quelqu'un se pousse afin de vous faciliter l'accès à la porte, par exemple, ou lorsque vous avez des difficultés à descendre d'un bus ou d'un train bondé.

Comment ça marche ?

Quarto vago; bom dia *Chambre libre ; bonjour*

L'ordre des mots

Nom + adjectif est l'ordre habituel des mots.

quarto vago *chambre libre*

Cela s'applique aux adjectifs et aux mots adjectivés tels que certains participes passés, comme dans l'indication suivante :

entrada proibida *entrée interdite*

Cependant, lorsque l'adjectif, ou le mot adjectivé, est utilisé dans un sens moins littéral et / ou plus émotionnel, l'ordre des mots change et devient adjectif + nom.

pequeno almoço (Eur.) *petit déjeuner*
bom dia! *bonjour !* (litt. *bon jour !*)

Cet ordre-là s'applique également aux nombres ordinaux.

o segundo andar *le deuxième étage* ; **a primeira rua** *la première rue*

L'accord

Les adjectifs, les mots adjectivés et les ordinaux s'accordent en genre (masculin ou féminin) et en nombre (singulier ou pluriel) avec le nom qu'ils définissent.

Fém. pl.	**camas individuais**	*Masc. sing.*	**pequeno almoço** (Eur.)
Fém. sing.	**primeira rua**		**segundo andar**
Masc. pl.	**quartos vagos**		**bom dia**

« Ne... pas » et « non »

Pour mettre le verbe à la forme négative, c'est à dire « ne... pas », ajoutez **não** avant le verbe.

O hotel não é longe. *L'hôtel n'est pas loin.*

Vous remarquerez que **não** peut se traduire à la fois par *non* et par *ne... pas.*

Não, o hotel não é longe. *Non, l'hôtel n'est pas loin.*

Plusieurs éléments de négation peuvent être présents dans la même phrase. C'est souvent le cas lorsque **nada** (*rien*), **nenhum** (*aucun*) ou **ninguém** (*personne*) se trouvent après le verbe. Il faut utiliser par exemple une double négation lorsque l'on répond à l'officier des douanes que l'on n'a rien à déclarer : **Não** tenho **nada** a declarar.

É – fica – está : *Comment dire « est »*

Utilisez **é** *(c')est*, quand il s'agit de l'emplacement d'objets non mobiles.

O hotel é na primeira rua à esquerda.	*L'hôtel est dans la première rue à gauche.*

Utilisez **está** *(c')est*, pour quelque chose qui bouge facilement, comme les objets mobiles.

Aqui está a chave.	*Voici la clé* (litt. *Ici est la clé*).

Ci-dessus, on peut utiliser **fica** comme alternative à **é** :

O hotel fica na primeira rua à esquerda.	*L'hôtel est dans la première rue à gauche.*

Le pluriel de **é**, **fica** et **está** est, respectivement, **são**, **ficam** et **estão**.

Os hotéis são / ficam na primeira rua à esquerda.	*Les hôtels sont dans la première rue à gauche.*
Aqui estão as chaves.	*Voici les clés* (litt. *Ici sont les clés*).

Fico com est utilisé pour dire que vous acceptez quelque chose (un objet).

Fico com o quarto.	*Je prends / garde la chambre.*

Le possessif

En portugais l'article défini (**o / a**) peut être utilisé avec tous les pronoms possessifs : **o seu – a sua** (*votre* et *vos*) ; **o meu – a minha** (*mon – ma*). Au Brésil en revanche, il est souvent omis.

A sua mala (Eur.)	**Sua** mala (Br.)

Réponses en « ping-pong »

Sim se traduit par *oui*. Cependant, dans une réponse affirmative on tend plutôt à répéter le verbe principal. On appelle cela une réponse réitérative. **Sim** peut suivre, ou précéder, la réitération, mais est souvent omis.

Question :	**É longe?**	*Est-ce que c'est loin ?*
Réponse :	**É**. *ou* **É, sim.** *ou* **Sim, é**.	*Oui (c'est loin).*

Dans une réponse négative, le verbe a tendance à être ajouté.

Question :	**É longe?**	*Est-ce que c'est loin ?*
Réponse :	**Não, não é.**	*Non (ce n'est pas loin).*

Exercices

3.3

CD1 piste 14

Ces personnes souhaitent réserver des chambres d'hôtel. Vous pouvez faire l'exercice en écoutant les enregistrements ou à partir de la transcription **page 296**.

3.3.1 Cochez la rangée d'illustrations correspondant à la requête de chacune d'entre elles. La première demande a déjà été faite pour vous.

i  x1 com  para 5  ☐

ii  x2 com  para 8  ☐

iii  x1 com  para 9  ☑

iv  x2 com  e  para 10  ☐

v  x1 e  x2 com  para 7  ☐

3.3.2 Écrivez chacune des cinq requêtes, puis lisez à haute voix ce que vous avez écrit. Si vous ne possédez pas l'enregistrement, lisez la transcription à haute voix.

3.4

À haute voix, dites en portugais que vous aimeriez avoir :

a Une chambre simple, avec une douche, pour une nuit.
b Une chambre double, avec une baignoire, pour deux nuits.
c Une chambre double et une simple, avec une douche et une baignoire, pour sept nuits.
d Une chambre double, avec une douche, pour cinq nuits. Ajoutez que vous aimeriez deux lits jumeaux.

3.5 O nome *Le nom*

(o) nome de baptismo (Eur.) / **batismo** (Br.) *(le) nom de baptême*
(o) nome próprio (Eur.) / **(o) prenome** (Br.) *(le) prénom*
(o) nome de família ou *(le) nom de famille*
(o) apelido (Eur.) / **(o) sobrenome** (Br.)

3.5.1 Essayez de mémoriser la façon dont un nom complet – **(o) nome completo** – portugais est formé.

Comme en français, la plupart des gens possèdent plusieurs prénoms, généralement deux, mais ils possèdent en revanche également plusieurs noms de famille. Par exemple : Ana Isabel Vieira Gama Magalhães – prénoms : Ana Isabel. Noms de famille : Vieira (de sa mère), Gama (de son père), Magalhães (de son mari).

3.5.2 Stéphane Dupuis est en train de réserver une chambre dans un hôtel mais son nom crée la confusion. Comment pourrait-il expliquer ce qui suit en portugais ?

Stéphane est mon prénom et Dupuis est mon nom de famille.

3.6

CD1 piste 15

Quelques personnes demandent et donnent des directions en centre-ville. Vous pouvez faire cet exercice à partir des enregistrements ou de la transcription **page 296**.

3.6.1 Regardez le plan **page 39** et numérotez l'endroit où chaque personne souhaite aller.

(a) estrada	*(la) route*
(o) supermercado	*(le) supermarché*
(as) bombas de gasolina	*(la) station service*
(o) restaurante	*(le) restaurant*
(a) igreja	*(l')église*
(o) museu	*(le) musée*
(o) centro de turismo	*(l')office de tourisme*
(a) paragem de autocarros: (Eur.) / **(a) parada de ônibus** (Br.) ou **(o) ponto de ônibus** (Br.)	*(l')arrêt de bus*
(a) passagem subterrânea	*(le) passage souterrain*
(a) praia	*(la) plage*

3.6.2 Reprenez le dialogue et répétez chaque question.

3.6.3 Miguel est également en train de chercher son chemin en ville. Il se trouve à l'emplacement de la croix, face à la Rua da República. Les indications qu'on lui a données se trouvent ci-dessous.

Pour chaque indication écrivez la question de Miguel en commençant par **Por favor / Faz favor, pode me dizer onde...** Puis lisez les questions à haute voix.

atrás (de) *derrière* **ao lado (de)** *à côté (de)* **no fim (de)** *au bout (de)*
em frente a = em frente de

i É a estrada à esquerda, no fim da Rua da República.
ii Fica lá em baixo (Eur.) / lá embaixo (Br.), à direita, no fim da Rua da República.
iii É à direita, no fim da Rua da República, a seguir à estação.
iv Fica em frente do centro de turismo. A entrada é em frente à igreja.
v Fica na rua atrás, à esquerda, a seguir ao banco.
vi É atrás dos correios, ao lado da estação.
vii São na Rua da República, à esquerda, a seguir à farmácia e em frente ao restaurante.
viii Fica numa rua atrás da igreja.

Estrada do Aeroporto
Supermercado
Banco
Farmácia
X
Correios
Turismo
Rua da República
Restaurante
Hotel
Sol-Mar
Igreja
Museu
Estação
Passagem
subterrânea
Praia

04

Tem pão e leite?

Avez-vous du pain et du lait ?

Communication

- Demander ce que vous désirez dans un magasin
- Demander s'il y a ce que vous souhaitez
- Faire une réservation dans un camping

Numa loja *Dans un magasin*

CD1 piste 16

Dans une épicerie, Sandra demande au vendeur s'il y a ce qu'elle désire.

Sandra	Por favor, tem pão e leite?
Vendedor	Encontra o pão e o leite à esquerda a seguir à fruta.
	(*Sandra dépose ses courses à la caisse.*)
Vendedor	Uma garrafa de leite, dois pães, meia dúzia de ovos, três maçãs e quatro bananas. Mais alguma coisa?
Sandra	Sim, mas provavelmente não tem. Queria um guarda-chuva.
Vendedor	Não, nesta loja não. Mas pode encontrar guarda-chuvas numa das lojas mais perto da cidade. Não ficam longe.

vocabulaire

(a) loja	*(le) magasin, (la) boutique*
encontra	*vous trouverez* (litt. *(vous) trouvez*)
(a) fruta	*(les) fruits*
uma garrafa de leite	*une bouteille de lait*
dois pães	*deux pains*
meia dúzia	*une demi-douzaine*
(o) ovo	*(l')œuf*
(a) maçã	*(la) pomme*
(a) banana	*(la) banane*
mais alguma coisa?	*désirez-vous autre chose ?* (litt. *plus + quelque + chose*)
mas	*mais*
provavelmente	*probablement*
(o) guarda-chuva / (o) chapéu de chuva (Eur.)	*(le) parapluie*
nesta (= em + esta)	*dans cette*
encontrar	*trouver*
numa (= em + uma)	*dans une*

No centro de turismo *À l'office de tourisme*

CD1 piste 16

Mário se renseigne pour savoir si le camping qu'on lui a recommandé a des emplacements libres pour une grande caravane et une tente familiale.

Empregada	Esse está quase cheio. Não tem vagas para veículos grandes ou barracas, somente para automóveis e tendas. Há outro aqui perto, com vagas, mas não tem piscina.

Mário	Não tem importância. Queria fazer uma reserva. (*avant de partir*) Desculpe, pode me indicar o caminho?
Empregada	Continuando nesta estrada e virando à direita no segundo semáforo, fica à esquerda. Fica a uns dez minutos daqui, de carro, claro.

vocabulaire

esse	*ce, celui-là*
quase cheio	*presque plein*
(uma) vaga	*(un emplacement) libre, vacant*
(o) veículo grande	*(le) grand véhicule*
(a) barraca	*(la) tente, tente à armature*
(o) automóvel	*(l')automobile, (la) voiture*
(a) tenda	*(la) tente, canadienne* ou *igloo*
há...	*il y a...*
outro	*un autre*
aqui perto	*près d'ici, tout près d'ici* (litt. *ici + près*)
(a) piscina	*(la) piscine*
não tem importância	*cela n'a pas d'importance*
indicar	*indiquer*
(o) caminho	*(le) chemin, la route*
continuando	*en suivant*
virando	*en tournant*
(o) semáforo	*(les) feux de signalisation*
daqui (= de + aqui)	*d'ici*
de carro	*en voiture*

autoévaluation

Exercices

4.1 Certo ou errado? *Vrai ou faux ?*

	C	E
1 Na loja há pão.	☐	☐
2 O primeiro parque de campismo (Eur.) / camping (Br.) está cheio.	☐	☐
3 O segundo parque de campismo (Eur.) / camping (Br.) tem piscina.	☐	☐

4.2 Perguntas e respostas *Questions-réponses*

1 A loja tem pão e leite?
 a Não, tem somente fruta. b Tem, tem pão e leite.

2 O primeiro parque de campismo (Eur.) / camping (Br.) tem vagas?
 a Não, não tem vagas. b Tem, para automóveis e tendas.

3 Onde fica o segundo parque de campismo (Eur.) / camping (Br.) ?
 a Fica perto do segundo semáforo. b Fica nesta estrada, a dez minutos daqui, a pé.

prononciation

Comment ça se prononce ?

CD1 piste 17

Vous trouverez ci-dessous des changements phonétiques lorsque le singulier se transforme en pluriel. Si vous possédez l'enregistrement, vous pouvez les prononcer à la suite des locuteurs. Consulter également la section sur les pluriels du **Chapitre 1**, et plus avant dans ce chapitre.

-l transformé en **-is** :

hospita**l** → hospita**is** ; hote**l** → hoté**is** ; automóve**l** → automóve**is** ; lençó**l** → lençó**is**.

-o- (prononcez *o* de *mot*) transformé en **-o-** (prononcez *o* de *ogre*) :

ovo → **o**vos ; n**o**vo → n**o**vos ; alm**o**ço → alm**o**ços.

-ão transformé en **-ões** (revoir **-ão** et **-ões** au **Chapitre 1**) :

esta**ção** → esta**ções** ; informa**ção** → informa**ções**.

-ão transformé en **-ães** (prononcez *hein* suivi de *ï*) :

p**ão** → p**ães**.

Notez que **-ão**, **-ões** et **-ães** sont des diphtongues nasales (revoir les diphtongues dans le **Chapitre 3**).

vocabulaire

Tem... *Avez-vous... ?*

Nous avons jusqu'à présent utilisé différentes formules pour demander une chose que l'on supposait être disponible : **queria...** ; **faz me o favor de...** Lorsqu'en revanche vous ignorez si ce que vous demandez est disponible, utilisez plutôt l'une des approches suivantes :

tem...?	*avez-vous ?*
há...?	*y a-t-il ?*

qui peuvent suivre **por favor**, **faz favor** ou **desculpe**.

Por favor, tem pão e leite? — *Avez-vous du pain et du beurre, s'il vous plaît ?*

De même,

Faz favor (Eur.), **tem vagas?** — *une chambre d'hôtel, un emplacement de camping disponible ?*

Desculpe, tem sacos de dormir (Br.) / **sacos-cama** (Eur.)**?** — *des sacs de couchage ?*

Por favor, tem uma mesa vaga? — *une table libre ?*

Faz favor, há lojas aqui perto? ou **... perto daqui?** — *des magasins près d'ici ?*

Por favor, há água potável por aqui? — *de l'eau potable par ici ?*

Bien que **há...? / há...** (*y a-t-il... ? / oui...*) soit utilisé de chaque côté de l'Atlantique, certains Brésiliens utilisent également **tem...?** pour dire *avez-vous... ?* dans le sens de *y a-t-il ? / quelqu'un a-t-il ?*. La réponse à la question **tem pão e leite?** peut donc être **tenho** (*oui, (j'en) ai*) ; ou bien **temos** *oui, (nous en) avons* ; ou encore **tem**, qui signifie à la fois *on en a* et *il y en a*.

Il existe une autre utilisation de **tem** que l'on trouve cette fois à la fois au Portugal et au Brésil. Lorsqu'un objet est transmis à quelqu'un **tem** sert à établir un rapport que l'on traduira en français par *votre / vos / ton / ta / tes*.

Aqui tem o recibo. — *Voici votre reçu.* (litt. *ici (vous) avez le reçu*)

Aqui tem a chave. — *Voici votre clé.* (litt. *ici (vous) avez la clé*)

C'est une alternative à

Aqui está o recibo. — *Voici le reçu.* (litt. *ici est le reçu*)

Aqui está a chave. — *Voici la clé.* (litt. *ici est la clé*)

vocabulaire — Camping-cars et caravanes

Um carro de moradia (Br.) (*une caravane*, litt. *une voiture maison*) est soit motorisée (**motorizado**) soit remorquée par une voiture (**rebocado por um automóvel**). Un camping-car est donc **um carro de moradia motorizado** (Br.) / **uma auto-caravana** (Eur.), tandis qu'une caravane est **um carro de moradia rebocado** (Br.) / **uma caravana** (Eur.). On appelle tout ce qui est remorqué **um reboque** ou **um atrelado**. Selon que vous êtes au Portugal ou au Brésil il se peut que vous soyez confronté(e) à d'autres noms. Sur le continent américain, **o trailer**, et en Europe **a rulote** sont synonymes de **o carro de moradia rebocado** (Br.) / **a caravana** (Eur.). Au Brésil vous entendrez peut-être aussi parler de **o carro-cama**, un terme abrégé pour parler de **o carro de moradia motorizado**.

Tem vaga para um trailer, isto é, um carro de moradia rebocado, e uma barraca? — *Avez-vous un emplacement libre pour un « trailer », c'est à dire une caravane, et une tente ?*

Comment ça marche ?

Verbes : les trois conjugaisons

Participe présent / gérondif (forme en *-ant*, souvent précédée de *en*)

comprando (*achetant*) **vendendo** (*vendant*) **partindo** (*partant*)

De même,

Virando à direita no primeiro semáforo, o hotel fica à esquerda. *En tournant à droite au premier feu de signalisation, vous trouverez l'hôtel à gauche* (litt. *l'hôtel est sur la gauche*).

Remarque :

L'utilisation du gérondif est bien plus répandue au Brésil qu'au Portugal, où on utilisera plus naturellement l'infinitif :

Ao virar à direita no primeiro semáforo... *En tournant à droite au premier feu...*

Les mots contractés

Les prépositions suivantes se contractent et s'assemblent avec l'article défini (*le / la*) ou indéfini (*un / une*) qui suit :

por + o → pelo	**por + a → pela**	*par / pour le / la*
de + um → dum	**de + uma → duma**	*d'un / d'une*
em + um → num	**em + uma → numa**	*dans un / dans une*

O trânsito é pela esquerda ou pela direita? *Roule-t-on à gauche ou à droite ?* (litt. *La circulation est par la gauche ou par la droite ?*)

Há lojas numa rua aqui perto. *Il y a des magasins dans une rue tout près d'ici.*

Remarques :

Dans **pela esquerda / direita**, le mot *main* (**a mão**) de l'expression complète **pela mão esquerda / direita** est sous-entendu, tout comme dans **à direita /esquerda** :

pela direita = por + a (+ mão) direita

à direita = a + a (+ mão) direita

La forme **de um / de uma** est généralement préférée à la forme **dum / duma**.

A loja fica perto de uma igreja. *La boutique se trouve près d'une église.*

Les prépositions peuvent également se contracter et s'assembler avec un certain nombre d'autres mots comme, par exemple :

de + este → deste	**de + esta → desta**	*de ce / cette*
em + este → neste	**em + esta → nesta**	*dans / en ce / cette*
em + outro → noutro	**em + outra → noutra**	*dans / à un / une autre*
de + aqui → daqui		*d'ici*

A loja fica nesta estrada, a cinco minutos daqui, de carro. — *La boutique est dans cette rue, à cinq minutes d'ici, en voiture.*

Les pluriels

Les mots (noms et adjectifs) se terminant par :

-el (–)	se transforment en :	**-eis**	
-el (+)		**-éis**	
-il (–)		**-eis**	(+) accentué
-il (+)		**-is**	(–) non accentué
-ol (–)		**-ois**	
-ol (+)		**-óis**	
-ul		**-uis**	

o automóv**el** (*l'automobile*), os automóv**eis** (*les automobiles*) ; o hot**el** (*l'hôtel*), os hot**éis** (*les hôtels*) ; fác**il** (*facile*), fác**eis** (*faciles*) ; gent**il** (*gentil*), gent**is** (*gentils*) ; o álco**ol** (*l'alcool*), os álco**ois** (*les alcools*) ; o lenç**ol** (*le drap*), os lenç**óis** (*les draps*) ; az**ul** (*bleu*), az**uis** (*bleus*).

Il existe trois différentes formes de pluriel pour les mots qui se terminent en **-ão** :

certains prennent un **-s**	certains se transforment en **-ões**	certains se transforment en **-ães**
a m**ão** (*la main*) as mã**os** (*les mains*)	a estaç**ão** (*la gare, la station*) as estaç**ões** (*les gares, les stations*)	o p**ão** (*le pain*) os p**ães** (*les pains*)

De même,

o cidadão → os cidadãos (*le(s) citoyen(s)*) ;

o edredão → os edredões (Eur.) (*la (les) couette(s), l'(les) édredon(s)*) ;

o cão → os cães (*le(s) chien(s)*).

Les mots qui se terminent en **-ês** perdent leur accent au pluriel :

o mês (*le mois*) ; **os meses** (*les mois*)
português (*portugais*) ; **portugueses** (*portugais*)

Plusieurs mots masculins dont la syllabe accentuée comporte un **-o-** fermé ouvrent cette voyelle au pluriel en plus de prendre un **-s**.

o ovo (*un œuf*), **os ovos** (*les œufs*) ; **o almoço** (*le déjeuner*), **os almoços** (*les déjeuners*) ; **novo** (*nouveau, jeune*), **novos** (*nouveaux, jeunes*) ; **o posto** (*le poste*), **os postos** (*les postes*) ; **o porto** (*le port*), **os portos** (*les ports*).

Dans les mots composés (verbe / etc. + nom), seul le nom prend la marque du pluriel :

o guarda-chuva, os guarda-chuvas (*le(s) parapluie(s)*), formé à partir de **guardar** (*retenir, sauver*) ; **o guarda-sol, os guarda-sóis** (*le(s) parasol(s), le(s) pare-soleil*).

Cependant, certains mots se terminent déjà en **-s** au singulier :

o saca-rolhas, os saca-rolhas (*le(s) tire-bouchon(s)*, **de sacar,** *tirer, sortir*).

Dans les noms composés (adjectif / ordinal + nom), les deux éléments prennent la marque du pluriel :

o pequeno-almoço (Eur.) (*le petit déjeuner*), **os pequenos-almoços** (*les petits-déjeuners*) ; **a sexta-feira** (*le vendredi*), **as sextas-feiras** (*les vendredis*).

Notez que le tiret de liaison est souvent éludé, surtout quand il s'agit d'un adjectif suivi d'un nom :

o(s) pequeno(s)-almoço(s) = o(s) pequeno(s) almoço(s)

autoévaluation Exercices

4.3

Vous venez d'entrer dans une épicerie pour faire vos courses.

4.3.1 Vous ne trouvez pas le pain ni le lait. Demandez s'il y en a, en commençant votre phrase par **Desculpe, tem...**

4.3.2 Oui, il y en a, et il y a aussi des fruits. Demandez les articles suivants, en commençant votre phrase par **Queria...**

i **ii** **iii** **iv**

4.4

Les personnes suivantes cherchent un camping où passer leurs vacances.

CD1 piste 18

4.4.1 Campo-Mar mène une campagne de publicité pour ses installations. Observez son annonce et écoutez la version radio sur l'enregistrement, si vous le possédez. Utilisez le vocabulaire qui se trouve à la fin de l'ouvrage s'il y a des mots que vous ne connaissez pas.

Campo-Mar

para um bom fim de semana e para umas boas férias
aberto os doze meses do ano
Inverno, de sexta-feira a domingo, Verão, sete dias por semana

 chuveiro de água fria e quente

 loja

 restaurante

 piscina

praia perto – 10 minutos a pé
a cidade mais próxima fica a 10 minutos de carro

 tomada de corrente
prise de courant

 gás para campistas
camping-gaz

 lavandaria (Eur.) / lavanderia (Br.)
laverie

 frigorífico (Eur.) / geladeira (Br.)
réfrigérateur

 secador de cabelo
sèche-cheveux

 sala de televisão
salle de télévision

Écrivez les réponses en portugais :

i jours ouvrables en ce moment (c'est l'hiver)
ii jours ouvrables en été
iii distance de la plage la plus proche
iv distance de la ville la plus proche

4.4.2 Demandez s'il y a un camping proche de l'endroit où vous êtes qui dispose des installations suivantes. Écrivez vos questions puis lisez-là à haute voix (**i** a déjà été fait pour vous) :

i Há um parque de campismo (Eur.) / um camping (Br.) perto daqui com piscina, secador de cabelo e restaurante?

i  **ii** 

iii  **iv** 

4.4.3 Quatre personnes cherchent un endroit où passer la nuit. Écoutez-les si vous possédez l'enregistrement (ou reportez-vous à sa transcription **page 297**), puis cochez la case qui correspond à l'emplacement dont elles ont besoin. Mettez ensuite par écrit tout ce qu'elles ont dit.

CD1 piste 19

	 auto-caravana (Eur.) / carro de moradia motorizado (Br.)	 caravana (Eur.) / carro de moradia rebocado (Br.)	 reboque pequeno	 barraca	 tenda
i					
ii					
iii					
iv					

4.4.4 Demandez s'il y a un emplacement pour vous. Écrivez d'abord votre question puis lisez-la à haute voix (**i** a déjà été fait pour vous) :

i Tem vaga para um carro-cama, isto é, carro de moradia motorizado, e uma barraca?

i 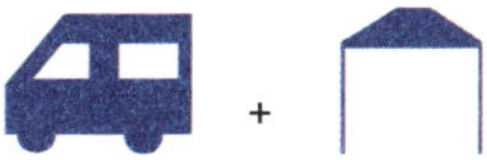 **ii** 

iii  **iv** 

4.5

CD1 piste 20

Observez les illustrations ci-dessous puis complétez les bulles. Vous pouvez vous aider de l'enregistrement si vous le possédez. Prononcez ensuite les phrases à haute voix.

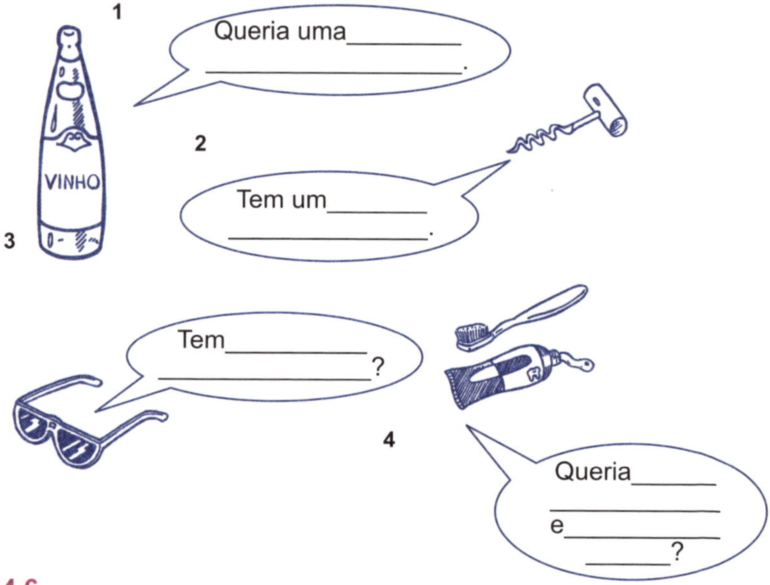

4.6

Vous essayez de comprendre comment faire pour payer les communications téléphoniques.

4.6.1 Mettez les mots suivants dans l'ordre de façon à demander à effectuer un appel en PCV (**uma chamada a cobrar no destino**) au Canada.

Queria / uma / a cobrar no destino / para o Canadá. / chamada / fazer

4.6.2 Mettez les mots ci-dessous dans l'ordre de façon à demander :

A Au Portugal
une carte téléphonique – **um cartão telefónico** (Eur.)
Tem / telefónicos / cartões / ?

B Au Brésil
des jetons de téléphone – **fichas telefônicas** (Br.)
Tem / telefônicas / fichas / ?

05

Tudo bem

Ça va

Communication

- S'adresser aux personnes que vous rencontrez à votre arrivée
- Trouver votre chemin et utiliser différents moyens de transport
- Obtenir ce dont vous avez besoin et le logement qui vous plaît

Exercices

autoévaluation

5.1

CD1 piste 21

Vous prenez des cours de portugais et votre professeur vous donne quelques expressions utiles pour communiquer.

5.1.1 Étudiez ce qu'il a écrit au tableau et répétez les expressions à voix haute. Si vous disposez de l'enregistrement, écoutez le vocabulaire nouveau qui est prononcé pour vous. Faites une croix à côté de chaque mot que vous entendez.

<table>
<tr><td rowspan="1">Importa-se de</td><td colspan="2">falar
repetir répéter</td><td>mais devagar
mais alto plus fort</td></tr>
<tr><td rowspan="5"></td><td rowspan="2">escrever aqui
écrire
(litt. écrire ici)</td><td>quanto é
o nome
o endereço</td><td>combien cela coûte
le nom
l'adresse</td></tr>
<tr><td colspan="2">o número de telefone
essa palavra
essas palavras
(...que vous venez de dire)</td></tr>
<tr><td rowspan="3">me mostrar
me montrer</td><td>no dicionário
dans le dictionnaire</td><td>essa(s) palavra(s)
le(s) mot(s) que vous venez de dire</td></tr>
<tr><td>no mapa
sur la carte</td><td>onde fica
où (cela) se trouve
onde estou où je suis</td></tr>
<tr><td colspan="2">as horas l'heure (...à votre montre)</td></tr>
</table>

5.1.2 Écoutez de nouveau et / ou répétez le vocabulaire nouveau.

5.1.3 Suivez l'exemple que vous connaissez déjà – **importa-se de falar mais devagar** – et assemblez les mots des différentes colonnes de façon à dire ce qui suit (écrivez les phrases) :

Pourriez-vous...

- **i** répéter plus lentement ?
- **ii** écrire combien cela coûte ?
- **iii** écrire le nom, l'adresse et le numéro de téléphone ?
- **iv** écrire ce que vous venez de dire ?
- **v** me montrer ce mot dans le dictionnaire ?
- **vi** me montrer sur la carte où c'est ?
- **vii** me montrer sur la carte où je suis ?
- **viii** me montrer l'heure (...à votre montre) ?

5.1.4 Lisez à haute voix ce que vous avez écrit.

5.2

CD1 piste 22

Alors que vous passez la douane, vous voulez dire que vous n'avez rien à déclarer mais vous vous embrouillez. Si vous avez l'enregistrement, écoutez la question de l'agent et mettez vos mots dans l'ordre de façon à lui répondre ; sinon, mettez les mots dans l'ordre de façon à former des phrases correctes.

- Tem alguma coisa a declarar?
- Não / não / a / tenho /, / declarar / . / nada

5.3

CD1 piste 23

Vous présentez les documents que l'on vous a demandés, d'abord au contrôle des passeports, puis à l'agence de location de voitures.

5.3.1 Complétez les phrases avec les mots encadrés ci-dessous, écoutez les dialogues sur l'enregistrement le cas échéant, puis participez aux mini-dialogues.

(o) meu	**(a) minha**

A Au Portugal

i No controlo de passaportes (Eur.)

- O seu passaporte, por favor.
- Aqui está ______ passaporte.

ii Na agência de aluguer de carros / automóveis (Eur.)

- A sua carta de condução, por favor.
- Aqui está ______ carta de condução.

B Au Brésil

iii No controle de passaporte (Br.)

- Seu passaporte, por favor.
- Aqui está ______ passaporte.

iv No aluguel de carros / automóveis (Br.)

- Sua carteira de motorista, por favor.
- Aqui está ______ carteira de motorista.

5.3.2 Reprenez ce que l'on vous demande. Répondez cette fois par **aqui tem…**.

5.4

CD1 piste 24

Apprenez les mots suivants qui peuvent vous être utiles pour louer une voiture.

(a) lista dos modelos e preços a pagar (Eur.) **/ pagando** (Br.) **por dia**	*(la) liste des modèles et des prix avec une facturation par jour* (litt. *payant par jour*)
por semana	*par semaine*
por quilómetro (Eur.) **/ quilômetro** (Br.) **rodado**	*par kilomètre parcouru*
(o) seguro contra todos os riscos	*(l')assurance tous risques*
(a) caução	*(la) caution*
com / sem motorista	*avec / sans chauffeur*
(os) documentos do carro	*(les) papiers de la voiture*
(o) recibo	*(le) reçu*

5.4.1 Écoutez comment les personnes s'y prennent pour louer une voiture, et faites une croix à côté de chaque nouveau mot qui se trouve ci-dessus dès que vous l'entendez. Vous pouvez également lire ces expressions en contexte à partir de la transcription **page 297**.

5.4.2 Écoutez ou lisez de nouveau ce que disent ces personnes, puis répétez les phrases à haute voix.

5.4.3 C'est à votre tour de choisir une voiture.

Renseignez-vous, en demandant :

- **i** que l'on vous montre la liste des modèles et des prix (**Pode...**).
- **ii** combien cela coûte par jour (**Quanto...**).
- **iii** combien coûtent l'assurance et la caution.

Prenez votre décision, en disant que :

- **iv** vous voudriez cette voiture, avec une facturation par jour.
- **v** vous voudriez la voiture pour deux jours, sans chauffeur.

Demandez :

- **vi** un reçu (**Pode...**).
- **vii** les papiers de la voiture.

5.5

Lisez les pancartes sur les pompes à essence, essayez de deviner leur signification puis trouvez pour chaque pancarte la version française qui lui correspond.

1 SUPER = AZUL 2 NORMAL = COMUM

3 SEM CHUMBO 4 GASÓLEO 5 ÁLCOOL

a normal **b** super **c** sans plomb **d** carburant à l'alcool (au Brésil)
e gazole

5.6

CD1 piste 25

Vous allez aider quatre personnes qui se sont perdues en ville.

5.6.1 Lisez les panneaux de signalisation.

(a) câmara municipal (Eur.) / **(a) prefeitura** (Br.)	*(la) mairie*
(a) polícia	*(la) police*
(o) centro de saúde	*(le) cabinet médical*
(os) bombeiros	*(les) pompiers*

5.6.2 Si vous disposez de l'enregistrement, écoutez-le et répondez à chaque question au moyen d'une phrase complète. Vous pouvez également vous référer aux phrases **page 298**.

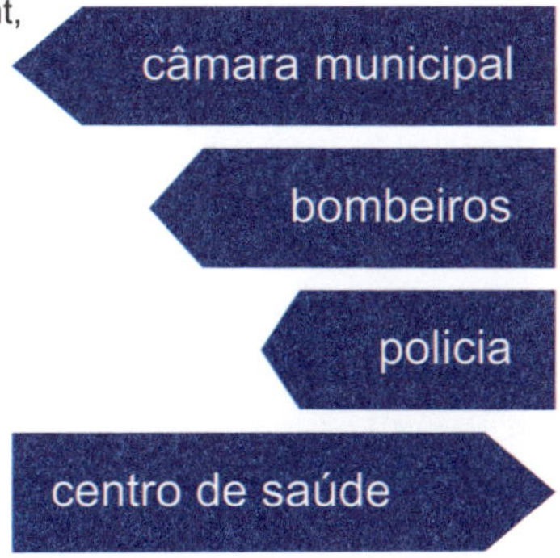

Exemple :

1 A polícia fica à esquerda.

5.7

CD1 piste 26

Quatre personnes cherchent à savoir de quelle plateforme leur train va partir. Deux d'entre elles voyagent au Portugal, les deux autres au Brésil.

(o) comboio (Eur.) / (Br.) **(o) trem**	*(le) train*
(a) linha (Eur.) / **(a) plataforma** (Br.)	*(la) plateforme*

5.7.1 Dans un premier temps, observez les destinations puis lisez les questions et les réponses **page 56** et complétez les phrases comme il convient.

PORTUGAL	**Porto** 3	**Braga** 1
BRÉSIL	**Rio** 5	**Campinas** 2

i - De que linha parte o comboio para o Porto?
- Da linha _______ .

ii - De que ________ parte o comboio para Braga?
- Da linha número _______.

iii - De que ________ parte o trem para o Rio?
- Da plataforma _______ .

iv - De que plataforma parte _______ para Campinas?
- Da segunda ________.

5.7.2 Vous êtes maintenant prêt(e) à aider les quatre voyageurs. Écoutez leurs questions sur l'enregistrement ou lisez sa transcription **page 299**. Donnez-leur les informations qu'ils attendent. Lisez à voix haute.

5.7.3 Pour terminer, prenez leur place et posez les questions vous même (**De que...?**).

5.8

CD1 piste 27

Des personnes demandent que leur chambre d'hôtel dispose de caractéristiques bien déterminées.

5.8.1 Si vous possédez l'enregistrement, numérotez chaque élément au fur et à mesure que vous l'entendez prononcer. Vous pouvez aussi vous référer à la transcription des phrases **page 298**.

i	(a) varanda *(le) balcon*	
ii	(a) vista para o mar *(la) vue sur la mer*	
iii	(o) ar condicionado *(la) climatisation*	
iv	(a) televisão *(le) poste de télévision*	
v	(o) barulho *(le) bruit*	

5.8.2 Écrivez ce que chaque personne dit puis lisez ce que vous avez écrit à haute voix.

5.8.3 Vérifiez que la chambre que l'on vous a proposée comporte les éléments suivants (**Tem…**) :

i climatisation **ii** poste de télévision **iii** balcon et vue sur la mer

5.8.4 Dites que vous voudriez (**Queria...**) une chambre sans bruit.

5.9

CD1 piste 28

1 (a) almofada (Eur.) / (o) travesseiro (Br.)

4 (o) cobertor

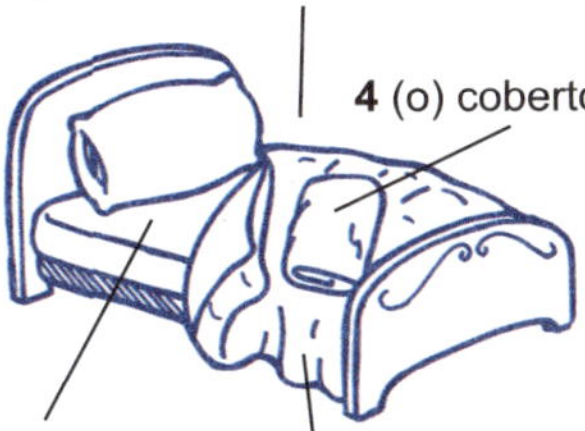

2 (o) lençol

3 (o) edredão (Eur.) (o) edredom (Br.)

5 (a) toalha

6 (o) sabonete

7 (o) rolo de papel higiénico (Eur.) / (o) rolo de papel higiênico (Br.)

8 (o) cabide

5.9.1 **mais um / uma** *un / une de plus...*

Demandez si on peut vous apporter un exemplaire en plus de chaque article représenté dans l'illustration.

Exemples :

Por favor, pode me trazer mais uma almofada (Eur.)? /
Por favor, pode me trazer mais um travesseiro (Br.)?

Répétez les exemples donnés ci-dessus, puis continuez tout(e) seul(e). Vous pouvez également répéter cette phrase après l'enregistrement.

5.9.2 **mais dois / duas** *deux de plus*

Demandez si on peut vous apporter deux de plus de chaque article.

5.9.3 Écrivez un mot que vous laisserez dans votre chambre pour demander quatre cintres et deux couvertures supplémentaires. Commencez par **por favor** et n'oubliez pas de terminer en disant merci.

5.10

CD1 piste 29

(o) médico
(le) médecin

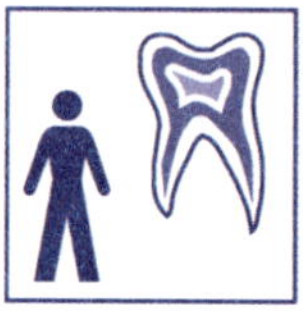

(o) dentista
(le) dentiste

(o) enfermeiro
(l')infirmier

(o) mecânico
(le) mécanicien

5.10.1 **Há... perto daqui?** *Y a-t-il... près d'ici ?*

Écoutez l'enregistrement ou lisez les phrases **page 298**.

a complétez par **há** ou **não há** la ligne au-dessus de chaque illustration ci-dessous, selon qu'il y a ou non près d'ici un représentant de la profession illustrée

b écrivez ce que vous avez entendu le cas échéant et lisez les phrases à haute voix.

i____________ ii____________ iii____________ iv____________

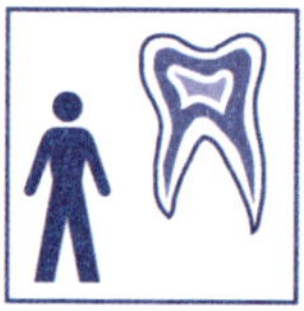

5.10.2 **Pode me chamar um...?** *Pouvez-vous m'appeler un... ?*

Demandez si on peut faire venir les personnes suivantes pour vous. Écrivez d'abord vos questions, puis lisez-les à haute voix. La première question est sur l'enregistrement.

i

ii

iii

iv

5.11

Vous avez essayé de chercher un mot dans la liste de vocabulaire qui se trouve à la fin de l'ouvrage, mais il ne semble pas y figurer. C'est peut-être parce que c'est un verbe et, pour trouver un verbe dans un dictionnaire il faut souvent le modifier, le passer de la forme que vous avez en son infinitif, par exemple de *est* à *être*.

Dans la colonne de gauche se trouvent un certain nombre de verbes que vous avez déjà rencontrés. Devinez quel est leur infinitif respectif et inscrivez-le dans la colonne de droite. N'oubliez pas qu'ils devront se terminer en **-ar**, **-er**, ou **-ir**. Quelques verbes irréguliers et cas particuliers ont déjà été complétés pour vous.

mots tels que vous les avez vus	mots tels qu'ils apparaissent dans le dictionnaire
desculpe	**a**
é, são	**b** ser
está, estão, estou	**c** estar
faça, faz	**d**
fica, ficam, fico	**e**
há	**f** haver
parte	**g**
pode	**h**
queria	**i** querer
tem, temos, tenho	**j** ter

Une fois que vous aurez terminé cet exercice, cherchez les mots obtenus (les infinitifs) dans le lexique portugais-français situé à la fin de l'ouvrage.

5.12

Voici la liste des courses (**a lista de compras**) que vous avez faite et prise avec vous à l'épicerie du coin. Lisez-la à haute voix en commençant par **por favor, queria....**

pão x 3
maçã 1/2 dúzia
leite
1 garrafa pequena
água
1 garrafa grande

5.13

CD1 piste 30

Dans la colonne de gauche se trouvent les formules de politesse que vous avez apprises. Dans la colonne de droite leurs réponses respectives.

Pode me fazer um favor?	Claro! Com certeza (Eur.) / Pois não (Br.)	*Bien sûr*

Perdão Desculpe	Não tem importância Não faz mal (Eur.) / Não foi nada (Br.)	*Ce n'est rien* *Ce n'est pas grave*
Com licença	Por favor Faz / faça favor (Eur.) / Pois não (Br.)	*Je vous en prie*
Obrigado / Obrigada Muito obrigado/a Agradecido / agradecida Muito agradecido/a	De nada Não tem de quê Eu é que agradeço	*De rien* *Il n'y a pas de quoi* *C'est moi qui vous remercie*

5.13.1 Étudiez ce nouveau vocabulaire. Vous pouvez également l'écouter si vous disposez de l'enregistrement.

5.13.2 Exercez-vous à dire tout haut les différentes formules de politesse et leurs réponses respectives.

5.14

Grâce aux indices complétez les mots croisés sur la politesse. Le 4 horizontal et le 2 vertical ont déjà été faits pour vous.

Palavras cruzadas

Horizontais:
1 - Perdão
2 - Por favor
3 - Não tem importância
4 - Não tem de quê
5 - Obrigada
6 - De nada

Verticais:
1 - Muito obrigado
2 - Eu é que agradeço
3 - Muito obrigada
4 - Com licença

06

Está de férias?

Êtes-vous en vacances ?

Communication

- Présenter un ami ou un parent
- Dire d'où vous êtes et parler de vous
- Se renseigner sur les autres

Na rua *Dans la rue*

CD1 piste 31

João qui est portugais est présenté à Celso, brésilien, par leur amie commune, Tânia.

Tânia	(*apresentando o João ao Celso*) Este é o meu amigo João.
Celso	(*dando um aperto de mão ao João*) Muito prazer.
João	O prazer é todo meu.
Celso	Você está de férias?
João	Infelizmente não estou de férias, mas o trabalho também é bom.
Celso	Está sozinho?
João	Estou.
Celso	Num hotel?
João	Sim, num hotel.
Celso	Então pode vir jantar em nossa casa, talvez amanhã.
João	Muito obrigado.

vocabulaire

apresentando	*faisant les présentations* (litt. *présentant*)
(o) amigo	*(l')ami*
dando um aperto de mão a	*serrant la main de* (litt. *donnant une poignée de main à*)
(o) aperto de mão	*(la) poignée de main*
o prazer é todo meu	*le plaisir est pour moi*
você	*vous*
de férias	*en vacances*
infelizmente	*malheureusement*
(o) trabalho	*(le) travail*
também	*aussi, également*
sozinho	*seul*
então	*alors*
vir jantar	*venir dîner*
em (Br.) / **a** (Eur.) **nossa casa**	*chez nous* (litt. *dans notre maison*)
talvez	*peut-être*
amanhã	*demain*

Num café *Dans un café*

CD1 piste 31

Deux étudiants du même cours parlent d'eux.

Lino	Desculpe, você de onde é?
Rita	Eu sou de Lisboa. E você, de onde é?
Lino	Eu sou de São Paulo, mas moro no Rio de Janeiro há muito tempo. Você é de Lisboa, mas agora onde mora?
Rita	Moro aqui.
Lino	Com quem?
Rita	Com uma irmã.
Lino	Então você é solteira, não é?
Rita	Não sou casada, mas estou noiva. O meu noivo chama-se Luís.

vocabulaire

de onde é?	*d'où venez-vous ?*
eu sou de...	*je suis de...*
há muito tempo	*cela fait longtemps* (litt. *il y a beaucoup de temps*)
moro, mora	*(j')habite, (vous) habitez*
agora	*maintenant*
com quem?	*avec qui ?*
(a) irmã	*(la) sœur*
solteira, casada	*célibataire, mariée*
não é?	*n'est-ce pas ?*
noivo, noiva	*fiancé, fiancée*
o meu noivo	*mon fiancé*
chama-se	*(il) s'appelle*

autoévaluation

Exercices

6.1 Certo ou errado? *Vrai ou faux ?*

	C	E
1 O João está de férias.	☐	☐
2 O João está sozinho.	☐	☐
3 A Rita não é de Lisboa.	☐	☐

6.2 Perguntas e respostas *Questions-réponses*

1 A Rita mora sozinha ou não?
a Mora sozinha. **b** Não mora sozinha.

2 O Lino é de onde? E onde mora?
a É do Rio de Janeiro mas mora em São Paulo.
b É de São Paulo mas mora no Rio de Janeiro.

3 A Rita é casada ou solteira?
a É solteira. **b** É casada. **c** Está noiva.

Comment ça se prononce ?

CD1 piste 32

Il y a plusieurs façons de prononcer la séquence **qu**. Écoutez l'enregistrement si vous le possédez puis répétez chaque mot après l'avoir entendu.

qu précédant un **a** ou un **o** se prononce *kou* : **qua**rto ; **qua**tro ; **qua**nto ; **quo**ta (*quota, cote*).

qu précédant un **e** ou un **i** se prononce *k* : **que**ria ; **que**m ; a**qui** ; **qui**nze (*quinze*) mais, parfois,

qu précédant un **e** ou un **i** se prononce *kou*, c'est le cas du mot *cinquante* : cin**que**nta (Eur.) / cin**qüe**nta (Br.). En portugais du Brésil, l'ajout du tréma sur le **u** montre le changement de prononciation.

La dernière syllabe des mots **ele / ela**, *il / elle*, influence la prononciation de la première. Vous pouvez écouter la différence sur l'enregistrement.

ele (prononcez *é*)

ela (prononcez *ai* de *mais*)

De même,

d**e**le-d**e**la ; (*à lui / à elle*)

este-**e**sta ; **e**sse-**e**ssa (*ce, cet, celui / cette, celle ; celui-ci / celle-ci*)

aqu**ele**-aqu**ela** (*celui -là / celle-là*)

Este – esse – aquele *Ce – celui-ci – celui-là*

Le français utilise *ce*, *celui-ci* et *celui-là* afin d'établir une distinction entre ce qui est proche du locuteur et ce qui en est plus éloigné. Le portugais fonctionne de la même manière avec **este**, **esse** et **aquele** :

este est ce qui est proche de vous, ou de vous et de la (des) personne(s) à qui vous vous adressez ;

esse est éloigné de vous mais proche de la (des) personne(s) à qui vous vous adressez ;

aquele est éloigné à la fois de vous et de la (des) personne(s) à qui vous vous adressez.

Esta, **essa** et **aquela** sont leur forme féminine respective.

Esse é o meu carro, este é o do Pedro e aquele é o da Maria. (Eur.) / **Esse é meu carro, este é de Pedro e aquele é de Maria.** (Br.)	*Cette voiture est la mienne, celle-ci est à Pedro et celle-là à Maria.*

(Pour l'emploi de **o / a**, référez-vous à la **page 69**.)

Muito prazer *Enchanté(e)*

Lorsque vous présentez quelqu'un, dites **este é o meu amigo João / esposo** (*époux*) ou **marido** (*mari*) **/ pai** (*père*) ou **esta é a minha amiga Joana / esposa** (*épouse*) ou **mulher** (*femme*) **/ mãe** (*mère*). Au Brésil on omettra les articles **o / a**.

Muito prazer est la version abrégée de **muito prazer em conhecê-lo** ou **muito prazer em conhecê-la**, *enchanté(e) de faire votre connaissance*, selon que vous vous adressez respectivement à un homme ou à une femme. Il arrive même parfois que l'on abrège cette expression en disant simplement **prazer**. Cela ne veut pas dire que la personne n'est pas « enchantée » de faire votre connaissance, il s'agit juste d'une façon plus décontractée de parler. **Muito prazer** ou **igualmente** sont les réponses les plus communes. Si vous souhaitez être particulièrement aimable, vous pouvez alors dire **o prazer é meu** ou **o prazer é todo meu**, *le plaisir est pour moi* ou *tout le plaisir est pour moi.*

Renseignements personnels

Que ce soit dans un contexte social ou officiel, vous serez peut-être amené(e) à donner des renseignements personnels, ou à en demander aux autres. Vous trouverez ci-dessous des questions et des réponses qui vous aideront.

- **Nome** *Nom*

Il y a quelques alternatives à :

Qual é o seu nome? (Eur.) / **Qual é seu nome?** (Br.)

qui sont :

Como é o seu nome? (Eur.) / **Como é seu nome?** (Br.)
(litt. *Comment est votre nom ?*)
Como é que você se chama? *ou*
Como se chama você? (Eur.) / **Como você se chama?** (Br.)
(litt. *Comment vous appelez-vous ?*)

Le mot « **você** » a davantage de chances d'être utilisé par un Brésilien que par un Portugais, qui l'omettra volontiers : **Como se chama?**

Quant à la réponse :

O meu nome é... (Eur.) / **Meu nome é...** (Br.)

elle dispose de l'alternative suivante :

Chamo-me... (Eur.) / Me **chamo...** (Br.)

Si vous voulez retourner la question, au lieu de :

E o seu?

vous pouvez dire à la fois en Europe et au Brésil :

E você, como se chama?	pour s'adresser à quiconque
E o senhor, como se chama?	pour s'adresser à un homme
E a senhora, como se chama?	pour s'adresser à une femme

Ces deux dernières sont plus courtoises.

- **Local de nascimento** *Lieu de naissance ;* **Nacionalidade** *Nationalité*

De onde é você? *ou* **De onde você é?**

Le mot « **você** » a davantage de chances d'être utilisé par un Brésilien que par un Portugais, qui l'omettra volontiers : **De onde é?**

Réponse :

Eu sou de Portugal.

Eu sou do Rio, no Brasil.

Eu sou da França. *de France*

Eu sou da Suíça. *de Suisse*

Pour retourner la question :

E você, de onde é?

E o senhor / a senhora, de onde é?

Il y a aussi : *Êtes-vous...*

(Você) é português? / (Você) é portuguesa?	*...portugais(e) ?*
O senhor é brasileiro? / A senhora é brasileira?	*...brésilien(ne) ?*
O senhor é francês? / A senhora é francesa?	*...français(e) ?*
O senhor é suíço? / A senhora é suíça?	*...suisse ?*

Réponse :

Sou, sim.

Não, não sou. Eu sou belga. *...belge.*

- **Profissão** *Profession ;* **Ocupação** *Métier*

Qual é a sua profissão? (Eur.) / **Qual é sua profissão?** (Br.)

Eu sou...	*Je suis...*
estudante	*étudiant*
professor / professora	*enseignant*
engenheiro / engenheira	*ingénieur*
homem / mulher de negócios	*homme / femme d'affaires*
dona de casa	*femme au foyer*
aposentado / aposentada	*retraité(e)* (pour les personnes qui ont *atteint l'âge de la retraite)*
reformado / reformada (Eur.)	*retraité(e)* (peut aussi concerner les *personnes en préretraite)*

- **Estado civil** *État civil*

Você é solteiro?	
A senhora é casada?	
A senhora está noiva?	
Eu sou viúvo / viúva.	*veuf / veuve*
Eu sou divorciado / divorciada.	*divorcé(e)*

- **Idade** *Âge*

Quantos anos tem? (Eur.) / **Quantos anos você tem?** (Br.)	*Quel âge avez-vous ?* (litt. *Combien d'années avez-vous ?*, c'est à dire, *avez-vous « derrière vous » ?*)
Eu tenho vinte e cinco anos.	*J'ai vingt-cinq ans.* (c'est à dire, *J'ai vingt-cinq années « derrière moi ».*)

- **Filhos** *Enfants*

(Você) tem filhos?	*Avez-vous des enfants ?*
Eu tenho dois filhos.	*J'ai deux enfants.*
Eu tenho um filho e uma filha.	*J'ai un fils et une fille.*
Eu não tenho filhos.	*Je n'ai pas d'enfant.*
Eu tenho um neto e uma neta.	*J'ai un petit-fils et une petite-fille.*

- **Endereço ou morada** *Adresse*

Onde mora? (Eur.) **ou Onde você mora?** (Br.)

Onde mora a senhora? ou Onde a senhora mora? (Br.)

Eu moro no Brasil, no Rio.

Qual é o seu endereço?(Eur.) / **Qual é seu endereço?** (Br.)

Como é o seu endereço?(Eur.) / **Como é seu endereço?** (Br.)

Qual é o número do seu telefone? (Eur.) / **Qual é o número de seu telefone?** (Br.) / **Qual é o seu número de telefone?** (Eur.) / **Qual é seu número de telefone?** (Br.)

- **Estada ou estadia** *Séjour*

Quanto tempo vai ficar?	*Combien de temps allez-vous rester ?*
Eu vou ficar um mês.	*Je vais rester un mois.*
Onde vai ficar?	*Où allez-vous séjourner ?*
Onde está?	*Où séjournez-vous actuellement ?*
Com amigos.	*Avec des amis.*

No Hotel Central.

Estou aqui de férias.	*...en vacances*
...a negócios.	*...pour affaires.*

Comment ça marche ?

Je, tu, il, elle...

Avec les verbes, le pronom personnel sujet (*je, tu, il, elle,* etc.) est optionnel, et a tendance à être omis lorsque la terminaison verbale suffit à préciser de quelle personne il s'agit.

☐ Moro em Lisboa. *J'habite à Lisbonne.*

Lorsqu'il y a ambiguïté, ou pour marquer une emphase, utilisez le pronom avec le verbe.

Eu é que agradeço. *C'est moi qui vous remercie.*

eu	*je*
você **o senhor / a senhora** **tu**	*vous* (s'applique au m. et au f.) *vous* (le premier est m. et le second est f.) [courtoisie] *tu*
ele / ela	*il / elle*
nós	*nous*
vocês **os senhores / as senhoras**	*vous* (s'applique au m. et f. pluriels) *vous* (m. pl. / f. pl.) [courtoisie]
eles / elas	*ils / elles*

Remarque :

Lorsque les deux genres sont présents, c'est le masculin que l'on utilise (**os senhores**). Voir **page 103**.

Les chiffres de 11 à 100

11 **onze**
12 **doze**
13 **treze**
14 **catorze**
15 **quinze**
16 **dezasseis** (Eur.) / **dezesseis** (Br.)
17 **dezassete** (Eur.) / **dezessete** (Br.)
18 **dezoito**
19 **dezanove** (Eur.) / **dezenove** (Br.)
20 **vinte**
21 **vinte e um / uma**
22 **vinte e dois / duas**
30 **trinta**
40 **quarenta**
50 **cinquenta** (Eur.) / **cinqüenta** (Br.)
60 **sessenta**
70 **setenta**
80 **oitenta**
90 **noventa**
100 **cem**

João *ou* o João?

L'utilisation de l'article défini (**o / a**) dans les cas suivants est optionnelle au Brésil mais pas au Portugal, où elle est obligatoire :

- Devant les prénoms :

Este é o João. (Eur.) *Voici João.*

Au vocatif en revanche, c'est à dire lorsque vous appelez quelqu'un, on ne l'utilise ni au Brésil ni au Portugal :

João! *João!*

- Devant les titres :

o senhor / a senhora *monsieur / madame*
a dona Ana / o senhor José *Madame Ana / Monsieur José*

- Devant les pronoms possessifs :

a minha casa / o **seu carro** *ma maison / votre voiture*

Fonctionnaire et végétarien

Comme en français, les noms qui précisent un métier, une appartenance, un état civil ou une origine ne prennent pas d'article.

Sou funcionário público.	*Je suis fonctionnaire public.*
...vegetariano.	*...végétarien.*
...católico.	*...catholique.*

autoévaluation

Exercices

6.3

Insérez les mots qui manquent dans ce que dit Joana à Paulo.

6.4

CD1 piste 33

José, Glória, Osvaldo et Amélia disent d'où ils viennent et parlent d'eux.

6.4.1 Regardez l'illustration **page 71**, écoutez l'enregistrement ou référez-vous à sa transcription **page 298**, puis complétez le tableau ci-dessous, en écrivant en portugais pour chacun les renseignements qui lui correspondent. La première réponse a déjà été donnée pour vous.

nom	**il / elle vient de...**	**âge et profession**	**marié(e) ? avec des enfants ?**
i José	*Faro, Algarve*	*22 anos, estudante*	*solteiro, não tem filhos*
ii Glória			
iii Osvaldo			
iv Amélia			

6.4.2 Jouez à présent le rôle de chacune des quatre personnes en faisant des phrases à partir de ce que vous avez écrit.

6.5

Mathieu doit donner des renseignements personnels. Aidez-le et répondez aux questions suivantes pour lui.

- **Por favor, o senhor é suiço?**
  (dites *Non, je suis français*)
- **Como se chama e de onde é na França?**
  (dites *Je m'appelle Mathieu Durand. Je viens de Nantes.*)
- **Quanto tempo vai ficar aqui e com quem?**
  (dites *Je suis seul et je vais rester huit jours, en vacances*)
- **Importa-se de me mostrar um documento de identificação com o seu endereço em Nantes.**
  (dites *Voici*, en montrant votre permis de conduire)

José
Fontes
Faro
Algarve
Natal
Rio Grande do Norte
Glória Fonseca
Rio Grande do Sul
Porto Alegre
Madeira
Funchal
Osvaldo Medeiros
Amélia Sarmento

07

Quando começa a excursão?

Quand l'excursion commence-t-elle ?

Communication

- Parler de l'heure et des jours de la semaine
- Se renseigner sur les horaires de disponibilité d'un service
- Identifier une personne que vous allez rencontrer pour la première fois

Numa agência de viagens *Dans une agence de voyages*

CD1 piste 34

Susana est dans une agence de voyages, elle se renseigne sur les excursions locales.

Susana	Queria ver a lista das excursões nesta região.
Empregado	Algum local em particular?
Susana	Não, queria conhecer a região em geral.
Empregado	Então recomendo a excursão de dois dias. A próxima é na quarta-feira. A partida é de manhã. Ficamos uma noite num hotel e regressamos quinta à tarde.
Susana	E a que horas começa a excursão na quarta-feira?
Empregado	Partimos às nove. A senhora quer fazer uma reserva? Hoje ainda há lugares, mas amanhã talvez não.

vocabulaire

ver	*voir*
(a) excursão	*(l')excursion*
(a) região	*(la) région*
em particular	*en particulier*
em geral	*en général*
recomendo	*je vous recommande* (litt. *(je) (vous) recommande*)
(a) quarta-feira	*(le) mercredi*
de manhã	*dans la matinée*
ficamos	*(nous) passons (la nuit)* (litt. *(nous) restons*)
regressamos	*(nous) rentrons*
(a) quinta(-feira)	*(le) jeudi*
à tarde	*dans l'après-midi / la soirée*
a que horas...?	*à quelle heure... ?*
começa	*commence*
(a) partida	*(le) départ*
às nove (horas)	*à neuf (heures)*
a senhora quer...?	*voulez-vous... ?*
ainda há lugares	*il y a encore de la place* (litt. *encore (il y) a (de la) place*)

Falando com um amigo *Conversation avec un ami*

CD1 piste 34

Dulce doit aller chercher David à la gare routière et elle essaye de savoir à quoi il ressemble.

Dulce	Pode me descrever a aparência física dele? Preciso saber como ele é.
Sílvio	Para quê?
Dulce	Ele chega hoje à noite. Tenho de ir buscá-lo à estação.
Sílvio	A que estação?
Dulce	À rodoviária. Não sei como vou reconhecê-lo. Não sei se ele é gordo ou magro, alto ou baixo...
Sílvio	Oh! Não tem problema. Ele nem é gordo nem é magro, nem é alto nem é baixo.
Dulce	Mas que grande ajuda! Muito obrigada.

vocabulaire

descrever	*décrire*
aparência física	*aspect physique*
preciso (de) saber	*(j')ai besoin (de) savoir*
como ele é	*comment il est*
ele chega	*il arrive*
à noite	*ce soir*
tenho de	*(je) dois*
ir, vou	*aller, (je) vais*
buscá-lo	*le chercher*
(a) rodoviária	*(la) gare routière*
não sei como	*(je) ne sais pas comment*
reconhecê-lo	*le reconnaître*
se	*si*
gordo – magro	*gros – maigre*
alto – baixo	*grand – petit*
oh! não tem / há problema	*oh ! (il n'y) a pas de problème*
que grande ajuda!	*Quelle aide !* (litt. *quelle grande aide !*)

autoévaluation

Exercices

7.1 Certo ou errado? *Vrai ou faux ?*

	C	E
1 A Susana quer conhecer a região.	☐	☐
2 A Susana ainda tem lugar na excursão.	☐	☐
3 O David vai chegar amanhã à noite.	☐	☐
4 O Sílvio vai buscar o David à rodoviária.	☐	☐

7.2 Perguntas e respostas *Questions-réponses*

1 A excursão da Susana: quando é a partida? E o regresso?
- **a** A partida é quinta-feira de manhã e o regresso quinta-feira à noite.
- **b** A partida é quarta-feira de manhã e o regresso quinta-feira à tarde.
- **c** A partida é quarta-feira à tarde e o regresso quarta-feira à noite.

2 O David: qual é a aparência física dele?
  a Ele nem é gordo nem é magro mas é alto.
  b Ele nem é alto nem baixo mas é magro.
  c Ele não é alto mas não é baixo, não é gordo mas não é magro.

prononciation

Comment ça se prononce ?

CD1 piste 35

Les sons **s** ou un **z** se prononcent différemment selon la position qu'ils occupent dans le mot et dans la phrase. Exercez-vous à prononcer les sons suivants, vous pouvez vous aider de l'enregistrement si vous le possédez.

s- au début d'un mot (prononcez *s* de *sourire*) : **s**ol ; **s**ou ; **s**aber ; **s**enhora.

-s- entre deux voyelles (prononcez *z* de *zèbre*) : ca**s**a ; bra**s**ileiro.

-s au Portugal, à la fin d'un mot et souvent à la fin d'une syllabe (prononcez *ch* de *chat*) : hora**s** ; portuguê**s** ; ficamo**s** ; li**s**ta

dans presque tout le Brésil (prononcez *s* de *sourire*) : hora**s** ; portuguê**s** ; ficamo**s** ; li**s**ta. Mais lorsque le mot suivant commence par une voyelle, que ce soit au Brésil ou au Portugal, une personne parlant vite fera la liaison et prononcera le **-s** final *z,* de *zèbre :*

à**s** oito horas ; vamo**s** amanhã à**s** oito horas.

z se prononce généralement comme le *z* de *zèbre* : **z**ero (*zéro*)

-z à la fin d'un mot ou d'une syllabe, se prononce *ch* comme *chat* : talve**z** ; feli**z** (*heureux*) mais il se prononce comme le *z* de *zèbre* lorsque le mot suivant commence par une voyelle :

talve**z** amanhã ; feli**z** ano.

vocabulaire

Les jours de la semaine

Que dia da semana é hoje? *Quel jour de la semaine sommes-nous aujourd'hui ?* (litt. *...est(-ce) aujourd'hui?*)

é... *nous sommes... (litt. (c')est)*

domingo	*dimanche*	**quinta-feira**	*jeudi*
segunda-feira	*lundi*	**sexta-feira**	*vendredi*
terça-feira	*mardi*	**sábado**	*samedi*
quarta-feira	*mercredi*		

Au Brésil on peut écrire les jours de la semaine indifféremment avec une minuscule ou une majuscule mais au Portugal on utilise toujours une minuscule. Les jours de la semaine sont féminins, sauf **sábado** et **domingo** qui sont masculins ; il en va de même pour **(o) feriado**, *(le) jour férié*. En ce qui concerne les mots composés, il arrive souvent que **-feira** ne soit pas prononcé et que la première partie du mot soit représentée par **2.a, 3.a, 4.a, 5.a** ou **6.a**.

Pour un événement qui a lieu régulièrement, vous pouvez dire : **às segundas**, **aos fins de semana**, **todos os fins de semana**, et ainsi de suite.

A excursão é às quarta-feiras. *L'excursion a lieu les mercredis.*

vocabulaire Dire l'heure

É uma (hora).

São duas (horas).

São seis (horas).

São doze (horas).
É meio-dia.
É meia-noite.

É uma (hora) e cinco (minutos).

É uma (hora) e quinze (minutos).
É uma (hora) e um quarto.

É uma (hora) e trinta (minutos).
É uma (hora) e meia.

É uma (hora) e quarenta e cinco (minutos).
São duas (horas) menos quinze (minutos).
São duas (horas) menos um quarto.
São quinze (minutos) para as duas (horas).
É um quarto para as duas (horas).
Faltam quinze (minutos) para as duas (horas).
Falta um quarto para as duas (horas).

Pour demander *quelle heure est-il ?*, dites **que horas são?** (litt. *quelles heures sont(-elles) ?*).

Les réponses sont ci-dessus.

En ce qui concerne les heures, n'oubliez pas d'utiliser la forme **é** pour **meio-dia**, **meia-noite** et *une heure* (**é uma hora**), mais la forme **são** pour toutes les autres (**são onze horas**).

Dans un système de 24 heures, le temps qu'il reste à écouler avant l'heure et le temps écoulé après l'heure sont indiqués comme suit : heure + minutes ou quarts (**são vinte e três horas e trinta e cinco minutos**). Dans le système plus usité de 12 heures, l'ordre est le même lorsque l'on parle du temps écoulé (**são onze e vinte e cinco**). En ce qui concerne le temps qu'il reste avant l'heure, **para** ou **menos** sont autant utilisés l'un que l'autre (**são vinte e cinco para a meia-noite** ou **é meia-noite menos vinte e cinco**). Pour terminer, l'expression *pile* trouve son équivalent dans **em ponto** : **é uma (hora) em ponto**.

vocabulaire

Moments de la journée

Lorsque vous utilisez le système de 12 heures, vous pouvez préciser **da manhã**, **da tarde** ou **da noite** (**nove horas da noite** = 9 heures du soir = 21 heures). Si vous souhaitez faire référence à plusieurs moments de la journée sans parler d'heure, dites :

de manhã	*dans la matinée*
à tarde ou de tarde	*dans l'après-midi / en début de soirée*
à noite	*dans la soirée / la nuit*

A partida é na quarta-feira de manhã. *Le départ est mercredi, dans la matinée.*

De manhã como cereais com leite. *Le matin je mange des céréales avec du lait.*

Il vaut mieux utiliser **de noite**, *dans la soirée*, dans le sens de *la nuit.*

Está escuro de noite. *Il fait sombre la nuit.*

Hoje de manhã signifie *ce matin*, **hoje de tarde** signifie *cet après-midi* (*ou début de soirée*) et **hoje à noite** signifie *ce soir* (ou *cette nuit*). Vous pouvez cependant aussi bien utiliser **esta manhã**, **esta tarde** et **esta noite**.

Utilisez **até amanhã** (litt. *jusqu'à demain*) pour dire *à demain*, et **até amanhã de manhã** pour dire *à demain matin.* Pour *à lundi*, dites **até segunda(-feira)** et ainsi de suite.

Agências e estações *Agences et stations*

Le mot **agência** est utilisé pour désigner un endroit où l'on obtient un service, son emploi est similaire au français. On parle par exemple de **a agência de viagens**, **a agência de câmbio**, **a agência de aluguer** (Eur.) / **aluguel** (Br.) **de automóveis**.

Os correios est une appellation abrégée qui signifie en réalité **a agência dos correios** au Brésil, mais **a estação de correios** au Portugal. **O posto de correios** est également utilisé.

A estação désigne à la fois une gare de chemin de fer, dont le nom complet est **a estação de caminhos de ferro** / **a estação de comboios** (Eur.) ou **a estação ferroviária** / **a estação de trem** (Br.), et une gare routière, **a estação rodoviária** (souvent abrégée en **a rodoviária**) ou **a estação de autocarros** (Eur.) / **a estação de ônibus** (Br.). En ce qui concerne la station de métro, on dit **a estação de metro** (Eur.) / **a estação de metrô** (Br.).

Comment ça marche ?

Les verbes : les trois conjugaisons – le présent de l'indicatif

	j'achète, etc.	*je vends, etc.*	*je pars, etc.*
S1 eu	compr**o**	vend**o**	part**o**
S2 você, o Sr. / a Sr.ª tu	compr**a** compr**as**	vend**e** vend**es**	part**e** part**es**
S3 ele / ela	compr**a**	vend**e**	part**e**
P1 nós	compr**amos**	vend**emos**	part**imos**
P2 vocês, os Sr.^{es} */ as Sr.*^{as}	compr**am**	compr**am**	part**em**
P3 eles / elas	compr**am**	vend**em**	part**em**

Les trois cases *S* (pour singulier) ne concernent qu'une seule personne : *je, tu, il / elle* ou *on*. Les trois cases *P* représentent leur pluriel respectif : *nous, vous, ils / elles*.

À l'exception des terminaisons correspondant à **tu** (**-as**, **-es**, **-es**), *S2* et *S3* sont identiques (**-a**, **-e**, **-e**). *P2* et *P3* sont également les mêmes (**-am**, **-em**, **-em**). Dans les prochains tableaux de conjugaison que vous rencontrerez au long de cet ouvrage ces sujets seront rassemblés dans la même catégorie.

Utilisez le présent pour :

- décrire quelque chose ou quelqu'un

  A saída fic**a** em frente. *La sortie est tout droit.* (verbe fic**ar**, avec une terminaison en **a** comme compr**ar** *S3*.)

- décrire une situation présente

Moro no Rio. *J'habite à Rio.* (mor**ar**)

- parler d'une action ou d'un événement réguliers

Normalmente, as lojas abrem às 9h. *Les boutiques ouvrent normalement à 9h.* (abr**ir**)

- donner un fait permanent

Gosto de música. *J'aime la musique.* (gost**ar**)

- donner une vérité reconnue

As pessoas que vivem num clima frio vestem roupa quente.
Les personnes qui vivent dans un climat froid portent des vêtements chauds. (viv**er**, vest**ir**)

- faire une annonce factuelle au sujet d'un événement futur

Partimos amanhã. *Nous partons demain.* (part**ir**)

- parler de quelque chose qui a commencé dans le passé et qui n'est pas encore terminé

Estudo português há um mês. *Cela fait un mois que j'étudie le portugais.* (estud**ar**)

« Vous », « il » / « elle » et « tu »

La tendance à omettre le pronom personnel sujet (*je, tu, il / elle*, etc.), que vous avez vue au **Chapitre 6**, n'est pas affectée par le fait que certaines terminaisons verbales sont identiques entre *vous* (de politesse) et *il / elle*, et *vous* (pluriel) et *ils / elles*. C'est le contexte de la situation qui vous aidera à savoir de qui il s'agit. Si quelqu'un vous regarde et dit **Fala português?**, il semble évident que cela signifie *Parlez-vous portugais ?*, et non *Parle-t-il* (*elle*) *portugais ?*

En revanche, lorsque vous voudrez vous adresser à quelqu'un, quelle formule choisirez-vous ?

Você fala francês? *ou* **O senhor fala francês?** *ou* **Tu falas francês?**

Você

Utilisez **você** en règle générale, au Portugal aussi bien qu'au Brésil, pour vous adresser à des amis.

O senhor / a senhora

Utilisez **o Sr. / a Sr.ª** avec des personnes que vous ne connaissez pas mais envers qui vous souhaitez être particulièrement aimable.

Tu

L'emploi de **tu** est identique à l'emploi que l'on en fait en français. Au Brésil cependant, on préférera **você** quelque soit le lien (social, hiérarchique ou parental) qui unit les locuteurs, **tu** n'étant pas tellement utilisé dans sa forme directe mais plutôt dans ses formes obliques **te** et **ti** : **para ti**, *pour toi*. Nous reparlerons de cela dans les chapitres suivants.

Remarques :

- **vocês** est le pluriel à la fois de **tu** et de **você**

  Vocês falam português? *Parlez-vous* (pluriel) *portugais ?*

- **o senhor / a senhora** et **os senhores / as senhoras** sont des noms utilisés comme pronoms pour remplacer *vous*

  O senhor fala português? *Parlez-vous portugais, Monsieur ?*

- **vós** est une alternative à **você** et **os senhores / as senhoras**. Son emploi est devenu archaïque dans la plupart des pays lusophones, c'est pourquoi il n'a pas été mentionné plus haut. Vous trouverez cependant ses formes verbales entre parenthèses, à la fin de l'ouvrage.

Les ordinaux

1.º/1.ª primeiro/a
2.º/2.ª segundo/a
3.º/3.ª terceiro/a
4.º/4.ª quarto/a
5.º/5.ª quinto/a
6.º/6.ª sexto/a
7.º/7.ª sétimo/a
8.º/8.ª oitavo/a
9.º/9.ª nono/a
10.º/10.ª décimo/a
11.º/11.ª décimo/a primeiro/a

20.º/20.ª vigésimo/a
30.º/30.ª trigésimo/a
40.º/40.ª quadragésimo/a
50.º/50.ª quinquagésimo/a (Eur.) / qüinquagésimo/a (Br.)
60.º/60.ª sexagésimo/a
70.º/70.ª septuagésimo/a (Eur.) / setuagésimo/a (Br.)
80.º/80.ª octogésimo/a
90.º/90.ª nonagésimo/a
100.º/100.ª centésimo/a

as duas primeiras ruas à direita *les deux premières rues à droite*
o vigésimo primeiro andar *le vingt et unième étage*

Vous remarquerez que les ordinaux sont utilisés pour nommer les jours de la semaine de lundi à vendredi, mais que l'on dit **terça** et non pas **terceira** pour mardi : **terça-feira**.

autoévaluation

Exercices

7.3

Mettez les jours de la semaine dans le bon ordre, en commençant par dimanche.

domingo quarta-feira segunda-feira
quinta-feira sexta-feira terça-feira
sábado

7.4

vocabulaire

A que horas...	*À quelle heure... ?*
À uma hora.	*À une heure.*
Ao meio-dia.	*À midi.*
A um quarto para as cinco.	*À cinq heures moins le quart.*

7.4.1 Complétez les phrases avec les formes correctes du verbe entre parenthèses.

i À l'extérieur d'une boutique sur la porte de laquelle la pancarte FECHADO est accrochée
A que horas _______ esta loja? (abr**ir**)

ii Dans un restaurant
A que horas ________ o restaurante? (fech**ar**)

iii Dans un hôtel
A que horas ________ o almoço? (começ**ar**)

iv Dans une gare routière au Brésil
A que horas _______ o próximo ônibus (Br.) para o Rio? (part**ir**)

v Dans une gare ferroviaire au Brésil
A que horas _______ o próximo trem (Br.) de São Paulo? (cheg**ar**)

vi Dans une gare routière au Portugal
A que horas _______ o próximo autocarro (Eur.) para Faro? (part**ir**)

vii Dans une gare ferroviaire au Portugal
A que horas _______ o próximo comboio (Eur.) de Coimbra? (cheg**ar**)

viii À un arrêt de bus au Portugal
A que horas__________ o próximo autocarro (Eur.) para o centro? (pass**ar**)

7.4.2 Regardez les heures dans le tableau ci-dessous puis répondez aux questions de l'exercice **7.4.1**, en utilisant le système de 12 heures. La première question a déjà été faite pour vous.

i Às nove da manhã.

i 9h00	**ii** 24h00	**iii** 12h00	**iv** 14h15
v 22h30	**vi** 13h00	**vii** 10h20	**viii** 15h45

7.5 Six personnes se décrivent physiquement. CD1 piste 36

7.5.1 Lisez les encadrés ci-dessous, ils contiennent des mots utilisés pour décrire les personnes. Si vous possédez l'enregistrement, écoutez-le et cochez chaque mot au fur et à mesure que vous l'entendez prononcer. Vous pouvez également vous référer à la transcription des phrases **page 299**.

(o) cabelo *(les) cheveux*	
louro *ou* **loiro** *blond*	**liso** *raide*
castanho *châtain*	**ondulado** *ondulé*
ruivo *roux*	**frisado** *ou* **crespo** *bouclé*
preto *noir*	**curto** *court*
grisalho *gris*	**comprido** *long*

(os) olhos *(les) yeux*	
azuis *bleus*	**castanhos** *marron*
verdes *verts*	**pretos** *noirs*

(a) pele *(la) peau*	
clara *claire*	**morena** *foncée*

7.5.2 Reportez la description que les six personnes ont donné d'elles-mêmes.

7.5.3 Sérgio est en train de décrire Linda :

Ela tem
cabelo preto,
liso e comprido,
tem olhos pretos
e pele muito clara.

Comment décrirait-il les personnes suivantes ?

- **i** Isabelle (*cheveux blonds, très raides, longs + yeux bleus + peau claire*)
- **ii** André (*cheveux ondulés, gris, courts + yeux noirs + peau très foncée*)
- **iii** Nicolas (*cheveux bouclés, châtains, très courts + yeux marron + peau foncée*)
- **iv** Claire (*cheveux ondulés, roux, très longs + yeux verts + peau claire*)

08

Vou encontrar-me com ela amanhã

J'ai rendez-vous avec elle demain

Communication

- Dire ce que vous allez faire
- Décrire les vêtements d'une personne afin de pouvoir l'identifier
- Indiquer le chemin pour aller là où vous voulez

Falando com uma colega *Conversation avec une collègue*

CD1 piste 37

Zaida pose des questions à son collègue Abel au sujet de ses retrouvailles avec une vieille amie.

Zaida	Então quando chega a sua amiga?
Abel	Amanhã. Vou encontrar-me com ela ao meio-dia.
Zaida	Oh! E onde vai ser o encontro?
Abel	Na estação.
Zaida	Muito bem! Ainda se lembra como ela é? Como vai reconhecê-la?
Abel	Lembro. E tenho aqui a carta em que ela descreve como está agora e o que vai vestir para a viagem. (*lendo*) "Estou um pouco mais gorda e agora uso o cabelo comprido. Vou estar vestida com uma saia branca e um casaco azul-claro. Vai ser fácil reconhecer-me."

vocabulaire

vou encontrar-me com	*j'ai rendez-vous avec*
vai ser	*(cela) va être*
muito bem!	*bravo!* (litt. *très bien*)
Ainda se lembra...?	*(vous vous) souvenez encore...?*
(a) carta	*(la) lettre*
em que	*dans laquelle* (*lequel*, selon le contexte)
descreve	*décrit*
vai vestir	*(elle) va porter*
lendo	*lisant / en lisant*
um pouco	*un peu*
uso	*je porte*
vou estar vestida com	*je vais porter*
(a) saia branca	*(la) jupe blanche*
(o) casaco azul claro	*(le) gilet bleu pâle*

Na rua *Dans la rue*

CD1 piste 37

Eduardo cherche l'Hôtel Baía et demande à un passant de l'aider.

Eduardo	Por favor, pode me dizer como se vai para o Hotel Baía?
Transeunte	É um pouco longe. O senhor vira à esquerda ali naquela esquina, depois segue em frente e toma... a quinta ou sexta rua à direita. É a Rua Augusta. O hotel fica à esquerda, no primeiro quarteirão, antes de um semáforo.

Eduardo	Então, naquela esquina viro à esquerda, depois sigo em frente e tomo a Rua Augusta, que é a quinta ou sexta rua à direita. É isso?
Transeunte	É isso mesmo.

vocabulaire

como se vai...?	*comment fait-on pour aller à... ?*
ali	*là-bas*
naquela (= em + aquela)	*à cette*
(a) esquina	*(le) coin*
o Sr. vira, segue, toma	*vous tournez, continuez, prenez*
viro, sigo, tomo	*(je) tourne, continue, prends*
depois	*après, ensuite*
(o) quarteirão	*(le) pâté de maison*
antes de	*avant*
(o) semáforo	*(les) feux de signalisation*
isso mesmo	*c'est cela, exactement*

autoévaluation

Exercices

8.1 Certo ou errado? *Vrai ou faux ?*

	C	E
1 A amiga da Zaida chega amanhã.	☐	☐
2 O Abel não vai poder reconhecer a sua amiga.	☐	☐
3 O Eduardo pergunta como se vai para o Hotel Baía.	☐	☐

8.2 Perguntas e respostas *Questions-réponses*

1 Como está a amiga que vai chegar amanhã?
- **a** Está um pouco mais gorda e com o cabelo comprido.
- **b** Está mais gorda e com o cabelo um pouco mais curto.

2 Como vai estar vestida a amiga do Abel?
- **a** De saia e casaco brancos.
- **b** De saia e casaco azuis.
- **c** Com uma saia branca e um casaco azul claro.

3 Como se vai para o Hotel Baía?
- **a** Vira-se à esquerda naquela esquina, depois segue-se em frente e toma-se a quinta ou sexta rua à esquerda.
- **b** Naquela esquina vira-se à esquerda, depois segue-se em frente e toma-se a quinta ou sexta rua à direita.

Comment ça se prononce ?

CD1 piste 38

Dans un même verbe, les orthographes **gu** et **g** peuvent être alternées. Exercez-vous à prononcer les différentes valeurs de **g**, et les mots qui contiennent **gu**. Ces mots figurent sur l'enregistrement.

g La prononciation de **g** suit les mêmes règles qu'en français : prononcez-le comme le premier **g** de *garage* dans la plupart des cas : che**g**ar ; a**g**ora ; **g**ordo. Devant un **e** ou un **i** cependant, prononcez-le comme le deuxième **g** de *garage* : lon**g**e ; **g**eral ; re**g**ião.

gu se prononce *gou + voyelle*, comme dans *aguardiente* – á**gu**a, **gu**arda-sol – sauf devant un **e** ou un **i** où il garde le son guttural du premier **g** de *garage* : se**gu**ir (*continuer, aller*). Dans les formes du verbe se**gu**ir, souvenez-vous que pour **você** et **ele** on dit se**gu**e *mais* que pour **eu** on dit si**g**o.

Dans certains cas cependant, le **u** est prononcé et en portugais du Brésil, l'ajout du tréma sur le **u** montre le changement de prononciation : não a**gu**ento (Eur.) / não a**gü**ento (Br.) (*je ne le supporte pas*).

La prononciation associée à la lettre **x** tient beaucoup à l'origine des mots dans lesquels elle apparaît. Exercez-vous à prononcer ce qui suit, vous pouvez vous aider de l'enregistrement, le cas échéant.

x se prononce *ch* de *chat* au début d'un mot et parfois, entre deux voyelles : **X**avier ; **x**arope (*sirop pour la toux*) ; **x**ícara (*tasse*) ; pu**x**ar (*pousser*).

x se prononce *s* de *sourire* entre deux voyelles : pró**x**imo ; má**x**imo (*maximum*) ; trou**x**e (*(j') ai apporté*).

x se prononce *z* de *zèbre* lorsque **ex** précède une voyelle : **ex**ame (*examen*) ; **ex**emplo (*exemple*) ; **ex**austo (*épuisé*).

x dans certains mots **x** se prononce *ks* comme dans *taxi* : tá**x**i ; fi**x**ar (*fixer, arranger*) ; se**x**o (*sexe*).

x devant une consonne **x** se prononce *ch* de *chat* au Portugal, mais *s* de *sourire* dans la plus grande partie du Brésil : se**x**ta-feira (Eur.) / se**x**ta-feira (Br.).

Les couleurs

Vous trouverez **page 88** les noms des couleurs. Certains sont différents de ceux que vous avez appris pour décrire l'apparence physique. Par exemple, **grisalho** signifie *gris* lorsque l'on parle des cheveux, mais pas lorsque l'on parle de la couleur grise en général. Le mot **castanho** signifie *châtain* au Brésil, mais à la fois *châtain* et *marron* au Portugal.

branco/a	*blanc/che*
preto/a	*noir(e)*
vermelho/a, encarnado/a (Eur.)	*rouge*
amarelo/a	*jaune*
verde	*vert(e)*
azul	*bleu(e)*
cinzento/a (Eur.), **cinza** (Br.)	*gris(e)*
castanho/a (Eur.), **marrom** (Br.)	*marron – châtain*
laranja	*orange*
cor-de-rosa	*rose*

Pour préciser si la couleur est claire ou foncée, ajoutez **claro** ou **escuro** : **azul escuro** (Br.) / **azul-escuro** (Eur.).

Les noms de couleurs s'accordent (terminaisons en **o(s)** ou **a(s)**) avec les noms qu'ils décrivent, mais il n'y a pas de modification orthographique m./f. pour **verde** et **azul**. L'expression **cor-de-rosa** (litt. *couleur de la rose*) ne change pas, ni l'expression **cor-de-laranja** (litt. *couleur de l'orange*), ou plus simplement, **laranja**. **Cinza** (litt. *cendres*) non plus, en dépit du fait que l'expression ait été raccourcie.

vocabulaire – Les vêtements

En général, on utilise les mêmes mots de chaque côté de l'Atlantique : **a saia** *la jupe* ; **a blusa** *la chemise / le chemisier* ; **o vestido** *la robe* ; **a camisa** *la chemise*. Quelques distinctions doivent cependant être soulignées.

Pour tout ce qui vient par paire, comme *les chaussures*, les Portugais auront tendance à utiliser le pluriel et les Brésiliens le singulier : **os sapatos** (Eur.) / **o sapato** (Br.). En ce qui concerne *le pantalon* vous entendrez **as calças** (Eur.) ou **a calça** (Br.). Cela explique que l'on ait **os jeans = as calças de ganga** (Eur.) mais **o jeans = a calça de zuarte** (Br.). **T-shirt** est utilisé dans les deux pays mais au Portugal on parle plutôt de **a camisola de manga curta / comprida** et au Brésil de **a camiseta**.

O casaco signifie *manteau* ou *veste*, mais la gamme de ce qu'il inclut diffère entre le Portugal et le Brésil. Si vous parlez d'une veste de costume, pour homme ou pour femme, utilisez **o casaco** au Portugal. Au Brésil, parlez de **o paletó** pour un homme et de **a jaqueta** pour une femme. En ce qui concerne les vestes décontractées comme les vestes en jeans, vous pouvez dire **o blusão** de chaque côté de l'Atlantique.

Un costume pour homme est, au Portugal, **o fato** (= **casaco + calças**), et au Brésil **o terno** (= **paletó + calça**). Pour parler d'un tailleur, vous pouvez tout simplement dire **o fato** ou **o conjunto** (au Portugal), ou **saia e casaco** (Eur.) / **saia e jaqueta** (Br.), ou encore, s'il s'agit d'un tailleur pantalon, **casaco e calças**.Un survêtement est **o fato de treino** (Eur.) / **o training** (Br.).

Como se vai para...? *Comment fait-on pour aller à... ?*

Dans les chapitres précédents on vous donnait des directions sous forme d'emplacements, au moyen de **fica / ficam** ou **é / são**. Par exemple : **O hotel fica na segunda rua à esquerda**. Vous avez également appris à demander que l'on vous montre sur une carte où se trouve l'endroit où vous souhaitez aller : **importa-se de me mostrar no mapa onde fica...** ; et l'endroit où vous êtes : **...onde estou**. À présent vous pouvez également demander **como se vai para...?** ou **por onde se vai para...?**

Por favor, como se vai para o Hotel Baía? *ou*
Por favor, por onde se vai para o Hotel Baía?
Par où va-t-on à l'Hôtel Baía, s'il vous plaît ?

En ce qui concerne les réponses potentielles où l'on vous donnera la route à prendre, vous aurez besoin des formes verbales suivantes :

vai *allez*	**segue** *allez, continuez*	**continua** *continuez*	**vira** *tournez*	**toma** *prenez*
de **ir**	segu**ir**	continu**ar**	vir**ar**	tom**ar**

Les points de repère que l'on vous donnera dépendront de ce qui constituera un bon point de référence : **o semáforo** ou **o sinal de trânsito** (*les feux de signalisation*). Les expressions géométriques se rapportant au plan urbain sont très utiles, comme **paralela** (*parallèle*), **perpendicular** (*perpendiculaire*), **transversal** (*croisement* (litt. *(rue) transversale*)). Par exemple : **na segunda transversal** *au second croisement.*

Até *Jusqu'à*

Até, *jusqu'à*, est un autre mot très utile au moment de donner une direction (au Portugal, **até a** est souvent préféré à **até**).

A senhora segue em frente até ao segundo semáforo (Eur.). /
A senhora segue em frente até o segundo semáforo (Br.).
Vous continuez tout droit jusqu'aux deuxièmes feux.

Até est également utilisé dans un contexte temporel, comme dans les expressions que vous avez apprises :

até amanhã ; até segunda-feira ; até a próxima

Au Portugal, cette dernière expression est souvent prononcée avec un *a* ouvert, le *a* de *ami*, et orthographiée comme suit : **à**, **até à** próxima (**à = a**, préposition **+ a**, article).

grammaire

Comment ça marche ?

Les verbes pronominaux

Il arrive parfois que l'action d'un verbe se fasse sur le sujet de ce verbe. En portugais comme en français, cela se traduit souvent par une construction pronominale, en d'autres termes le sujet et l'objet du verbe sont les mêmes. Vous trouverez ci-dessous le présent du verbe **lavar** (*laver*) employé dans un sens pronominal : *se laver.*

eu	lavo-**me**
tu	lavas-**te**
você, o Sr. / a Sr.ª ele / ela	lava-**se**
nós	lavamo-**nos***
vocês, os Sr.ᵉˢ / as Sr.ᵃˢ eles / elas	lavam-**se**

* Vous remarquerez l'omission de **-s** à la fin de **lavamos.**

Les pronoms réfléchis sont rattachés à la fin du verbe par un tiret, ou bien ils le précèdent et aucun tiret n'est nécessaire.

Lava-se às sete horas. *(Il) se lave à 7h00.*
Ele se lava às sete horas. (Br.) *Il se lave à 7h00.*

Il y a une forte tendance au Brésil à placer le pronom réfléchi avant le verbe. Si vous voulez éviter de débuter une phrase avec un pronom réfléchi, vous pouvez par exemple ajouter le sujet du verbe, **ele**, **nós**, etc. :

Ele se lava às sete horas. **Nós nos** lavamos às sete horas. (Br.)

Que ce soit au Brésil ou ailleurs, dans les cas suivants le pronom réfléchi précède toujours le verbe.

- Dans les phrases négatives :

Não se lava às sete horas. *Il ne se lave pas à 7h00.*

- Dans les questions introduites par un mot ou une expression interrogatifs :

Quando se lava?	*Quand se lave-t-il ?*
A que horas se lava?	*À quelle heure se lave-t-il ?*
Lava-se às sete horas?	*Se lave-t-il à 7h00 ?*

- Dans les phrases commençant par un adverbe court ou une locution adverbiale :

Jà se lavou.	*Il s'est déjà lavé.*
Depois de se lavar.	*Après s'être lavé.*

- Dans les propositions subordonnées introduites par une conjonction (par exemple : *je pense* que...), ou un pronom relatif (par exemple : *la personne* qui..) :

Penso que se lava às sete horas.	*Je pense qu'il se lave à 7h00.*
Ele é a pessoa que se lava às sete horas.	*C'est la personne qui se lave à 7h00.*
Se não te importas, prefiro ficar em casa.	*Si cela ne te dérange pas, je préfère rester à la maison.*

Ces règles sont également valables lorsqu'un sujet est introduit (**ele** ou autre) :

Ele não se lava às sete horas. **Depois de ele se lavar.**

Penso que ele se lava às sete horas.

Remarques :

Généralement, l'emploi de la forme pronominale en portugais est similaire au français, notamment pour tout ce qui a pour objet soi-même. Il existe cependant des situations où le portugais fait appel à la forme pronominale là où le français ne le fait pas.

- **« On... »**

Por onde se vai para o Hotel Baía?	*Comment fait-on pour aller à l'Hôtel Baía ?*
Como se escreve esse endereço?	*Comment écrit-on cette adresse ?*

- Dans une situation de questions-réponses, on peut ne pas répéter le pronom réfléchi :

  - **E ainda se lembra como ela é?**
  - **Lembro.**

Les règles ci-dessus sur la place du pronom réfléchi sont également valables pour les pronoms d'objet, que vous étudierez plus avant dans ce cours.

Les verbes : les trois conjugaisons – le futur proche

Une action ou un état futurs sont souvent exprimés par le verbe **ir**, *aller,* au présent de l'indicatif, suivi de l'infinitif du verbe que vous souhaitez utiliser. Cela correspond au futur proche français *aller* + *infinitif.*

Vamos partir amanhã. *Nous allons partir demain.*

	je vais...	*acheter*	*vendre*	*partir*
eu	**vou**	compr**ar**	vend**er**	part**ir**
tu	**vais**			
você, o Sr. / a Sr.ª ele / ela	**vai**			
nós	**vamos**			
vocês, os Sr.ᵉˢ / as Sr.ᵃˢ eles / elas	**vão**			

(Veuillez noter que le verbe ir est irrégulier.)

Au **Chapitre 7** vous avez appris que vous pouviez simplement utiliser le présent de l'indicatif pour parler du futur. Quelle est donc la différence avec le futur proche ?

Le présent de l'indicatif ne fait que donner une référence factuelle à une action ou un événement futurs prévus, tandis que le futur proche comporte un élément de détermination ou de certitude.

Partimos amanhã. *Nous partons demain.*
(C'est ce qui est probable)

Vamos partir amanhã. *Nous allons partir demain.*
(C'est notre intention)

Vou estar vestida com um casaco azul. *Je vais porter un gilet bleu.*
(Vous pouvez comptez sur cette information pour me reconnaître)

Remarque :

La structure **vou** + infinitif n'est normalement pas utilisée avec le verbe **ir** :

Vou para o Porto na 2.ª feira. *Je vais à Porto lundi.* ou *Je vais aller à Porto lundi.*

Vous pouvez également utiliser le ton de la voix pour véhiculer de la détermination ou de la certitude.

autoévaluation

Exercices

8.3

Tricia aimerait aller à la piscine et a demandé :

Por onde se vai para a piscina?

8.3.1 Complétez les directions qu'on lui a données, en choisissant les mots de la liste ci-dessous.

toma – vira – segue

transversal – perpendicular

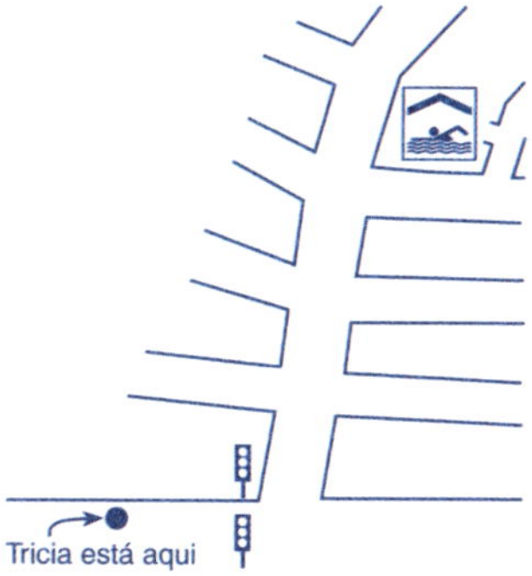

Naquela esquina ali, a do semáforo,
você _______ à esquerda, depois
_______ em frente, na terceira
______ vira à direita e depois
_______ a primeira rua à esquerda.
A piscina é aí, à esquerda.

8.3.2 Qu'auriez-vous pu dire à la place de **você...**, pour une note de politesse en plus ?

8.4

CD1 piste 39

Quatre personnes parlent des vêtements qu'elles vont porter. Vous pourrez faire cet exercice à partir des enregistrements ou vous référer aux phrases **page 299**.

8.4.1 Écoutez ou lisez les phrases et numérotez les illustrations **page 94** en fonction de la description donnée par chaque individu. Faites une croix à côté des vêtements concernés au fur et à mesure que vous les entendez prononcer.

8.4.2 Écoutez ou lisez de nouveau l'enregistrement et écrivez de mémoire la description complète de ce que chacun va porter.

8.4.3 Comment ces gens auraient-ils dit que, pour voyager, c'est le type de vêtements qu'ils ont l'habitude de porter ? La réponse concernant la première personne a déjà été donnée :

Para viajar normalmente visto terno (ou um terno).

8.4.4 Parmi ces quatre individus, quels sont les deux qui viennent du Brésil ?

8.4.5 Vous voulez désigner deux personnes dans une foule. Complétez les phrases suivantes en portugais de façon à expliquer de qui il s'agit en fonction de leurs vêtements.

i É aquela senhora de ______________ (*chemisier rose + jupe verte*)
ii É aquele senhor de _________________ (*chemise blanche + pantalon marron*)

8.5

La liste des participants à une excursion est introuvable et le guide essaie de savoir qui est qui. Les questions, les réponses et les déclarations suivantes viennent du groupe. Complétez-les, en remettant les mots dans l'ordre.

1 O senhor, por favor, como ___ (chama / se)?
2 Eu? ____(Chamo / Valdemar Nascimento / me / -).
3 Por favor! Esta é a pessoa que _____ (se / Mauro de Sá / chama).
4 Aquele senhor? Eu penso que (chama / Fernando Camargo / se / ele).
5 Desculpe a pergunta, a senhora __ (- / se / Flávia Couto / chama)?
6 Não, ___ (Flávia Couto / . / me / Chamo / chamo / me / não / - / Rute Bento).

09

Ontem fui de carro

Hier j'y suis allé(e) en voiture

Communication

- Décrire vos habitudes quotidiennes ou celles d'une tierce personne
- Parler des mois, des saisons et du temps
- Parler de quelque chose que vous avez fait ou qui est arrivé dans le passé

Falando acerca do seu dia-a-dia
À propos des habitudes quotidiennes

CD1 piste 40

Alexandra se renseigne sur les habitudes quotidiennes de Reinaldo.

Reinaldo	Levanto-me cedo, às sete e meia da manhã, e saio de casa às oito e meia. À noite volto para casa tarde, às nove, e deito-me pelas dez e meia.
Alexandra	E no fim de semana?
Reinaldo	Deito-me mais tarde.
Alexandra	Então levanta-se também mais tarde?
Reinaldo	Depende. Levanto-me mais tarde, quando faz mau tempo. Quando faz bom tempo, levanto-me às sete e meia como de costume mas para ir à praia. Gosto de chegar lá muito cedo.

vocabulaire

levanto-me	*(je) me lève*
cedo, tarde	*tôt, tard*
saio de casa	*(je) quitte la maison*
volto para casa	*(je) rentre à la maison*
deito-me	*(je) me couche*
mais tarde	*plus tard*
depende	*(cela) dépend*
faz mau tempo	*(il) fait mauvais temps*
faz bom tempo	*(il) fait beau temps*
como de costume	*comme d'habitude*

no fim de semana = aos fins de semana

Falando de como vai para o trabalho
À propos de moyens de transport

CD1 piste 40

Nazaré est en train d'expliquer à Marcos comment elle se rend au travail.

Marcos	Onde é que você trabalha?
Nazaré	Trabalho numa loja relativamente perto da minha casa.
Marcos	E como vai para o trabalho?
Nazaré	Normalmente vou a pé.
Marcos	E quanto tempo leva?
Nazaré	Levo meia hora. Mas às vezes, quando me levanto mais tarde ou faz mau tempo, vou de carro. Por exemplo ontem fui de carro. Levei mais ou menos dez minutos.

é que	expression charnière, litt. *(c')est que*
trabalho	*(je) travaille*
relativamente	*relativement*
vou a pé	*(j'y) vais à pied, (je) marche*
quanto tempo leva?	*combien de temps (cela) prend(-il)?*
às vezes	*parfois* (litt. *(il y a) des fois*)
por exemplo	*par exemple*
ontem	*hier*
fui de carro	*(j'y) suis allé(e) en voiture*
levei	*cela m'a pris* (litt. *(j')ai pris*)

mais ou menos dez minutos = uns dez minutos

Exercices

9.1 Certo ou errado? *Vrai ou faux ?*

	C	E
1 O Reinaldo sai de casa às 8h30.	☐	☐
2 O Reinaldo volta para casa às 22h30.	☐	☐
3 Sabemos que a Nazaré gosta de ir à praia.	☐	☐

9.2 Perguntas e respostas *Questions-réponses*

1 O Reinaldo: quando é que ele se levanta às 7h30?
- **a** De 2.ª a 6.ª feira.
- **b** Ao fim de semana quando faz bom tempo.
- **c** De 2.ª a 6.ª feira e nos fins de semana em que faz bom tempo.

2 A Nazaré: onde é que fica a loja em que ela trabalha?
- **a** A 15 minutos da casa dela, de carro.
- **b** A 30 minutos da casa dela, a pé.

3 A Nazaré: ontem como é que ela foi para o trabalho?
- **a** Foi a pé e levou uma meia hora.
- **b** Foi a pé e levou uma hora e meia.
- **c** Foi de carro e levou uns 10 minutos.

Comment ça se prononce ?

CD1 piste 41

Le portugais se parle avec un accent différent au Portugal ou au Brésil : adaptez votre accent en fonction de l'endroit où vous souhaitez aller.

Dans les **Chapitres 7 et 8** vous avez vu la différence de prononciation *sourire* par opposition à *chat*. Notez à présent que de nombreux Brésiliens prononcent le **t** et le **d**, en particulier lorsqu'ils précèdent **e** ou **i**, respectivement [tch] et [dj]. Le

-e en fin de mot se prononce comme un **i**. Si vous disposez de l'enregistrement, prononcez les mots suivants à la suite, d'abord, du locuteur brésilien, puis du locuteur portugais :

dia ; tar**de** ; noi**te** ; universida**de** (*université*) ; **t**ive (*j'ai eu*).

Remarque :

Dans le langage parlé au Portugal, le **e** final ne sera pas toujours prononcé avec intensité, il deviendra atone et c'est surtout la consonne qui le précède que l'on entendra : **tarde** deviendra « tard' » ; **noite** deviendra « noit' »...

vocabulaire — Les mois et les dates

Que data é hoje? *Quelle est la date d'aujourd'hui ?*

Janeiro	*janvier*	**Julho**	*juillet*
Fevereiro	*février*	**Agosto**	*août*
Março	*mars*	**Setembro**	*septembre*
Abril	*avril*	**Outubro**	*octobre*
Maio	*mai*	**Novembro**	*novembre*
Junho	*juin*	**Dezembro**	*décembre*

Les noms de mois s'écrivent toujours avec une majuscule au Portugal mais au Brésil ils prennent indifféremment une majuscule ou une minuscule. En règle générale, les jours du mois sont exprimés avec des chiffres cardinaux, sauf pour le premier jour du mois pour lequel on dit parfois **primeiro**, bien que cela soit assez rare.

no dia um de Novembro *ou* **no primeiro de Novembro**

(**um** – cardinal) (**primeiro** – ordinal)

Les années se disent comme en français :

1999 : **mil, novecentos e noventa e nove**, mille neuf cent quatre-vingt-dix-neuf.

Hoje é cinco de Agosto. *Aujourd'hui nous sommes le cinq août.*
Pedro Álvares Cabral avistou o Brasil no dia vinte e dois de Abril de 1500. *Pedro Álvares Cabral a aperçu le Brésil pour la première fois le vingt-deux avril 1500.*

Les saisons

As quatro estações do ano *Les quatre saisons*

(a) Primavera	*(le) printemps*	**(o) Outono**	*(l')automne*
(o) Verão	*(l')été*	**(o) Inverno**	*(l')hiver*

Les noms des saisons s'écrivent toujours avec une majuscule au Portugal mais au Brésil ils prennent indifféremment une majuscule ou une minuscule.

Em Dezembro é Inverno em Portugal mas Verão na maior parte do Brasil. *En décembre c'est l'hiver au Portugal mais c'est l'été dans la plus grande partie du Brésil.*

(N'oubliez pas que l'hiver dans l'hémisphère Nord coïncide avec l'été dans l'hémisphère Sud.)

Le temps

Étudiez les différentes façons d'exprimer le temps qu'il fait.

1. Está	nublado quente frio	*Il fait*	*nuageux* *chaud* *froid*
2. Faz	frio calor sol vento	*Il fait*	*froid* *chaud* *soleil* *du vent*
3. Há	nevoeiro neblina geada gelo	*Il y a*	*du brouillard* *de la brume* *du givre* *du verglas*
4. Chove Neva		*Il*	*pleut* *neige*

Voici quelques conseils pour parler correctement du temps qu'il fait :

1) Utilisez **está** (verbe **estar**) avec un adjectif (comme **quente**) ou un participe passé (comme **nublado**).

2) Utilisez **faz** (**fazer**) avec un nom (comme **sol**). Vous remarquerez d'ailleurs que **frio** peut être à la fois un adjectif (**um dia frio** = *un jour froid*) et un nom (**o frio** *le froid*). Il apparaît donc dans les catégories (**1**) et (**2**) ci-dessus, et peut être associé au verbe **estar** comme au verbe **fazer**. Par analogie, le verbe **estar** est

également utilisé avec **calor** (*la chaleur*), qui constitue une alternative à **quente** (**está calor = está quente**).

3) Préférez **há** (**haver**) avec un nom pour ce qui semble dense ou statique (comme **nevoeiro**, *le brouillard*).

4) Pour tout ce qui ressemble de près ou de loin à des précipitations, comme la pluie, la neige, etc., utilisez un verbe qui décrit les conditions météorologiques : **chove (chover)**, **neva (nevar)**. Cependant, pour ce qui est du givre ou du verglas sur le sol, il vaut mieux se servir du verbe **haver** : **há geada / gelo.**

La notion de mouvement qui se cache peut-être derrière la préférence à utiliser un verbe conjugué pour exprimer la pluie, la neige, etc., peut s'étendre à **vento**, *le vent,* grâce au verbe **ventar**. C'est le cas au Brésil où l'on dit **está ventando**, *il vente*. Cependant, le verbe **ventar** est très peu utilisé au Portugal, où l'on dira plutôt **está vento.**

Remarque :

Très souvent, les Portugais utilisent également le verbe **estar** avec **sol**, **nevoeiro**, **geada** : **está sol / nevoeiro / geada**. De plus, ils diront **está a chover / a nevar** là où les Brésiliens diront **está chovendo / nevando**.

vocabulaire — Les adultes et les enfants

Le mot français *enfant(s)* trouve son équivalent portugais dans **criança(s)**, tandis que *adulte(s)*, dans **adulto(s)**. Le mot **criança** est grammaticalement féminin, même lorsqu'il désigne un garçon ; **adulto** reste masculin même lorsqu'il désigne une femme. Il existe également le mot **menino / menina**, *petit garçon / petite fille.* Vous remarquerez que les parents utiliseront différentes désignations s'ils parlent de leur famille ou si par exemple ils achètent des billets pour elle :

Tenho dois filhos, um menino de quatro anos e uma menina de dois anos.

mais

Três, por favor, para um adulto e duas crianças.

Le mot **menina**, au féminin, sert également de formule courtoise pour s'adresser à une jeune fille.

O leite é para a menina. *Le lait est pour la demoiselle.*

De la même façon, **moço** ou **rapaz** équivalent à *jeune homme, garçon.*

Tenho dois filhos, dois rapazes. *J'ai deux enfants, deux garçons.*

Au Brésil, il vaut mieux ne pas utiliser le féminin de **rapaz**, **rapariga**, car ce terme y est devenu péjoratif. **Moça** est une alternative plus sûre.

Comment ça marche ?

Les questions

Vous avez vu deux types de questions différents.

- Les questions formées sur le modèle des phrases affirmatives. L'ordre des mots est le même, seule l'intonation change.

Você está de férias. *Vous êtes en vacances.* (fait)
Você está de férias? *Êtes-vous en vacances ?* (question)

- Les questions introduites par un mot interrogatif (**onde**, **quando**, **como**, **qual**, etc.). Dans ces questions le sujet (par exemple, *vous*) se place indifféremment avant ou après le verbe.

Onde você trabalha? *Où travaillez-vous ?*
sujet (**você**) + verbe (**trabalha**)

Onde trabalha você? *Où travaillez-vous ?*
verbe (**trabalha**) + sujet (**você**)

La séquence sujet + verbe est plus commune au Brésil tandis que la séquence verbe + sujet est plus répandue au Portugal.

Comme vous l'avez appris au **Chapitre 6**, souvenez-vous que dans ces deux types de questions, **a** et **b**, le sujet peut être omis. Vous aurez donc sûrement l'occasion d'entendre les versions suivantes :

a Está de férias. (fait) Está de férias? (question)
b Onde trabalha? (question)

É que *C'est... que*

Eu é que agradeço. *C'est moi qui vous remercie.*

De chaque côté de l'Atlantique, **é que** aide à établir l'ordre des mots dans une tournure sujet + verbe. Cela signifie que, grâce à **é que,** les mots de votre question seront toujours dans le bon ordre quel que soit l'endroit où vous pratiquerez le portugais.

Onde é que você trabalha?

Retenez également que le sujet peut être omis :

Onde é que trabalha?

Les genres

Comment passer du masculin au féminin :

1) Les mots qui se terminent en **-o** (masc.) (mais pas en **-ão**) changent leur terminaison en **-a** (fém.)

amigo / amiga	*ami / amie*

2) Les mots qui se terminent en **-or** ou **-ês** (masc.) ajoutent un **a** (fém.)

senhor / senhora	*monsieur / madame*
um francês / uma francesa	*un Français / une Française*

(pas d'accent circonflexe sur le féminin)

3) Les mots qui se terminent en **-eu** (masc.) changent leur terminaison en **-eia** (Eur.) / **-éia** (Br.) (fém.).

europeu / europeia (Eur.) / **européia** (Br.)	*européen / européenne*

4) Les mots qui se terminent en **-e** ou **-a** ne changent pas.

estudante	*étudiant / étudiante*
dentista	*dentiste*

5) Certains mots masculins qui se terminent en **-ão** perdent le **-o** final au féminin.

irmão / irmã	*frère / sœur*

6) Le **ô** final se transfome en **ó**.

avô / avó	*grand-père / grand-mère*

7) On utilise un mot différent.

pai / mãe	*père / mère*

Les adjectifs, les participes passés adjectivés et les ordinaux suivent les règles ci-dessus selon le nom qu'ils définissent.

o senhor francês / a senhora francesa	*le monsieur français / la dame française*
obrigado / obrigada	*merci* (prononcé par un homme / une femme)
na primeira rua	*dans la première rue*

Retenez la formation irrégulière suivante des adjectifs *bon* et *mauvais* :

bom tempo (masc.) *beau temps* ; **boa** tarde (fem.) *bon après-midi*

mau tempo (masc.) *mauvais temps* ; **má** notícia (fem.) *mauvaise nouvelle*

Les pluriels

Comme en français, un nom masculin pluriel englobe parfois les deux genres.

os amigos *les amis masculins* mais aussi *les amis masculins + féminins*

os pais *les pères* mais aussi *les parents : le père + la mère*

Exception : **os avós** *les grand-parents* (*grand-parents masculins + féminins*).

Vous remarquerez que le mot portugais **parente** a une signification plus exclusive que sa traduction française (*parent*), car il se rapporte à un parent proche mais pas au père ni à la mère.

De même, lorsqu'un adjectif ou un participe passé se rapportent aux deux genres à la fois, on utilisera le masculin pluriel.

O filho e **a filha gémeos.** *Le fils et la fille jumeaux.*

Les verbes : les trois conjugaisons – le passé simple

	j'ai acheté... (j'achetai)	*j'ai vendu... (je vendis)*	*je suis parti... (je partis)*
eu	compr**ei**	vend**i**	part**i**
tu	compr**aste**	vend**este**	part**iste**
você, o Sr. / a Sr.[a] ele / ela	compr**ou**	vend**eu**	part**iu**
nós	compr**amos**	vend**emos**	part**imos**
vocês, os Sr.[es] / as Sras eles / elas	compr**aram**	vend**eram**	part**iram**

Utilisez le passé simple pour :

- parler d'une action ou d'un événement (ou une série d'actions ou d'événements) qui se sont déroulés dans le passé à un moment déterminé

  Cheguei ontem. *Je suis arrivé(e) hier.* (chegar)
  Ontem fui de carro. *Hier j('y) suis allé(e) en voiture.* (ir)

- parler d'une action ou d'un événement (ou d'une série d'actions ou d'événements) qui se sont déroulés dans le passé, y compris le passé récent, à un moment indéterminé

  Cheguei. *Je suis arrivé(e).* (chegar)
  Saí de casa. *J'ai quitté la maison.* (sair)

(Voir **ir** et sa**ir** dans le tableau des verbes irréguliers à la fin de l'ouvrage.)

Remarque :

L'utilisation du passé simple étant de nos jours rare en français, l'équivalent du passé simple portugais est sans aucun doute le passé composé français.

Exercices

9.3

Complétez la phrase suivante en remplaçant les illustrations sur le temps et les saisons ci-dessous par des mots.

Onde eles moram...

 **no**  ,  **no** 

 **na**  e  **no** 

9.4

CD1 piste 42

(a) terra	*(la) terre, (le) pays d'origine*

Des personnes évoquent ce à quoi les mois ressemblent dans leur propre pays et dans celui d'autres personnes. Vous pourrez faire cet exercice à partir de l'enregistrement ou vous référer à sa transcription **page 299**.

9.4.1 À partir de ce qu'elles disent, écrivez le mois et le temps dans le tableau **page 105**. La première ligne a déjà été faite pour vous.

no mês / nos meses de... normalmente...

i	Na minha terra	*Maio*	*bom tempo*
ii	Na terra do meu marido		
iii	Na terra da minha esposa		
iv	Na terra dos meus avós		
v	Aquele rapaz é de uma terra onde		
vi	Estas crianças são de uma terra onde		

9.4.2 Le cas échéant, écoutez de nouveau et mettez par écrit tout ce qui est dit.

9.4.3 Pouvez-vous décrire ces vacances d'été où le temps était exécrable ? (Cherchez dans le tableau des verbes irréguliers à la fin de l'ouvrage la conjugaison de **estar**, **fazer** et **haver**.)

Le temps était mauvais. Il faisait froid, il faisait du vent, il a plu, il y avait du brouillard et le soleil n'est pas apparu.

9.5

Dans les illustrations ci-dessous vous pouvez observer les habitudes quotidiennes de Tony, et comment elles ont changé hier.

Normalmente

7h00 8h00 20h30 23h00

levantar sair de casa voltar para casa deitar

Ontem

8h00 9h00 22h00 24h00

levantar sair de casa voltar para casa deitar

9.5.1 Aidez Tony à décrire ses habitudes quotidiennes.
Commencez par **Normalmente eu….**

9.5.2 Aidez-le maintenant à expliquer en quoi elles ont changé hier.
Commencez par **Ontem eu….**

9.5.3 Comment sa mère décrirait-elle ses habitudes quotidiennes ?
Commencez par **Normalmente ele….**

9.5.4 Comment décrirait-elle le changement d'hier ?
Commencez par **Ontem ele….**

10

Lugares e pessoas

Des lieux et des gens

Communication

- S'exprimer pour rencontrer des gens
- Parler de l'heure, de la date et du temps
- Parler du passé et de ce qui va se produire dans l'avenir

Exercices

10.1

CD1 piste 43

Vous prévoyez de voyager dans le pays et souhaitez savoir dans quelle direction vous devez aller pour vous rendre aux différents endroits que vous voulez visitez.

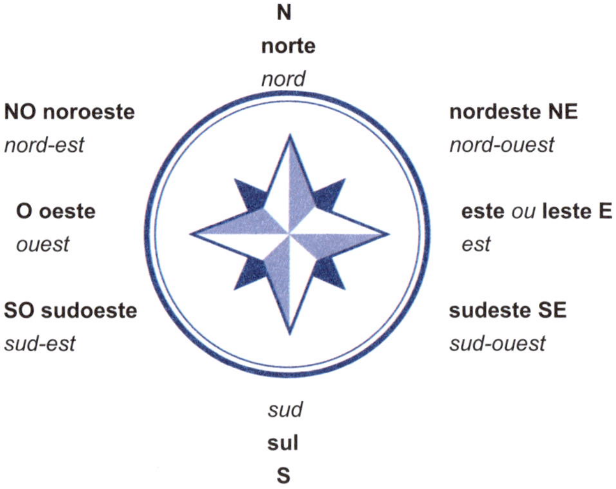

10.1.1 Étudiez la rose des vents, **a rosa-dos-ventos**, ci-dessus, et écoutez l'enregistrement ou référez-vous à sa transcription **page 300**. Numérotez de 1 à 9 chaque point cardinal au moment où vous l'entendez prononcer.

10.1.2 Vérifiez que vous avez bien compris tout ce que les locuteurs ont dit en résumant par écrit.

10.2

vocabulaire

(os) graus centígrados *(les) degrés centigrades*

a temperatura está alta = está quente
a temperatura está baixa = está frio

10.2.1 Complétez la phrase suivante au moyen des éléments de phrases ci-dessous, de façon à retranscrire la météo prévue le week-end prochain. Celle-ci est illustrée sur la carte du Portugal à la page suivante.

No próximo fim de semana...

i	vai fazer sol	**a**	no Porto
ii	vai fazer vento	**b**	em Lisboa
iii	vai chover	**c**	nordeste-sudoeste
iv	vai estar muito nublado	**d**	a sul do Rio Tejo
v	vão estar vinte e seis graus centígrados	**e**	a norte do Rio Douro
vi	vão estar vinte e quatro graus centígrados	**f**	a norte do Rio Tejo

10.2.2 Écrivez de nouveau la météo que vous venez d'obtenir à l'exercice **10.2.1**, mais sous forme de compte-rendu du week-end dernier. Commencez par :

No fim de semana passado...

10.2.3 Répondez aux questions suivantes en donnant des réponses complètes :

- **i** Fez mais calor no Porto ou em Lisboa?
- **ii** A temperatura esteve mais baixa em Lisboa ou no Porto?
- **iii** Fez bom tempo no norte ou no sul?
- **iv** Como é que esteve o tempo a norte do Rio Douro?
- **v** Fez vento de nordeste?
- **vi** Onde é que choveu?

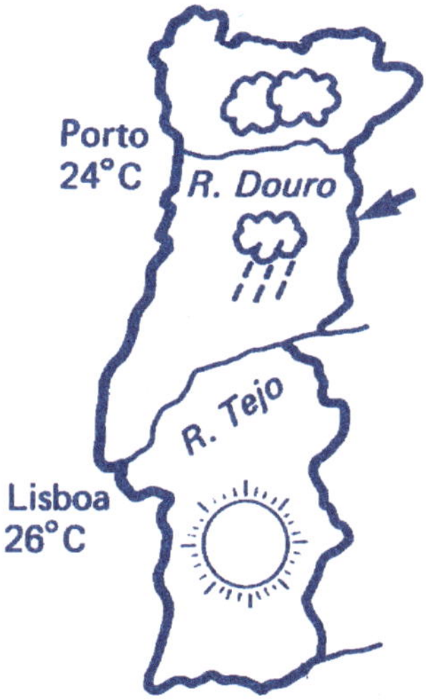

10.3

Au cas où vous voyageriez à la fois au Portugal et au Brésil...

10.3.1

vocabulaire — **(a) poltrona** (Br.) *(le) fauteuil 1ère classe*

Le billet à la **page 110** a été acheté dans une gare routière brésilienne. Complétez les phrases du dialogue entre la voyageuse et le guichetier.

BILHETE PASSAGEM RODOVIÁRIO

SEGURO FACULTATIVO — LEI FEDERAL

DE	**PARA**	**BILHETTE N°**
MARINGÁ	CURITIBA	7500364
DATA EMBARQUE	**HORÁRIO**	**POLTRONA**
15/10	22:45	15
TIPO ÔNIBUS	**PLATAFORMA**	**DATA EMISSÃO**
EXECUTIVO	01	14/10

ônibus (Br.) = **autocarro** (Eur.) **plataforma** (Br.) = **linha** (Eur.)

- Queria fazer uma reserva para Curitiba para amanhã à noite.
- À noite tem o Executivo.
- A que ________ parte?
- Às ___________ e quarenta e cinco.
- Está bem. Queria 'não fumante', somente ida.
- O ônibus é todo _________. É proibido _________.
- Certo.
- Aqui está a passagem da senhora. Poltrona __________ no Executivo das dez e _________ amanhã ______________. O _____________ sai da primeira plataforma.

10.3.2

(a) linha (Eur.) = **(o) cais** (Eur.) = **(a) plataforma** (Br.)

vocabulaire

(o) lugar, lugar sentado	*(la) place, (la) place assise*
junto à janela	*côté fenêtre* (litt. *près de la fenêtre*)
(a) carruagem	*(la) voiture*

Vous trouverez **page 111** un billet acheté dans une gare ferroviaire au Portugal. Complétez les phrases du dialogue entre la voyageuse et le guichetier.

TIPO DE COMBOIO – IC			
RESERVA 01.02		**Nº** 16 50050	
BILHETE			
1 LUGAR SENTADO		NÃO FUMADOR	
COIMBRA - B → LISBOA - S.A.			
PARTIDA	02.02	10.25	LINHA 2
CARR.	021	JANELA	22

comboio (Eur.) = **trem** (Br.) **fumador** (Eur.) = **fumante** (Br.)

B - la gare B, et non la gare A située dans le centre ville, à Coimbra

S. A. - Santa Apolónia, gare de Lisbonne qui dessert le nord.

- Queria fazer uma reserva para Lisboa para amanhã de manhã.
- De manhã tem o Intercidades.
- _________ parte?
- À dez e _______.
- Está bem.
- 'Fumador' ou ___________?
- 'Não fumador', só ida.
- Quer um lugar junto à janela?
- _________, sim. Obrigada.
- Aqui está o bilhete da senhora. Lugar ________ e dois na carruagem vinte e ______ do Intercidades das _________ e vinte e cinco amanhã __________ _____. O _______________ sai da linha número dois.

10.4

CD1 piste 44

Como é que se escreve? *Comment ça s'écrit ?*
A de África... *A comme* (litt. *de*) *Afrique...*

10.4.1 Exercez-vous à prononcer les lettres de l'alphabet en portugais en les répétant à voix haute.

A, B, C, D, E, F, G, H, I, J, L, M, N, O, P, Q, R, S, T, U, V, X, Z.

K, W, Y : on trouve ces lettres dans certains noms propres, des mots d'origine étrangère et des abréviations internationales.

10.4.2 Prenez la place d'Alain Prive dans le dialogue qui suit et continuez d'épeler, en utilisant les mots encadrés (ce sont des mots qui vous sont déjà familiers).

- Como é que o senhor se chama?
- Alain Prive.
- Alain... (*escrevendo*) E o outro nome, como é que se escreve?
- Escreve-se com um P de praia...

estação	rua
viagem	idade

10.5

CD1 piste 45

10.5.1 Onde é que você mora?

i Pouvez-vous poser cette question en utilisant **o senhor** pour dire *vous* ?

ii Pouvez-vous à présent poser la même question en utilisant **tu** à la place de *vous* ?

N'oubliez pas de modifier la terminaison verbale en conséquence.

10.5.2 Regardez les trois noms de rues ainsi que les trois numéros de portes.

TRAVESSA DA ALDEIA	RUA DA ALDEIA NORTE	RUA DA BELA VISTA
N.º 21	**N.º 42**	**N.º 95**

a travessa = a rua pequena transversal

i Écoutez (ou lisez **page 300**) les deux personnes qui donnent leur adresse et cochez le nom de leur rue et le numéro de leur porte.

ii Jouez le rôle de la personne qui habite à la troisième adresse et dites où vous habitez.

10.6

CD1 piste 46

Maria parle à un chauffeur de taxi.

Voici le bout de papier qu'elle lui montre.

Rua do Atlântico, n.º 100

10.6.1

i Mettez les mots suivants dans l'ordre de façon à retrouver ce que cette Maria dit. Vous pouvez vérifier votre réponse à partir de l'enregistrement ou sa transcription **page 300**.

Pode / levar / a / me / ? / endereço / este

ii Qu'a-t-elle demandé ?

iii À présent, sans montrer de papier au chauffeur de taxi,

- **a** demandez-lui s'il peut vous conduire à cette même adresse : **Pode....**
- **b** demandez-lui de vous conduire à cette même adresse : **Para..., se faz favor.**

10.7

Trois personnes différentes cherchent le jardin public Antero de Quental, dans le centre de Ponta Delgada aux Açores (**os Açores**). Elles ont demandé :

Por onde se vai para o Jardim Antero de Quental?

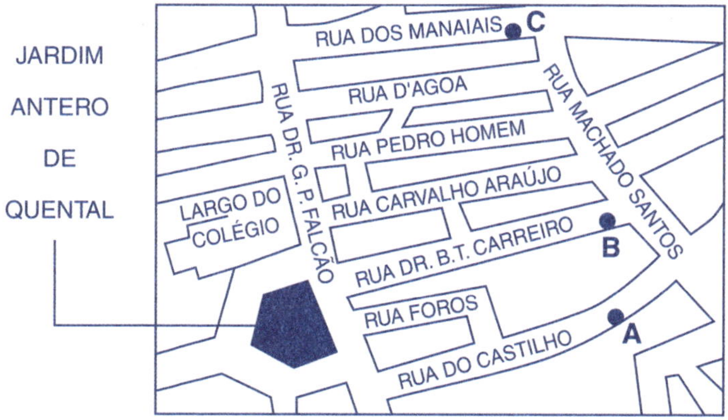

10.7.1 Pour chacune des trois directions **i, ii** ou **iii** ci-dessous, donnez la lettre **A**, **B** ou **C** qui représente le point sur la carte d'où la question a été posée.

- **i** Esta rua é perpendicular à rua do jardim. Segue-se em frente até chegar lá.
- **ii** Toma-se a primeira rua à direita, depois vira-se à esquerda e continua-se nessa rua. O jardim fica em frente.
- **iii** Vai-se em frente. Na primeira transversal vira-se à esquerda. O jardim fica nessa rua, mas antes de chegar lá tem-se de passar duas ruas à direita.

10.7.2 Les directions ont été données au moyen de **se**, tout comme la question. Quels changements devez-vous effectuer pour utiliser **você** à la place de **se** ? Reformulez les trois directions données.

10.7.3 Si vous souhaitez être plus courtois, par quoi pouvez-vous remplacer **você** ?

10.8

CD1 piste 47

(os) calções de banho (Eur.) *ou* **a tanga** (Eur.) / **(o) calção de banho** (Br.) *ou* **a sunga** (Br.)	*(le) caleçon / (le) maillot de bain pour homme*
(o) fato de banho (Eur.) / **(o) maiô** (Br.)	*(le) maillot de bain*
(o) biquíni	*(le) bikini*

[**cor-de-rosa**] [**laranja**]

10.8.1 Écoutez la série de petits dialogues et écrivez les réponses données aux questions suivantes. Vous pouvez également faire cet exercice de mémoire, à partir de sa transcription **page 300**.

i Qual é a sua filha? **ii** Qual é a sua irmã? **iii** Qual é o seu pai?

10.8.2

em pé = de pé	*debout* (litt. *sur (ses) pieds*)
deitado/a	*couché(e)*
sentado/a	*assis(e)*

Écoutez ou lisez la seconde série de petits dialogues, puis écrivez les réponses.

i Qual é a sua neta? **ii** Qual é a sua mãe? **iii** Qual é o seu avô?

10.8.3 De la même façon, décrivez votre :

i amie (*bikini rouge ; très bronzée ; debout*)
ii ami (*caleçon vert ; cheveux noirs ; allongé*)

10.9

Chamo-me Álvaro Maia. Sou de Maputo, em Moçambique. Tenho dezoito anos e sou estudante. Moro aqui na África do Sul há dois anos, com os meus pais, a minha irmã e o meu irmão. Os meus pais são portugueses e o negócio do meu pai tem uma agência grande no norte de Portugal. Vamos para lá no próximo ano e eu vou estudar na Universidade do Porto. Quero ser médico.

10.9.1 Quoi ? D'où ? Où ? Avec qui ? Combien de temps ?

D'après ce qu'Álvaro a dit sur lui et sa famille, quelles réponses donnerait-il aux questions suivantes ?

- **i** Como é que você se chama?
- **ii** De onde é que você é?
- **iii** Quantos anos é que você tem?
- **iv** Onde é que você mora?
- **v** Há quanto tempo é que mora aqui?
- **vi** Quando é que vai sair daqui?
- **vii** Com quem é que você mora?
- **viii** Qual é que é a terra dos seus pais?
- **ix** Para onde é que você vai no próximo ano?
- **x** O que é que você quer ser profissionalmente?
- **xi** Em que universidade é que você vai estudar?

10.9.2 Você *ou* **tu ?**

Vous êtes en train d'interviewer Álvaro pour un magazine scolaire au Portugal. Posez les mêmes questions qu'à l'exercice **10.9.1** mais en utilisant **tu** au lieu de **você**. N'oubliez pas de modifier le verbe en conséquence.

La première question a été faite pour vous : **Como é que tu te chamas?**

10.10

CD1 piste 48

Il se peut que vous ayez l'occasion d'envoyer une carte de Noël ou d'exprimer vos vœux de vive voix. Étudiez le contenu du tableau ci-dessous et prononcez chaque expression à haute voix. Si vous le possédez, vous pouvez vous aider de l'enregistrement et répéter les expressions après les locuteurs.

Natal *Noël*	**Feliz Natal**
Ano novo *Nouvel an*	**Feliz Ano Novo / Próspero Ano Novo / Boas entradas**
Páscoa *Pâques*	**Feliz Páscoa** *ou* **Páscoa Feliz**
Aniversário *Anniversaire*	**Feliz aniversário / Parabéns**
Casamento *Mariage*	**Parabéns / Felicidades**
Aniversário de casamento *Anniversaire de mariage*	**Parabéns / Felicidades**
Nascimento *Naissance*	**Parabéns / Felicidades**
Falecimento *Décès*	**Os meus sentidos pêsames**
Sucesso, êxito *Réussite / Heureux événement*	**Parabéns / Felicidades**

10.11

On peut lire sur une carte d'anniversaire d'une personne de 60 ans :

Parabéns no seu sexagésimo aniversário. Muitas felicidades.

Reformulez la carte d'anniversaire pour une personne de 25 ans.

10.12

Ajoutez sur la carte ci-dessous vos vœux pour les fêtes.

11

Siga em frente

Continuez tout droit

Communication

- Recevoir et donner des instructions
- Demander et indiquer des directions
- Préciser ce que vous voulez dans un magasin
- Parler de poids, de mesures et de quantités

Na rua *Dans la rue*

CD2 piste 1

Daniela arrête deux passants pour leur demander le chemin de l'épicerie du coin.

Daniela	Por favor, onde é a mercearia?
1.º Transeunte	Não sei. Eu não sou daqui. Desculpe.
Daniela	Não tem importância. Obrigada.

Daniela	Por favor, sabe me dizer onde é a mercearia?
2.º Transeunte	Sei, sim. É perto. Siga em frente e no segundo semáforo vire à esquerda. A mercearia fica à direita.

vocabulaire

a mercearia	*l'épicerie*
sabe me dizer...?	*pouvez-vous me dire...?* (litt. *savez-vous me dire...*)
siga	*continuez, allez*
vire	*tournez*

Na mercearia *À l'épicerie*

CD2 piste 1

Le vendeur de l'épicerie sert Daniela puis une seconde cliente.

Daniela	Queria meio quilo de queijo.
Vendedor	Qual prefere?
Daniela	Prefiro esse à sua direita.
Vendedor	Aqui tem o meio quilo de queijo. Mais alguma coisa?
Daniela	Não. Só isso. Quanto custa?

2.ª Freguesa Queria meia dúzia de ovos, duzentas gramas daquele queijo (*apontando*), uma garrafa de litro de água mineral e salsichas em lata... uma daquelas latas na segunda prateleira a contar de cima. E por favor dê-me um saco. (*pegando no saco com as compras*) Obrigada. Quanto é tudo?

vocabulaire

meio quilo de queijo	*une livre / 500 grammes de fromage*
prefere	*(vous) préférez*
prefiro	*(je) préfère*
só = somente	
só isso	*c'est tout* (litt. *seulement ça*)

quanto custa? = quanto é?	
duzentas gramas	*200 grammes*
daquele (= de + aquele) queijo	*de ce fromage*
apontando	*désignant*
(a) garrafa de litro	*(la) bouteille d'un litre*
(a) água mineral	*(l')eau minérale*
(as) salsichas em lata	*(les) saucisses en boîte*
uma daquelas (= de + aquelas) latas	*une de ces boîtes*
(a) prateleira	*(l')étagère*
a contar de cima	*en partant du haut* (litt. *à compter d'en haut*)
dê-me um saco	*donnez-moi un sac*
pegando no saco	*prenant le sac*
quanto é tudo?	*ça fait combien ?* (litt. *combien (c') est tout ?*)

Exercices

11.1 Perguntas e respostas *Questions-réponses*

1 Quem sabe onde é que a mercearia é?
- **a** O primeiro transeunte.
- **b** O segundo transeunte.

2 Por onde é que a Daniela vai para a mercearia?
- **a** Ela segue em frente e vira à esquerda no segundo semáforo.
- **b** Ela segue em frente e vira à direita no segundo semáforo.

3 Qual é o queijo que a Daniela prefere?
- **a** Ela prefere o queijo que está à direita dela.
- **b** Ela prefere o queijo que está à direita do vendedor.

4 Quantas coisas é que a segunda freguesa quer comprar?
- **a** Quatro: ovos, queijo, água e salsichas em lata.
- **b** Cinco: ovos, queijo, água, salsichas e uma lata de outra coisa.

5 Onde é que está a lata que a segunda freguesa quer comprar?
- **a** Na quarta prateleira a contar de baixo.
- **b** Na segunda prateleira a contar da esquerda.
- **c** Na segunda prateleira a contar de cima.

vocabulaire — Être servi(e)

Quand on entre dans un magasin au Portugal, on est souvent reçu par des expressions comme **faz favor** ou **faça favor**, et au Brésil par **pois não**. Ce sont des formules de politesse prononcées avec une intonation interrogative qui, de façon implicite, invitent le client potentiel à exprimer sa demande.

• « J'aimerais... »

Comme vous l'avez déjà vu et pratiqué dans de précédents chapitres, vous pouvez utiliser le terme courtois **queria...**, mais vous pouvez tout aussi bien dire **quero...**, *je veux....*

Révisez également ce que vous avez vu au **Chapitre 4** à propos de **tem...?** et **há...?** et pour savoir s'il y a ce que vous désirez.

• Qual prefere? *Lequel préférez-vous ?*

Utilisez **prefiro...** pour dire ce que vous préférez, mais si cela vous est égal utilisez **tanto faz**.

Prefiro esse à sua direita. *Je préfère celui-là à votre droite.*

• « Combien en plus ? » ou « ...en moins » ?

Muito mais (*beaucoup plus*), **muito menos** (*beaucoup moins*), **um pouco mais** (*un petit peu plus*), **mais um/a** (*un/e de plus*).

Um pouco menos, por favor. *Un petit peu moins, s'il vous plaît.*

• « Assez » et « trop »

Bastante (*assez*) est souvent utilisé de façon hyperbolique pour dire *plutôt beaucoup*. De même, on utilise **muito** (*beaucoup*) comme un euphémisme pour dire *trop*.

É bastante caro. *C'est plutôt cher.*
É muito caro! *C'est trop cher !*

Cependant, quand il s'agit de contrôler les actions de quelqu'un, *assez* et *trop* deviennent alors **chega** et **é demais**.

Chega! *C'est assez* (ça suffit) *!*
É demais! *C'est trop* (moins que cela, reprenez-en un peu) *!*

• « Est-ce que ça va ? », « C'est bon ? »

Está bem ou **certo** trouveront leur traduction dans *c'est bien* pour exprimer l'approbation.

- **Mais alguma coisa?** *Désirez-vous autre chose ?*

Si vous ne désirez rien d'autre, vous pouvez dire **não, só isso** ou **não, é tudo.**

- **Pour transporter vos courses**

Pour un sac en plastique, demandez **um saco** ou **uma saca** et au Brésil, **uma sacola**.

- **« C'est combien ? » et « ça fait combien ? »**

Vous avez juste à demander, respectivement, **quanto é?** ou **quanto custa?** et **quanto é / custa tudo?** ou **quanto é / custa ao todo?**.

vocabulaire — Les poids et les mesures

Au Portugal et au Brésil on utilise le litre (**o litro**) pour les liquides et le kilogramme (**o quilograma** ou **o quilo**) pour les poids.

um litro de	*un litre de*
meio litro de	*un demi-litre de*
um quarto de litro de	*un quart de litre de*
um quilo (= quilograma) **de**	*un kilo (= kilogramme) de*
meio quilo de	*une livre / 500 grammes de*

Quand il s'agit de poids moins lourds, utilisez les grammes (**os gramas**). On peut également acheter le jambon **o fiambre** (Eur.) / **o presunto cozido** (Br.) en tranches (**a fatia**). Au Portugal, **o fiambre** correspond au *jambon blanc*, tandis que **o presunto** correspond au *jambon sec*. Les œufs sont généralement vendus à la douzaine (**a dúzia**). Pour donner une approximation aux poids et aux mesures utilisez **mais ou menos** (plus ou moins).

> Queria meio quilo de maçãs, mais ou menos 100 gramas de queijo, dez fatias de fiambre (Eur.) / presunto cozido (Br.), uma dúzia e meia de ovos e uma garrafa de meio litro de água.

vocabulaire — Bouteilles, cartons, pots, boîtes de conserves, boîtes et tubes

Lorsqu'il s'agit de boissons, **a garrafa** signifie *la bouteille* ; vous pouvez également dire **o frasco** ou **o vidro** (Br.). Une cannette est **a lata**. Le mot *pot* trouve son équivalent dans **o boião** (Eur.) / **o vidro** (Br.), mais si vous parlez de yaourt demandez **uma embalagem de iogurte** (Eur.) / **um pote de iogurte** (Br.). Parmi les autres types de récipients vous trouverez également **o tubo** *le tube*, **a caixa** *la boîte*, **o pacote** *le paquet*, et **a embalagem** *le carton, le paquet* . **A embalagem** est en réalité un terme générique très employé au Portugal et que l'on peut associer avec le sucre, la crème fraîche, le café, etc.

Avec vos saucisses de Strasbourg en boîte (**salsichas em lata**), vous prendrez peut-être autre chose... :

Queria um pacote de manteiga (*beurre*), **um tubo de mostarda** (*moutarde*), **umfrasco de molho de tomate** (*sauce tomate*) **e duas latas de cerveja** (*bière*).

Isto – isso – aquilo *Comment dire « celui-ci » et « celui-là »*

Révisez ce que vous avez appris au **Chapitre 6** à propos de **este**, **esse**, **aquele** et leur forme féminine respective. Il existe également une troisième catégorie de pronoms démonstratifs : **isto** (*cette chose-ci / ceci*) ; **isso** (*cette chose-là / cela / ça à côté de vous*) ; **aquilo** (*cette chose / cela / ça là-bas, loin de vous et moi*).

Queria isto, isso e aquilo. *Je voudrais ceci, cela et ça là-bas.*

Ces trois catégories servent à désigner des choses ou des personnes. Plus avant dans ce chapitre vous apprendrez en détail comment elles fonctionnent.

Comment ça marche ?

Les verbes : les trois conjugaisons – l'impératif

achetez !	*vendez !*	*partez !*	
compr**a**	vend**e**	part**e**	une personne (**i**)
compr**e**	vend**a**	part**a**	une personne (**ii**)
compr**em**	vend**am**	part**am**	plus d'une personne (**iii**)

Utilisez :

i avec une personne que vous tutoieriez

Fala mais baixo! *Parle moins fort !*

ii avec une personne que vous traiteriez de **você** ou **o senhor / a senhora**

Fale mais baixo! *Parlez moins fort !*

iii avec plusieurs personnes, que vous les tutoyiez (**i**) ou vouvoyiez (**ii**)

Falem mais baixo! *Parlez moins fort !*

Conseils pratiques pour choisir la bonne terminaison à l'impératif

i tu : reprenez le tableau du présent de l'indicatif (**Chapitre 7**) et retirez le -s final :

compras→compr**a** vendes→vend**e** partes→part**e**

ii você ou o senhor / a senhora : reprenez le tableau du présent et échangez les terminaisons verbales, c'est à dire : -a pour -e et -e pour -a :

compra→compr**e** vende→vend**a** parte→part**a**

iii pluriel de **i** et **ii** : ajoutez simplement -m à la forme **ii**

compre→compr**em** venda→vend**am** parta→part**am**

(Pour les verbes irréguliers, référez-vous toujours aux tableaux de conjugaison à la fin de l'ouvrage.)

Les différentes façons d'inviter à faire quelque chose et de donner une instruction

Au **Chapitre 2** vous avez vu que les instructions formelles sont souvent données à l'infinitif. Vous pouvez également utiliser l'infinitif comme point d'appui à l'oral pour demander à quelqu'un de faire ou ne pas faire quelque chose.

Pour une instruction ou une invitation :

EMPURRAR	sur une porte

Vous êtes debout près de la porte et on vous demande de l'ouvrir :

Faça o favor de empurrar. ou
Queira empurrar.

De même, lorsque l'on vous propose de vous asseoir vous pourrez entendre :

Faça o favor de sentar-se. ou
Queira sentar-se. mais aussi
O senhor / a senhora quer sentar-se? ou
Quer sentar-se?

Bien que les deux derniers exemples soient présentés sous forme de question au présent de l'indicatif, ce sont en réalité des invitations. Cette formulation est utilisée au Portugal comme au Brésil, mais elle est plus répandue dans ce dernier où, selon l'intonation qui lui est donnée, elle peut avoir valeur d'impératif : *Vas-tu enfin t'asseoir ?*.

Pour une interdiction :

NÃO FUMAR	sur le mur

Vous n'avez pas vu la pancarte *Ne pas fumer* et vous avez allumé une cigarette. Il se peut que l'on vous dise :

É favor não fumar. ou

Faça o favor de não fumar.

On vous rappellera peut-être que ceci est un espace non fumeur au moyen d'une observation au présent de l'indicatif.

Aqui não se fuma ou aqui não pode fumar (*on ne fume pas ici / vous ne pouvez pas fumer ici*) ou, pour reprendre l'infinitif que vous avez appris au **Chapitre 2**, **aqui é proibido fumar.**

Si nous avions utilisé un impératif dans les exemples précédents, nous aurions obtenu respectivement :

Empurre! **Sente-se!** **Não fume!**

Pour être plus courtois, il suffit d'ajouter l'expression **por favor**.

Empurre, por favor. **Sente-se, por favor.** **Por favor, não fume.**

Le degré de politesse ou d'assurance variera selon le ton avec lequel vous prononcerez ces mots.

L'infinitif et l'impératif sont tous deux utilisés dans des avis publics mais ce dernier, plus direct, est préféré lorsqu'un message plus fort est nécessaire, par exemple lorsque le non respect de l'instruction risque de vous mettre, vous ou d'autres personnes, en danger.

Pare Escute Olhe *Arrêtez Écoutez Regardez*
(à un passage à niveau)

Les nombres de 101 à 1 000

101	**cento e um/uma**	500	**quinhentos/as**
102	**cento e dois/duas**	600	**seiscentos/as**
121	**cento e vinte e um/uma**	700	**setecentos/as**
200	**duzentos/as**	800	**oitocentos/as**
300	**trezentos/as**	900	**novecentos/as**
400	**quatrocentos/as**	1 000	**mil**

cento e vinte e cinco gramas
cento e oitenta e duas pessoas
duzentas pessoas
mil pessoas

Isto – este – esta *Comment dire « ce »*

Malgré sa terminaison en **-o**, **isto** n'est pas masculin mais neutre. On l'utilise pour quelque chose, ou quelqu'un, qui est là mais dont on ne sait presque rien. Une fois que cette chose ou cette personne est identifiée on utilise **este** ou **esta**, c'est à dire qu'elle acquiert un genre. **Isso – esse – essa** et **aquilo – aquele – aquela** fonctionnent de la même manière.

- O que é aquilo?	*Qu'est-ce que c'est que ça* (neutre), *là-bas ?*
- É uma lata de cerveja.	*C'est une cannette de bière.*
- Ah! Dê-me então aquela lata de cerveja.	*Ah ! Dans ce cas, donnez-moi cette cannette de bière là-bas.*

Les neutres **isto – isso – aquilo** sont toujours singuliers mais les autres formes peuvent être au pluriel. Donc, si vous découvrez qu'il y a plus d'une cannette de bière :

Ah! Dê-me então aquelas latas de cerveja.	*Ah ! Dans ce cas, donnez-moi ces cannettes de bière là-bas.*

Pour finir, **isto – isso – aquilo** apparaissent toujours seuls, mais les autres formes peuvent être seules ou accompagnées d'un nom.

aquelas (tout seul)
aquelas latas (avec un nom)

Remarque :
En français le pronom *celui / celle* se transformera en adjectif *ce / cet / cette* pour accompagner un nom.

autoévaluation Exercices

11.2

CD2 piste 2

Qu'il s'agisse d'un ticket de parking ou d'un café, il se peut que vous obteniez ce que vous désirez auprès d'un distributeur automatique.

11.2.1 Étudiez les informations données sur le distributeur de café.

vocabulaire

pressionar a tecla	*appuyez sur la touche*
onde diz	*avec l'inscription* (litt. *où (cela) dit*)
retirar o troco	*prendre votre monnaie*

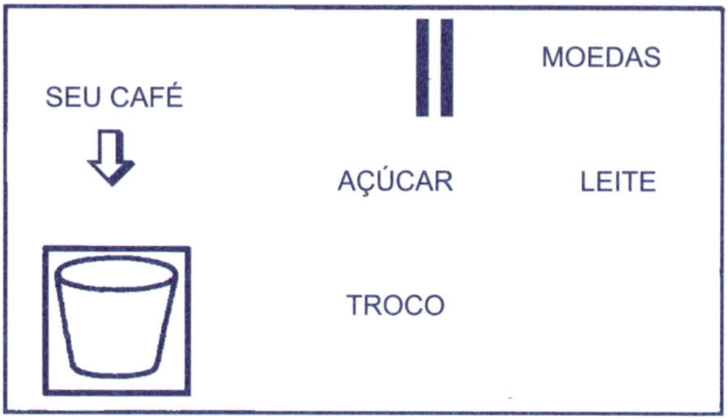

11.2.2 Mónica voudrait une tasse de café avec du lait mais sans sucre. Elle a du mal à faire fonctionner le distributeur de café et demande de l'aide.

i Écoutez l'enregistrement ou lisez ci-dessous ce qu'elle demande et ce qu'on lui répond.

- Desculpe, o que tenho de fazer para comprar café com leite, sem açúcar?

- A senhora tem de introduzir as moedas, pressionar a tecla onde diz LEITE, esperar um pouco e depois retirar o troco e o café.

ii Donnez des instructions similaires, mais pour un café noir avec du sucre. (N.B. : les instructions sont données à l'infinitif.)

11.2.3 Mónica essaye de nouveau, en vain. Elle demande de l'aide à quelqu'un d'autre.

i Écoutez ou lisez ce que cette fois on lui dit.

- A senhora introduz as moedas, pressiona a tecla onde diz LEITE, espera um pouco e depois retira o troco e o café.

ii À présent expliquez de la même façon comment faire fonctionner la machine pour un café noir avec du sucre.
(N.B. : chaque étape est donnée au présent de l'indicatif.)

11.2.4 Rien à faire. Mónica demande de l'aide pour la troisième fois.

i Écoutez ou lisez ce qu'on lui dit pour résoudre le problème.

- Introduza as moedas, pressione a tecla onde diz LEITE, espere um pouco e depois retire o troco e o café.

ii Donnez des instructions similaires pour un café noir avec du sucre.
(N.B. : l'utilisation de l'impératif.)

11.2.5 Malgré tous ces efforts, pas moyen d'obtenir un café du distributeur automatique.

Conclusion :

> **A máquina está avariada.**
> **A máquina está com defeito. (Br.) ou A máquina está desarranjada. (Br.)**

Qu'est-ce que cela veut dire ?

11.3

Vérifiez que vous vous souvenez bien comment dire ce qui suit en portugais, quand vous faites vos courses :

1 J'aimerais...
2 C'est combien ?
3 Je préférerais avoir...
4 Un peu plus / moins, s'il vous plaît.
5 C'est bon.
6 C'est tout, merci.
7 Ça fait combien ?
8 Pouvez-vous me donner un sac ?

11.4

Vous êtes à l'épicerie. Certains articles que vous voulez acheter sont placés près de vous, ou près de vous et du vendeur (*emplacement 1*) ; d'autres sont placés assez loin de vous mais proches du vendeur (*empl. 2*) ; et d'autres sont nettement éloignés de vous et du vendeur (*empl. 3*).

Complétez les phrases suivantes avec un des trois choix entre parenthèses :

Queria...

		empl.
i	______ que está à sua frente. (isto / isso / aquilo)	*2*
ii	______ lata de cerveja. (esta / essa / aquela)	*1*
iii	quatro fatias _______ fiambre (Eur.) / presunto cozido (Br.). (deste / desse / daquele)	*3*
iv	mais ou menos meio quilo ________ maçãs. (destas / dessas / daquelas)	*1*
v	uma garrafa de vinho, uma ________ de litro. (destas / dessas / daquelas)	*2*
vi	250g ______ queijo, o terceiro a contar da esquerda. (deste / desse / daquele)	*3*

11.5

Voici des instructions sur les escalators qui mènent à une gare souterraine.

manter-se	*garder / se maintenir*
caminhar	*marcher, avancer*

MANTENHA-SE À DIREITA

CAMINHE PELA ESQUERDA

11.5.1 Que veulent-elles dire ?

11.5.2 Donnez des conseils à un groupe qui vous accompagne. Commencez par : **na escada rolante...** *sur l'escalator...* puis continuez en lisant à voix haute les instructions, mais n'oubliez pas de conjuguer les verbes au pluriel.

11.5.3 Donnez ces instructions à quelqu'un que vous tutoyez. Le début a été fait pour vous : **mantém-te...** À vous de continuer.

12

Quando estará pronto?

Quand sera-t-elle prête ?

Communication

- Parler d’argent, y compris les montants importants
- Expliquer ce que vous voulez à quelqu’un qui vous sert
- S'exprimer de diverses façons dans le futur

Nos correios *Au bureau de poste*

CD2 piste 3

Débora est dans un bureau de poste au Brésil avec Alexandre pour acheter des timbres.

Débora Não tenho trocado para a venda automática de selos. Você tem?

Alexandre Não, só tenho notas. A máquina não troca notas?

Débora Não, esta não. Apenas aceita moedas. Não faz mal. Posso comprar os selos no balcão.

Débora (*falando para o empregado do balcão*) Queria selos para enviar postais para o estrangeiro, por via aérea. São dois, um postal para a Europa e um para o Canadá. Quanto é tudo?

(o) (dinheiro) trocado	*(la) monnaie*
(a) (máquina de) venda automática	*(le) distributeur automatique* (litt. *(la) machine de vente automatisée*)
(o) selo	*(le) timbre*
(a) nota	*(le) billet*
trocar	*changer, prendre (les billets)*
apenas = só, somente	*uniquement*
aceita	*accepte*
não faz mal	*ce n'est pas grave*
posso	*(je) peux*
no / ao balcão	*au guichet*
(o) postal	*(la) carte postale*
(o) estrangeiro	*(l')étranger*
por via aérea	*par avion*

Nas bombas de gasolina *À la station-service*

CD2 piste 3

Carolina est dans une station-service au Brésil et elle se demande si quelqu'un pourrait vérifier la pression des pneus de sa voiture.

Carolina Bom dia. É só auto-serviço ou pode verificar a pressão dos pneus?

Empregado Posso. Não há problema. A senhora pode deixar o carro que eu dou uma olhada nos pneus. Quer mais alguma coisa?

Carolina	Não, muito obrigada, é tudo. Quando estará pronto?
Empregado	Isso é rápido. Vai estar pronto daqui a dez minutos, mais ou menos. Enquanto espera, a senhora pode tomar um cafezinho. O bar é ali à esquerda.

vocabulaire

(o) auto-serviço	*(le) self-service*
verificar	*vérifier*
(a) pressão dos pneus	*(la) pression des pneus*
deixar	*laisser (quelque chose)*
dou	*(je) donne*
uma olhada / olhadela (Eur.)	*un œil* (litt. *un regard*)
dou uma olhada	*(je) jette un œil*
pronto	*prêt(e)*
rápido	*rapide*
daqui (= de + aqui)	*d'ici*
enquanto	*pendant que*
tomar	*prendre (une boisson)*
(o) cafezinho (Br.) / **café** (Eur.)	*(l')expresso*
(o) bar	*(le) bar*

autoévaluation

Exercices

12.1 Perguntas e respostas *Questions-réponses*

1 Quem não tem dinheiro trocado para a máquina de venda automática de selos?

a A Débora. **b** O Alexandre.
c A Débora e o Alexandre.

2 Para onde é que a Débora quer comprar selos?

a Para a Europa. **b** Para o Canadá.
c Para o Canadá e a Europa.

3 O empregado pode verificar a pressão dos pneus?

a Não, não pode. É só auto-serviço.
b Pode e vai verificar a pressão dos pneus.

4 Quando é que o carro estará pronto?

a Hoje. **b** Hoje à noite.
c Amanhã de manhã.

5 A Carolina quer mais alguma coisa?

a Não, não quer. **b** Quer, quer também gasolina.
c Quer, quer tomar um café.

Self-service et distributeurs automatiques

Au Brésil, on peut se référer à un distributeur automatique simplement par **a venda automática de selos / bilhetes /** etc. mais au Portugal on utilise plutôt le nom complet, **a máquina de venda automática de...** Il est judicieux de faire de la monnaie (**trocar dinheiro**) avant de les utiliser, ainsi que pour toute autre machine à pièces.

Onde posso trocar dinheiro para...	*Où puis-je faire de la monnaie pour...*
...a máquina de venda automática de selos?	*...le distributeur automatique de timbres ?*
...esta máquina?	*...cette machine ?*

Si vous préférez un service personnalisé au self-service, commencez votre requête par **pode...** ou **não se importa de...**, *pourriez-vous...* (litt. *(ça) ne vous dérange pas de...*).

Pode... / Não se importa de...	
...verificar a pressão dos pneus?	*...vérifier la pression des pneus ?*
...pôr gasolina no carro?	*...mettre de l'essence dans la voiture ?*
...encher / atestar (Eur.)?	*...le remplir ?* (le réservoir à essence)

« Ici » ou « là » : « maintenant » ou « alors »

isto	**isso**	**aquilo**	
↓	↓	↓ – ↓	concept
aqui = cá	**aí**	**ali lá**	parallèle
(ici)	(là)	(là) (là-bas)	

Il n'y a pas de différence de sens significative entre **aqui** et **cá** ; **ali** est plus proche que **lá** ; et **aí** est proche de la personne / des gens avec qui vous parlez.

De même, **isso** représente ce qui est proche de votre interlocuteur (**aí**) et / ou de façon abstraite, de ce à quoi il pense :

É isso mesmo.	*C'est exactement ça* (c'est à dire, *ce que vous venez de dire*).
Isso é rápido.	*Ça ne prendra que quelques secondes* (c'est à dire, *ce que vous venez de mentionner*).
Isso é boa idea.	*C'est une bonne idée* (c'est à dire, *votre idée*).

De plus, on peut également utiliser **aqui**, **aí**, **ali** et **lá** pour des durées.

Daqui (= de + aqui) a dez minutos.	*D'ici dix minutes.*
Dali (= de + ali) a uma semana.	*D'ici une semaine.*

Comment ça marche ?

Les verbes : les trois conjugaisons – le futur simple de l'indicatif

	j'achèterai...	*je vendrai...*	*je partirai...*
eu	compr**arei**	vend**erei**	part**irei**
tu	compr**arás**	vend**erás**	part**irás**
você, o Sr. / a Sr.ª ele / ela	compr**ará**	vend**erá**	part**irá**
nós	compr**aremos**	vend**eremos**	part**iremos**
vocês, os Sr.es / as Sr.as eles / elas	compr**arão**	vend**erão**	part**irão**

Le futur simple de l'indicatif se construit en ajoutant les terminaisons **-ei**, **-ás**, **-á**, **-emos**, **-ão** à l'infinitif de chaque verbe. Il y a cependant trois exceptions, **dizer**, **fazer**, **trazer**, pour lesquelles les terminaisons sont ajoutées à des formes raccourcies de l'infinitif : **dir**ei, etc., **far**ei, etc., **trar**ei, etc.

Quelques « trucs »

Avez-vous remarqué que les terminaisons du futur simple sont exactement les mêmes que celles du présent de l'indicatif du verbe **haver** ?

-ei	**-ás**	**-á**	**-emos**	**-ão**
hei	**hás**	**há**	**havemos**	**hão**

Les verbes : les trois conjugaisons – le futur « emphatique »

On le forme avec le verbe **haver**, *avoir, exister*, suivi de **de** et de l'infinitif du verbe que vous voulez utiliser.

Il faut que...		*j'achète...*	*je vende...*	*je parte...*
eu	**hei-de**	compr**ar**	vend**er**	part**ir**
tu	**hás-de**			
você, o Sr. / a Sr.ª ele / ela	**há-de**			
nós	**havemos de**			
vocês, os Sr.es / as Sr.as eles / elas	**hão-de**			

(N.B. : **haver** est un verbe irrégulier.)

Comparaison des deux futurs

Utilisez le futur simple :

- dans une lettre ou un discours formels ou familiers où l'idée de futur est la notion dominante :

Partiremos amanhã. *Nous partirons demain.*

- lorsque vous voulez exprimer une l'incertitude :

Não sei se partiremos amanhã. *Je ne sais pas si nous partirons demain.*

Utilisez le futur « emphatique » :

- pour exprimer la détermination dont vous faites preuve à l'idée d'accomplir une action future, ou votre ferme conviction au sujet d'un événement à venir :

Havemos de partir amanhã. *Il faut que nous partions demain.* ou *Nous devons partir demain.*

Reprenez le **Chapitre 8** et révisez le paragraphe sur le **futur proche**.

Regardez les différents regards posés sur le temps qu'il fera demain par trois personnes qui prévoient d'aller à la plage :

A - Não sei se **fará** sol amanhã. (futur simple)

B - **Vai** fa**zer** sol amanhã. (futur proche)

C - **Há-de** fa**zer** sol amanhã. (futur « emphatique »)

Le locuteur A se demande s'il fera beau, mais le locuteur B sait que la météo a prévu un jour ensoleillé ; le locuteur C, quant à lui, espère vivement que le temps ne les décevra pas.

Remarques **:**
On peut utiliser le futur simple comme formule de politesse pour exprimer une obligation.

O senhor deverá reservar lugar. *Nous vous conseillons de réserver une place.* (Vous devriez vraiment le faire.)

Le futur « emphatique » équivaut à l'expression française *il faut que + subjonctif* et, à condition d'éliminer sa dimension hypothétique, à l'expression *devoir + infinitif*.

Que havemos de fazer? *Que devons-nous faire ?* ou *Que faut-il que nous fassions ?*

Não sei o que hei-de fazer. *Je ne sais pas ce qu'il faut que je fasse.* ou *Je ne sais pas ce que je dois faire.*

Les diminutifs et les augmentatifs

Les diminutifs et les augmentatifs sont généralement considérés comme des noms à part entière, et prennent la forme du pluriel appropriée.

(o) **cafezinho** (de **café**) *(le) petit café, pour une petite tasse de café* **um cafezinho – dois cafezinhos / uma bica – duas bicas** (Eur.)

(a) **florzinha** (de **flor**) *(la) petite fleur*
uma florzinha – duas florzinhas

(o) **casarão** (de **casa**) *(la) grande maison*
um casarão – dois casarões

Exception :

(o) **pãozinho** (de **pão**) *(le) petit pain*
um pãozinho – dois pãezinhos (de **pães**).
Pour les pluriels, voir le **Chapitre 4**.

Les chiffres : 1 000 et au-delà – remarques

1 001	**mil e um / uma**
1 022	**mil e vinte e dois / duas**
2 000	**dois / duas mil**
100 000	**cem mil**
1 000 000	**um milhão**
2 000 000	**dois milhões**
1 000 000 000	**um bilhão / bilião** (Eur.)
2 000 000 000	**dois bilhões / biliões** (Eur.)

Remarques :

- **e** est généralement utilisé pour séparer les milliers des centaines, les centaines des dizaines, et les dizaines des unités : **vinte e um / uma** (21) ; **mil e quarenta e dois** (1 042) ; **um milhão, duzentos/as mil e sessenta e cinco** (1 200 065).

  Cependant, lorsque **mil** est suivi d'un nombre égal ou supérieur à 101, **e** disparaît après **mil** : **mil, duzentos/as e vinte** (1 220).

  Lorsque **mil** est suivi de 100, 200, 300, 400, 500, 600, 700, 800 ou 900, on utilise **e** : **mil e duzentos** (1 200) ; **um milhão, duzentos/as mil e sem** (1 200 100).
- **cem**, 100, devient **cento** lorsqu'il précède un chiffre entre 1 et 99 : **cem** pessoas (*100 personnes*) ; **cento e vinte pessoas** (*120 personnes*).
- lorsque le nombre suit le nom, il s'écrit au masculin pour s'accorder avec **(o) número**, que ce dernier soit présent dans la phrase ou simplement sous-entendu.

  (a) porta número vinte e um — (*la*) *porte numéro 21*
  (a) carruagem vinte e dois — (*la*) *voiture 22*

- l'utilisation de la virgule, (**a**) **vírgula**, est la même qu'en français : **1 001,5 – mil e um vírgula cinco** (*1 001,5 – mille un virgule cinq*). Variante : après les milliers, le point peut remplacer l'espace. **1.001,5 – mil e um vírgula cinco** (*1 001,5 – mille un virgule cinq*).

autoévaluation Exercices

12.2

CD2 piste 4

O escudo fut pendant des siècles la monnaie nationale portugaise mais, en 2002, il a été remplacé par la monnaie unique européenne, l'euro (**€**). La monnaie nationale brésilienne est **o real**.

vocabulaire

o euro (€)	*(l')euro*
o real (R$)	*(le) real*

12.2.1 Lisez les chiffres de la grille ci-dessous à voix haute. Il manque certains chiffres. Si vous disposez de l'enregistrement, écoutez-le et complétez-la.

i						9	.	8	0	
ii					4		.	5		0
iii				7		0	.	1	2	
iv	1		.	6	3		.	7		1
v		8	.		0	7	.		0	6
vi	9		.	3		0	.	8		

12.2.2 Le cas échéant, écoutez de nouveau l'enregistrement et notez sur papier ce que les locuteurs disent.

12.2.3 Écrivez en lettres les prix indiqués sur ces étiquettes.

Le premier a déjà été fait pour vous.

i Quarenta e dois reais e meio.

i	R$ 42,50	**v**	€ 31,50
ii	R$ 99,00	**vi**	€ 47
iii	R$ 500,00	**vii**	€ 200
iv	R$ 2.025,00	**viii**	€ 2.070

12.3

Carlos et ses amis sont dans un café au Portugal. Il y a Gabriela, Jorge et Judite, tous trois portugais, et Fábio et Eliana, brésiliens.

12.3.1 Dans le dialogue ci-dessous, Carlos prend la commande de tout le monde.

Carlos	Então, o que é que vocês querem?
Eliana	Queria uma água mineral e um iogurte de banana.
Fábio	Por favor um café sem leite e com açúcar e um sanduíche (Br.) de presunto cozido (Br.).
Jorge	Eu queria um café com leite e sem açúcar e uma sandes (Eur.) de fiambre (Eur.).
Gabriela	Queria uma cerveja e uma sandes (Eur.) de queijo.
Judite	Eu não quero nada, obrigada.

12.3.2 Prenez la place de Carlos et faites une liste pour le serveur (qui est portugais), en y ajoutant une bière et un sandwich au jambon pour vous.

12.3.3 Le serveur invite le groupe à passer commande.

Serveur	Façam favor?
Vous	*Lisez votre liste à haute voix.*

12.3.4 Mettez les mots suivants dans le bon ordre de façon à demander si vous allez devoir attendre longtemps :

Teremos / muito / ? / de / tempo / esperar

12.3.5 Lorsque le serveur arrive avec la commande, il ne sait plus qui a commandé quoi. Expliquez que l'eau minérale et le yaourt sont pour la jeune fille avec le T-shirt rouge, et que le café au lait et l'un des sandwichs au jambon sont pour le jeune homme avec le T-shirt vert.

12.3.6 Arrive le moment de payer. Mettez les mots suivants dans l'ordre de façon à demander l'addition (**a conta**) :

A / por / . / favor /, / conta

12.3.7 Mettez les mots suivants dans le bon ordre de façon à dire au serveur qu'il peut garder la monnaie (**o troco**) :

Pode / o / ficar / . / troco / com

12.4

vocabulaire

incomodar	*déranger, gêner*
arrumar	*ranger*

Voici l'étiquette destinée à être pendue à la poignée de porte de votre chambre d'hôtel que vous avez trouvée. D'un côté elle présente le message « ne pas déranger », de l'autre elle indique que la femme de chambre peut entrer et faire son travail.

12.4.1 L'étiquette à votre porte est passée inaperçue et l'on est en train de faire beaucoup de bruit dans le couloir.

i Utilisez l'expression inscrite sur l'étiquette pour demander de vive voix que l'on ne vous dérange pas.

ii Pouvez-vous également demander à ne pas être dérangé en utilisant l'impératif ? Ajoutez **por favor**.

12.4.2 Vous avez retourné l'étiquette sur la poignée, et c'est désormais le second message qui apparaît. Alors que vous quittez votre chambre, vous croisez la femme de chambre dans le couloir.

i En commençant par **já pode...** et en utilisant l'expression de l'étiquette, dites-lui que la chambre peut maintenant être faite. Ajoutez **por favor**.

ii Mettez les mots suivants dans l'ordre de façon à lui demander quand la chambre sera prête :

Quando / é / ? / quarto / pronto / o / que / estará

12.5

Voici le formulaire du service de laverie pour la lingerie et les sous-vêtements que Benjamin et Barbara Cresson avaient dans leur chambre d'hôtel au Brésil.

LAVAGEM DE ROUPA – SERVICE DE LAVERIE		
Quarto *405*	Nome *Cresson*	Data *6 de fev.*
Quant. *Qtté*	Roupa de noite e de baixo *Vêtements pour dormir et sous-vêtements*	Total (R$)
1	Pijama - *pyjama*	
1	Camisola - *chemise de nuit*	
2	Roupão - *robe de chambre*	
	Camiseta interior - *débardeur*	
4	Cueca - *slips, caleçons*	
4	Calcinhas - *slips, petites culottes*	
2	Sutiã - *soutien-gorge*	
	Combinação - *combinaison*	
	Meia - *chaussettes, bas*	

Quant. = Quantidade
(a) camisola (Br.) = (a) camisa de noite (Eur.)
(a) camiseta interior (Br.) = (a) camisola interior (Eur.)
(a) cueca (Br.) (pour homme) = (os) trusses ou trousses (Eur.)
(a) calcinha (Br.) (pour femme) = (as) cuecas (Eur.)

12.5.1 Lisez le formulaire et les articles qui y sont inscrits. Les Cresson n'ont pas emporté beaucoup de vêtements avec eux, et Barbara a ajouté un petit mot pour demander si les vêtements pouvaient être prêts avant mercredi. Lisez son message.

> *Será possível ter tudo pronto antes de 4.a feira? Obrigada*
> *B. Cresson*

i Si Barbara avait souhaité que seulement les robes de chambre (**os roupões**), et non le tout, soient prêtes avant jeudi à la place de mercredi, qu'aurait-elle alors écrit ?

ii Écrivez un message similaire pour demander si le pyjama peut être prêt avant vendredi.

13

Eu costumo calçar 43

D'habitude, je chausse du 43

Communication

- Faire des comparaisons et des choix
- Décrire la matière d'une chose et son motif
- S'exprimer de différentes manières au passé

Numa sapataria *Dans un magasin de chaussures*

CD2 piste 5

Ricardo vient d'entrer dans un magasin de chaussures, et il s'intéresse à quelques paires qui sont exposées.

Ricardo	Queria um par destes sapatos e um destas sandálias, número 43.
Vendedor	O senhor quer sentar-se e esperar um momento?

Vendedor	(*trazendo os dois pares*) Queira experimentar por favor.
Ricardo	(*experimentando um sapato e uma sandália*) Desculpe. Eu costumo calçar 43, mas esta sandália está um pouco folgada e este sapato está muito apertado. Por favor, tragame outros iguais a estes mas as sandálias no número abaixo e os sapatos dois números acima.

vocabulaire

um par	*une paire*
(a) sandália	*(la) sandale*
experimentar	*essayer*
eu costumo calçar	*d'habitude, je chausse du* (litt. *j'ai l'habitude de chausser du*)
um pouco folgada	*un peu lâche*
muito apertado	*très serré*
iguais a estes	*identiques à ceux-ci*
no número abaixo	*en une taille plus petite* (litt. *dans le numéro en dessous*)
dois números acima	*en deux tailles plus grandes* (litt. *deux numéros au-dessus*)

Numa loja de moda *Dans une boutique de mode*

CD2 piste 5

Marlene est dans une boutique de mode et cherche des vêtements.

Marlene	Queria um conjunto de saia e blusa.
Vendedora	Temos vários. A senhora pode ver aqueles ali (*acompanhando a cliente*). O seu tamanho é 40 ou 42?
Marlene	42.
Vendedora	(*mostrando um conjunto*) Gosta deste?
Marlene	Gosto, mas preferia uma blusa com manga comprida e em roxo.

Vendedora Em roxo não temos mas (*mostrando outro conjunto*) temos este aqui em rosa escuro e com manga comprida. Fica-lhe bem.
Marlene Sim... talvez este. Posso provar?
Vendedora Claro, as cabines de provas são ali à esquerda.

Marlene (*voltando da cabine*) O conjunto assenta bem. Vou levá-lo.

vocabulaire

um conjunto	*un ensemble*
vários	*plusieurs*
acompanhando	*(en) accompagnant*
(o) tamanho	*(la) taille*
a cliente = a freguesa	*la cliente*
gosta deste (= de + este)?	*aimez-vous celui-ci ?*
(a) manga	*(la) manche*
roxo	*mauve*
fica-lhe bem	*(cela) vous va bien*
provar = experimentar	*essayer*
(as) cabines de provas	*(les) cabines d'essayage*
assenta / serve (Br.) **bem**	*(ça) (me) va*
vou levá-lo	*(je) le prends* (litt. *je vais l'emporter*)

autoévaluation

Exercices

13.1 Perguntas e respostas *Questions-réponses*

1 O que é que o Ricardo quer comprar?
a Dois pares de sapatos. **b** Dois pares de sandálias.
c Um par de sandálias e um de sapatos.

2 Quais são os números que lhe assentarão bem?
i Sandálias: **a** 44. **b** 45. **c.** 42.
ii Sapatos: **a** 44. **b** 45. **c** 42.

3 Que tamanho é que a Marlene veste?
a 40. **b** 40 ou 42. **c** 42.

4 O que é que ela quer comprar?
a Um conjunto com blusa de manga curta.
b Um conjunto com blusa de manga comprida.

5 De que cor é a blusa do conjunto que ela vai levar?
a Roxa. **b** Rosa escuro. **c** Rosa claro.

Accessoires

En plus des vêtements, si vous souhaitez acheter des accessoires voici un peu de vocabulaire : **a gravata** *la cravate* ; **o lenço (de pescoço)** *le foulard* (*le carré*) ; **o cachecol** *l'écharpe* ; **o cinto** *la ceinture* ; **o chapéu** *le chapeau* (**um chapéu de praia de sol** *un chapeau de plage*) ; **o boné** *la casquette* ; **a luva** *le gant* (**um par de luvas** *une paire de gants*) ; **a bolsa / a mala de mão** (Eur.) *le sac à main*. (Il est à noter que **mala** ou **mala de viagem** se traduisent par *valise*.)

C'est en quelle matière ?

Pour poser cette question, dites **de que é feito?**.

Isto aqui, de que é feito?	*C'est en quelle matière, ça ?*
De que são (feitas) aquelas gravatas que estão ali?	*De quelle matière les cravates qui sont là-bas sont-elles faites ?*

Les réponses peuvent être : **de algodão** *en / de coton* ; **linho** *lin* ; **lã** *laine* ; **seda** *soie* ; **couro / cabedal** (Eur.) *cuir* ; **pelica** *peau* ; **fibras sintéticas** *fibres synthétiques*.

Esta blusa é de seda.	*Ce chemisier est en soie.*
Aquelas blusas são feitas de algodão.	*Ces chemisiers sont en coton.* (litt. *...sont faits de coton*)

Motifs

Que vous préfériez quelque chose d'uni, **liso**, ou non, voici plusieurs alternatives de styles que vous pouvez demander : **listrado/a** (Br.) ou **às riscas** (Eur.) *rayé* ; **de xadrez** *écossais* ; **estampado/a** *avec un imprimé*.

uma camisa de xadrez	*une chemise écossaise*
uma blusa rosa, lisa	*un chemisier rose, uni*
um vestido estampado	*une robe en tissu imprimé*
uma gravata listrada em azul escuro e branco (Br.) / **às riscas azul escuras e brancas** (Eur.)	*une cravate rayée bleue foncée et blanche*

Comment ça marche ?

Les comparatifs

i	mais	...	(do) que
ii	menos		
iii	tão		como / quanto

i **mais... do que** *plus... que*

O Pierre é **mais** alto **do que** a Marie. *ou* O Pierre é **mais** alto **que** a Marie.
O Pierre fala português **mais** fluentemente **(do) que** a Marie.
O Pierre tem **mais** bagagem **(do) que** a Marie.
O Pierre tem **mais** malas **(do) que** a Marie.

ii **menos... do que** *moins... que*

O Pierre é **menos** alto **(do) que** a Marie.
O Pierre fala português **menos** fluentemente **(do) que** a Marie.
O Pierre tem **menos** bagagem **(do) que** a Marie.
O Pierre tem **menos** malas **(do) que** a Marie.

Vous remarquerez que dans les points **i** et **ii**, le **do** de **do que** est souvent omis.

iii **tão... como** *ou* **tão... quanto** *aussi... que*

Les Portugais ont tendance à préférer **tão... como** là où les Brésiliens utilisent plus naturellement **tão... quanto**.

O Pierre é **tão** alto **quanto** a Marie. = O Pierre é **tão** alto **como** a Marie.

O Pierre não é **tão** alto **quanto** a Marie. = O Pierre não é **tão** alto **como** a Marie.

O Pierre fala português **tão** fluentemente **quanto** a Marie.
= O Pierre fala português **tão** fluentemente **como** a Marie.

De même,

tanto / tanta / tantos / tantas... como *ou*
tanto / tanta / tantos / tantas... quanto *autant... que*

O Pierre tem **tanta** bagagem **quanto** a Marie.
= O Pierre tem **tanta** bagagem **como** a Marie.
O Pierre tem **tantas** malas **quanto** a Marie.
= O Pierre tem **tantas** malas **como** a Marie.

Les verbes : les trois conjugaisons – l'imparfait de l'indicatif

	j'achetais...	*je vendais...*	*je partais...*
eu	compr**ava**	vend**ia**	part**ia**
tu	compr**avas**	vend**ias**	part**ias**
você, o Sr. / a Sr.ª ele / ela	compr**ava**	vend**ia**	part**ia**
nós	compr**áva- mos**	vend**íamos**	part**íamos**
vocês, os Sr.ᵉˢ / as Sr.ᵃˢ eles / elas	compr**avam**	vend**iam**	part**iam**

C'est avec les terminaisons ci-dessus que l'on forme l'imparfait. Il est toujours régulier, y compris pour les verbes irréguliers à l'exception de **ser**, **ter**, **vir** et **pôr**, et de leurs dérivés, comme con**ter** (*contenir*), su**por** (*supporter*).

Quelques « trucs »

Vous aurez remarqué qu'il n'y a que deux catégories de terminaisons :

une pour les verbes de la 1ère conjugaison (la 1ère colonne, les verbes en *-ar*), et une pour les verbes des 2ème et 3ème conjugaisons (2ème et 3ème colonnes, les verbes en *-er* et *-ir*). Cette dernière est identique à la forme de l'imparfait de l'indicatif du verbe **ir**.

1ère :	**-ava**	**-avas**	**-ava**	**-ávamos**	**-avam**
2ème + 3ème :	**-ia**	**-ias**	**-ia**	**-íamos**	**-iam**

Utilisez-le pour :

- Un état, une condition, une action ou un événement continus dans le passé :

Estava / fazia calor. *Il faisait chaud.*
Eu lia o jornal. *Je lisais le journal.*

- Une action ou un événement réguliers dans le passé :

Eu lia o jornal regularmente. *Je lisais le journal régulièrement.*
Eu tomava chá todas as manhãs. *Je prenais du thé tous les matins.*

alternative : imparfait de **costumar** + infinitif :

Eu costumava ler o jornal regularmente. *Je lisais / j'avais pour habitude de lire le journal régulièrement.*

- Faire preuve de politesse, souvent en accompagnement d'une requête :

Queria um pão.	*Je voulais un pain.*
autrement dit :	*Je voudrais un pain.*
Preferia uma blusa roxa.	*Je préférais un chemisier mauve.*
autrement dit :	*Je préférerais un chemisier mauve.*

Comparaison des passés

Quelle est la différence entre l'imparfait et le passé simple que vous avez appris au **Chapitre 9** ? On utilise les deux temps en portugais dans les mêmes conditions qu'en français. En quelques mots, l'imparfait représente une sorte de « gros plan » du passé, un « play back », alors que le passé simple représente un passé révolu.

Imparfait

Utilisé pour quelque chose (un état / une condition / une action / un événement) qui se déroule dans le passé :

Estava calor. Eu lia o jornal.

Imparfait + imparfait

Utilisé pour ce qui se déroule dans le passé simultanément avec autre chose :

Eu lia o jornal enquanto ela estudava.
Je lisais le journal tandis qu'elle étudiait.

je lisais le journal

elle étudiait

Quando eu era criança, passava muito tempo na praia.
Lorsque j'étais enfant, je passais beaucoup de temps à la plage.

eu era criança

(eu) passava muito tempo na praia

Passé simple + imparfait

Utilisé pour quelque chose qui est intervenu au moment où une autre chose se déroulait dans le passé :

Quando cheguei, estava calor. *Lorsque je suis arrivé, il faisait chaud.*

cheguei

↓

estava calor

Le passé simple

Utilisé pour parler de quelque chose, comme d'un ensemble, qui a eu lieu dans le passé :

Cheguei na quarta-feira passada.	*Je suis arrivé mercredi dernier.*
Li o jornal esta manhã.	*J'ai lu le journal ce matin.*

Exercices

13.2

CD2 piste 6

Missanga est une jeune Angolaise qui est venue au Portugal l'année dernière. Elle parle de deux T-shirts qu'elle a achetés à deux endroits différents au cours de son voyage. Vous pouvez faire cet exercice à partir de l'enregistrement ou vous référer à sa transcription **page 301**.

Algarve no sul

Serra da Estrela
no centro leste

13.2.1 Écoutez l'enregistrement si vous le possédez, puis faites une croix à côté de chaque T-shirt quand vous l'entendez en parler.

13.2.2 Écoutez ou lisez de nouveau la phrase, puis écrivez de mémoire ce que vous avez lu ou entendu.

13.2.3 Quelles sont les deux temps que Missanga utilise pour parler de cette période du passé ? Pourquoi ?

13.2.4 Missanga parle maintenant de son séjour au Portugal en général, au lieu de vous décrire ses différentes étapes. Formez des phrases à partir des mots ci-dessous. Vous pouvez vérifier votre réponse à partir du **corrigé des exercices** ou de l'enregistrement.

Estive / ano / . / lá / passado / no

Fui / voltei / . / Março / Maio / em / em / dois / e / depois /, / meses

13.2.5 Les deux phrases de l'exercice **13.2.4** sont les réponses à une question qu'on a posée à Missanga.

i Pour retrouver la question, déchiffrez les mots suivants. Vous pouvez l'écouter sur l'enregistrement, si vous le possédez.

Quando / você / é / lá / esteve / que / ?

ii Pourriez-vous reformuler cette question pour un ami de Missanga qui lui dirait **tu** au lieu de **você** ?

13.3

Patrícia souhaite acheter une robe mais elle n'en trouve pas une qui lui aille.

13.3.1 Voici ce qu'elle dit à la vendeuse :

Este vestido está muito comprido. Tem outro mais curto do que este?

Continuez à sa place :

i robe trop courte ; une plus longue (**curto**; **comprido**).
ii robe trop serrée ; une plus large (**apertado**; **folgado**).

13.3.2 Voici maintenant ce qu'elle dit :

Este vestido está muito curto. Tem outro menos curto do que este?

Continuez :

i robe trop longue ; pas si longue. **ii** robe trop large ; pas si large.

13.4

Adrien essaie d'acheter une paire de bottes – **a(s) bota(s)** – et donne au vendeur la pointure qu'il fait dans son pays.

13.4.1 Remettez les phrases suivantes dans l'ordre afin de reproduire le dialogue avec le vendeur.

a - Talvez o número acima, o 45.
b - No meu país calço 43 e meio mas aqui não sei que número é.
c - Então quer experimentar o 44?
d - (*experimentando o 43*) Esta bota está muito apertada.
e - (*experimentando o 45*) Esta está bem, obrigado. Levo este par.
f - (*experimentando o 44*) Esta está menos apertada do que a 43, mas ainda está um pouco apertada.
g - 43 e meio... isso será número 43 ou 44. Eu trago três botas, uma em 43, uma em 44 e uma em 45.

13.4.2 Récrivez le dialogue pour Sarah. Elle cherche des tennis – **os ténis** (Eur.) / **o(s) tênis** (Br.). Dans son pays elle chausse du 38 et demi et le vendeur lui suggère d'essayer les pointures 37, 38 et 39.

13.4.3 Un peu plus tard Sarah raconte à une amie qu'elle a essayé plusieurs tennis avant de trouver celles qui lui allaient. Voici ce qu'elle a dit. Complétez les phrases avec la forme correcte du verbe **estar**.

O número 37 ______ muito apertado. O 38 _________ menos apertado que o 37, mas ainda _________ um pouco apertado. Finalmente, o 39 _______ bem. Comprei o 39.

13.5

Vous êtes en train d'acheter des vêtements, des chaussures et des accessoires et vous êtes particulièrement exigeant(e) quant à la matière, le motif et la couleur.

13.5.1 Ce que vous voulez **acheter**

uma camisa
uns sapatos
um vestido
uma gravata
uma saia

Demandez :

i une chemise **ii** des chaussures **iii** une robe **iv** une cravate **v** une jupe.
La première phrase a déjà été faite pour vous.

i Por favor, queria uma camisa.

13.5.2 La matière

algodão
pelica
linho
seda
fibra sintética

Ajoutez la matière que vous aimeriez :

i coton **ii** peau **iii** lin **iv** soie **v** fibres synthétiques.

i Por favor, queria uma camisa de algodão.

13.5.3 Le motif

lisa
lisos
estampado
listrada (Br.) / às riscas (Eur.)
de xadrez

Ajoutez le motif que vous aimeriez :

i unie **ii** unies **iii** imprimée **iv** rayée **v** écossaise.

i Por favor, queria uma camisa de algodão, lisa.

13.5.4 La couleur

em...
branco
azul escuro
amarelo e verde
preto e vermelho
duas ou três cores diferentes

Ajoutez votre choix de couleur :

i blanche **ii** bleues foncées **iii** jaune et verte **iv** rouge et noire **v** deux ou trois couleurs différentes.

i Por favor, queria uma camisa de algodão, lisa, em branco.

13.5.5 Vous avez impressionné vos amis avec vos courses et ils ont des questions à vous poser.

i On vous demande :
Quando é que você comprou esses sapatos?
Dites :
J'ai acheté ces chaussures la semaine dernière.

ii On vous demande :
Quando é que você comprou essa camisa e essa gravata?
Dites :
J'ai acheté cette chemise lundi dernier et cette cravate mercredi dernier.

iii Faites les modifications nécessaires dans **i** et **ii** pour changer de **você** à **tu**.

14

Fazedo isto e aquilo

Faire ceci, cela

Communication

- Faire des rencontres
- S'adapter à la vie et aux horaires locaux
- Parler de ce qui est en train de se passer et transmettre l'idée de progression

Combinando um encontro *Se donner rendez-vous*

CD2 piste 7

Marta et Tiago sont en train d'organiser une balade à cheval ensemble.

Marta	Você ainda quer ir andar a cavalo esta semana?
Tiago	Quero. Quando e onde é que nós nos encontramos?
Marta	Quando, talvez 6.ª feira.
Tiago	Ou sábado de manhã?
Marta	Pode ser sábado de manhã. Eu não me importo.
Tiago	E onde? Eu escolhi o dia, escolha você o lugar e a hora.
Marta	Nos correios, às 9 e meia.
Tiago	Dentro ou fora?
Marta	Dentro, junto das máquinas de venda automática.
Tiago	Sábado, às 9 e 30, junto das máquinas dentro dos correios.
Marta	Combinado. Até sábado.

andar a cavalo	*monter à cheval*
eu não me importo	*ça m'est égal* (ou *comme vous voulez*)
eu escolhi	*j'ai choisi*
escolha você	*vous choisissez*
dentro ou fora	*à l'intérieur ou à l'extérieur*
junto de = junto a	*près de*
combinado	*c'est noté* (litt. *combiné, arrangé*)

Tomando alguma coisa *Autour d'un verre*

CD2 piste 7

Artur et Lúcia se sont mis d'accord pour se retrouver au café afin de grignoter quelque chose et de discuter.

Lúcia	(*chegando*) Como vai?
Artur	(*sentado a uma mesa*) Bem, obrigado, e você?
Lúcia	Tudo bem. Desculpe se estou um pouco atrasada. Tive que fazer umas compras antes de vir.
Artur	Não, não está. Eu é que cheguei muito cedo. Enquanto estava sozinho, pensei em perguntar se você queria ir ao cinema.
Lúcia	Quero, sim. Ainda temos bastante tempo antes da segunda sessão.
Artur	Temos. E agora, o que é que havemos de pedir?
Lúcia	Para mim, um sorvete misto e depois um chá. E para você?
Artur	Uma água mineral com gás e uma porção de batatas fritas.

como vai? = como está?	*comment ça va ?, comment allez-vous ?*
atrasada	*en retard* (f.)
fazer umas compras	*faire des courses*
pensei em	*j'ai pensé que*
(o) cinema	*(le) cinéma*
(a) matiné	*(la) séance de l'après-midi*
pedir	*passer commande*
para mim	*pour moi*
um sorvete misto	*un assortiment de sorbets*
com gás	*pétillant(e)*
uma porção	*une portion*
(as) batatas fritas	*(les) frites*

Exercices

14.1 Perguntas e respostas *Questions-réponses*

1 Em que dia é que a Marta e o Tiago se vão encontrar?
- **a** Na sexta-feira. **b** No sábado. **c** No domingo.

2 A que horas?
- **a** Às oito e meia. **b** Às nove. **c** Às nove e meia.

3 Onde?
- **a** Fora dos correios. **b** Dentro dos correios.

4 Quem está atrasado?
- **a** O Artur. **b** A Lúcia. **c** Ninguém.

5 O que é que o Artur e a Lúcia vão pedir?
- **a** Uma água mineral sem gás, meia porção de batatas fritas, um sorvete de chocolate e um chá.
- **b** Uma água mineral com gás, uma porção de batatas fritas, um sorvete misto e um chá.

6 O que é que eles vão fazer depois?
- **a** Vão à praia. **b** Vão ao cinema. **c** Vão fazer compras.

De carro, a cavalo *En voiture, à cheval*

Pour les transports nous avons jusqu'à présent utilisé l'expression **de** + moyen de transport : **de** carro ; **de** táxi ; **de** autocarro (Eur.) / ônibus (Br.) ; **de** comboio (Eur.) / trem (Br.).

De même :

de metro (Eur.) / metrô (Br.) (*en métro*) ; **de** eléctrico (Eur.) / bonde (Br.) (*en tramway*) ; **de** barco (*en bateau*) ; **de** navio (*en bateau*) ; **de** avião (*en avion*) ; **de** moto (*en moto*) ; **de** bicicleta (*en bicyclette*) ; **de** boleia (Eur.) / carona (Br.) (*en autostop*).

Au Portugal :
- **Onde é que você foi ontem?**
- **A Braga.**
- **E como é que você foi?**
- **De carro.**

Au Brésil :
- **Onde é que você foi ontem?**
- **A Brasília.**
- **E como é que você foi?**
- **De avião.**

Nous avons également vu l'expression **a pé** (*à pied*) plusieurs fois : **andar a pé** signifiant *marcher / aller quelque part à pied.* L'expression **andar a cavalo** ou **ir a cavalo**, *monter un cheval* est construite de la même manière, **a cavalo** équivalant à *à dos de cheval.*

vocabulaire « En retard», « en avance », « lentement » et « vite »

Pour dire qu'une personne est en retard, utilisez **atrasado/a**, mais s'il s'agit d'un événement ou d'une action utilisez plutôt **tarde**. Pour dire *en avance*, dites **adiantado/a** pour une personne, mais **cedo** pour une action ou un événement.

Desculpe se estou um pouco atrasada.	*Excusez-moi si je suis un peu en retard.*
Eu é que cheguei muito cedo.	*C'est moi qui suis arrivé très en avance.*

Il se peut que vous entendiez **atrasado** ou **adiantado** pour définir une action. Dans ce cas c'est à la personne impliquée que l'on se réfère, et non pas à l'action.

Eu é que cheguei muito adiantado.	*C'est moi qui suis arrivé très en avance.*

Utilisez **adiantado** et **atrasado** pour dire d'une montre qu'elle avance ou qu'elle retarde :

- **Que horas são no seu relógio?**	*Quelle heure est-il à votre montre ?*
- **Uma e dez.**	*Une heure dix.*
- **Está adiantado. É uma em ponto.**	*Elle avance. Il est une heure pile.*

Et lorsqu'on est à l'heure, quelle expression utiliser ?

Pour parler d'une montre, utilisez **certo**, et pour une action ou un événement, dites **na hora** ou **a tempo**, ou encore **a horas**.

Este relógio está certo.	*Cette montre est exacte.*
Cheguei na hora. *ou* **Cheguei a tempo.**	*Je suis arrivé à l'heure.*

Como está? *Comment allez-vous ?*

Lorsque vous saluez une personne que vous connaissez déjà, vous pouvez ajouter des mots aux expressions que vous avez apprises dans le Chapitre d'introduction, au début de l'ouvrage.

Pour *comment allez-vous ?* vous pouvez dire **Como está?** et **Como vai?** Cette dernière expression est plus répandue au Brésil qu'ailleurs, mais vous pouvez l'utiliser n'importe où. **Como passa?** est également une autre possibilité.

Bien que la réponse habituelle soit *bien, merci*, vous entendrez peut-être *très mal*... En général, ceux qui le disent ne le pensent pas vraiment !

Les réponses les plus plausibles, allant de bien à très mal, sont : **óptimo** (Eur.) / **ótimo** (Br.) (*génial*) ; **muito bem** (*très bien*) ; **tudo bem** (*ça va*) ; **bem** (*bien*) ; **mais ou menos** (*plus ou moins*) ; **não muito bem** (*pas très bien*) ; **mal / ruim** (Br.) / **muito mal** (*mal / plutôt mal*) ; **terrível** (*terriblement mal*).

Si vous souhaitez vous renseigner à propos d'une tierce personne, dites : **Como está / vai / vai passando** + le nom de la personne. Pour que l'on salue quelqu'un de votre part, dites **Dê** ou **Faça o favor de dar cumprimentos meus a** + le nom de la personne. Pour ce qui est des enfants, dites **Beijos para as / nas** (Br.) **crianças**.

Au moment de prendre congé, vous pouvez ajouter aux expressions que vous connaissez déjà **passe bem** (*prenez soin de vous,* litt. *portez-vous bien*) et **adeus** (*au revoir*). Ce mot-là suggère généralement un temps de séparation assez long au Brésil, où **tchau** est davantage utilisé pour un au revoir informel comme *salut !*.

- **Como vai?**
- **Eu vou bem. E você, tudo bem?**
- **Olá! bom dia. Como está e como vai a sua mãe?**
- **Vamos bem, obrigada.**
- **Adeus. Dê cumprimentos meus a / à** (Eur.) **sua esposa. E beijos para as crianças.**

Comment ça marche ?

Les verbes : les trois conjugaisons – le présent et le passé continus

je suis en train...		*d'acheter*	*de vendre*	*de partir*
eu etc.	**estou** etc.	**a** compr**ar** (Eur.) compr**ando** (Br.)	**a** vend**er** (Eur.) vend**endo** (Br.)	**a** part**ir** (Eur.) part**indo** (Br.)

j'étais en train...		*d'acheter*	*de vendre*	*de partir*
eu etc.	**estava** etc.	**a** compr**ar** (Eur.) compr**ando** (Br.)	**a** vend**er** (Eur.) vend**endo** (Br.)	**a** part**ir** (Eur.) part**indo** (Br.)

Ce sont des modes d'expression qui constituent parfois une alternative plus familière au présent de l'indicatif (**Chapitre 7**) et à l'imparfait de l'indicatif (**Chapitre 13**). Le français ne dispose pas d'une telle construction verbale, mais l'expression « être en train de » est celle qui en retransmet généralement le mieux l'idée.

Le **présent continu** se construit avec le présent de l'indicatif du verbe **estar**, suivi :

i) de **a** + l'infinitif du verbe que vous souhaitez utiliser (Eur.) ;

ii) du gérondif (la forme en **-ant**) du verbe que vous souhaitez utiliser (Br.).

Le **passé continu** se construit avec l'imparfait de l'indicatif du verbe **estar**, suivi :

i) de **a** + l'infinitif du verbe que vous souhaitez utiliser (Eur.) ;

ii) du gérondif (la forme en **-ant**) du verbe que vous souhaitez utiliser (Br.).

Les formes continues donnent davantage de précision sur le déroulement d'une action ou d'un événement qui est en train de se produire maintenant, ou qui s'est produit il y a peu de temps.

Eu estou a ler a lição 14 neste momento (Eur.). /
Eu estou lendo a lição 14 neste momento (Br.).
Je suis en train de lire la leçon 14 en ce moment.
Eu estava a ler o jornal quando ele chegou (Eur.). /
Eu estava lendo o jornal quando ele chegou (Br.).
J'étais en train de lire le journal lorsqu'il est arrivé.

Il y a de grandes chances pour que vous entendiez le verbe **andar** (**eu ando**, etc. et **eu andava**, etc.) au lieu du verbe **estar** (**eu estou**, etc. et **eu estava**, etc.). Préférez l'utilisation du premier car il donne davantage la notion de « dernièrement ».

Eu ando a estudar muito (Eur.) / **Eu ando estudando muito** (Br.).
J'étudie beaucoup en ce moment.

Ir est un autre verbe qui est parfois utilisé comme auxiliaire pour le présent ou le passé continus (**eu vou**, etc. et **eu ia**, etc.). Dans ce cas il n'y a pas de différence entre le portugais parlé au Portugal et celui parlé au Brésil.

je suis/étais en train...		*d'acheter*	*de vendre*	*de partir*
eu, etc.	**vou / ia,** etc.	compr**ando**	vend**endo**	part**indo**

- Como **vai**? — *Comment allez-vous ?*
- Eu **vou indo** bem. E você? — *Je vais bien en ce moment. Et vous ?*

L'alternative offerte par le verbe **ir** peut parfois insister sur la notion de progression.

Vou indo um pouco melhor. — *Je me remets* (*petit à petit*). (après une maladie)

Vou fazendo progressos. — *Je progresse.* (dans mes études)

Remarque :

Les formes continues sont parfois naturellement exprimées en français avec un temps simple du présent ou du passé, qui peut être suivi d'un adverbe ou d'une locution adverbiale.

La voix passive

En portugais, on forme la voix passive de la même façon qu'en français :

verbe **ser** + participe passé du verbe que vous voulez utiliser

Cadeiras de rodas são transportadas gratuitamente.
Les chaises roulantes sont transportées gratuitement.

Le participe passé (**transportadas**) s'accorde également en genre et en nombre avec le sujet de la phrase (**cadeiras de rodas**). Comme en français, l'agent, qui réalise l'action, peut ou non être exprimé. Lorsqu'il l'est, il est introduit par la préposition **por** (*par*).

Cadeiras de rodas são transportadas gratuitamente pelo (= por + o) pessoal da Companhia.
Les chaises roulantes sont transportées gratuitement ***par*** *le personnel de la compagnie.*

Exercices

14.2

14.2.1 Regardez l'illustration et répondez aux questions suivantes sur Sally :

i Ela vai de carro?
ii Como é que ela vai?

14.2.2 Utilisez les mots entre parenthèses pour dire ce qui suit en portugais comme si vous étiez Sally :

i *J'aime monter à cheval.*
(Gosto / a / andar / cavalo / . / de)
ii *Je monte à cheval tous les samedis.*
(Ando / sábados / todos / cavalo / a / os / .)
iii *Je suis montée à cheval samedi dernier.*
(Andei / cavalo / sábado / . / a / no / passado)

14.2.3 Complétez les propos de Sally en portugais :

Eu encontrei o Raul quando _____(*j'étais en train de monter à cheval*)_____ no sábado passado. Ele também _____(*était en train de monter à cheval*)_____ .

14.2.4 Qu'a-t-elle dit ? Que s'est-il passé et quand ?

14.3 Você fala português muito bem *Vous parlez très bien portugais*

amável	*aimable*
fazer erros	*faire des fautes*
corrigir	*corriger*
aprender	*apprendre*
conseguir	*réussir*

14.3.1 Mettez les phrases suivantes dans l'ordre de façon à former un petit dialogue.

a Você fala português muito bem.
b Há dois meses.
c Está. Há quanto tempo aprende português?
d Estudando um pouco todos os dias.
e Há só dois meses!? Como consegue aprender tão rapidamente?
f Obrigado. Você é muito amável. Eu ainda faço muitos erros. Corrija-me, está bem?

14.3.2 Récrivez maintenant le dialogue pour deux personnes qui se disent **tu**.

(Vérifiez le verbe **corrigir** dans les remarques sur les changements orthographiques **page 322**.)

14.4

14.4.1 Lisez l'échange suivant qui a eu lieu dans un magasin, dont la vitrine arborait cette pancarte :

- Aceitam este cartão de crédito?
- Aceitamos.

Aceitam-se cheques e cartões de crédito

Qu'est-ce que ces deux personnes ont dit ?

14.4.2

vocabulaire

a dinheiro *en liquide, en espèces*

Dans la même boutique, d'autres clients essaient de savoir comment ils peuvent payer leurs achats. Écrivez la réponse la plus probable pour chaque question.

i Aceitam este cheque? (aceit**ar**)
ii Posso pagar com este cheque? (pod**er**)
iii Tenho de pagar a dinheiro? (**ter** de)

14.5

CD2 piste 8

14.5.1 Étudiez les pancartes **pages 160 et 161**.

14.5.2 Répondez aux questions suivantes en portugais. Donnez des réponses complètes.

i A que horas é que o clube abre?
ii A que horas é que o jantar começa?
iii Até que horas é que o museu está aberto?
iv Quando é que a primeira sessão começa?
v Em que dia da semana há futebol?
vi A piscina está aberta à noite?
vii A partir de que horas é que a piscina está aberta?
viii A que horas é que a biblioteca fecha?
ix Posso estudar na biblioteca de manhã?
x A farmácia está fechada às dez horas da noite?
xi Qual é o horário de atendimento do médico de clínica geral?
xii Vou pôr uns postais no correio antes das vinte horas. Ainda vou a tempo para a terceira tiragem (Eur.) / coleta (Br.)?

14.5.3 Écoutez l'enregistrement ou référez-vous à sa transcription **page 301**. Chaque personne pose une question sur un établissement de la ville. Trouvez les réponses à partir des pancartes se trouvant sur cette page et la suivante. Répondez de façon efficace mais brève.

14.5.4 Écoutez ou lisez de nouveau les quatre personnes et récapitulez ce qu'elles disent.

14.5.5 Dites ce qui suit en portugais :

i *À quelle heure le restaurant ouvre-t-il ?*
ii *À quelle heure la séance du soir commence-t-elle ?*
iii *Jusqu'à quelle heure la pharmacie est-elle ouverte ce soir ?*
iv *À quelle heure le musée ferme-t-il ?*

CLUBE - RESTAURANTE
Club - Restaurant
ABRE ÀS 8H DA NOITE
SERVE-SE JANTAR A
PARTIR DAS 8H30

CINEMA
1.ª sessão 15h00
2.ª sessão 18h00
sessão da noite 21h30

ESTÁDIO
stade
FUTEBOL DOMINGO À
TARDE

MUSEU - GALERIA DE ARTE
Musée - Galerie d'art
HORÁRIO DE ABERTURA
Heures d'ouverture
DAS 11H00 ÀS 16H00

BIBLIOTECA
Bibliothèque
DAS 9 HORAS DA MANHÃ ÀS
9 HORAS DA NOITE

PISCINA
Piscine
ABERTA
DAS 8H DA MANHÃ
ÀS 6H DA TARDE

Farmácia de Serviço
Pharmacie de garde
Aberta toda a noite

MÉDICO - CLÍNICA GERAL
Médecin - Cabinet Médical
HORÁRIO DE ATENDIMENTO
17H00 - 20H00

CAIXA DE CORREIO
Tiragens (Eur.) / Coletas (Br.)
Heures de la levée
7h00 12h00 21h00

15

Ontem, hoje e amanhã

Hier, aujourd'hui et demain

Communication

- Vérifier l'addition dans un restaurant
- Commander un petit déjeuner au lit à l'hôtel
- Parler de différents moyens de transport
- Profiter d'une journée ensoleillée à la plage
- Développer ce que vous avez appris jusqu'à présent

Ce chapitre est un chapitre de révision essentiel qui va vous mener à travers différents points que vous avez étudiés jusqu'ici. Vous aurez l'opportunité de pratiquer davantage votre expression orale dans le présent, le passé et le futur et d'utiliser les structures de langue que vous connaissez déjà, dans des contextes variés.

autoévaluation

Exercices

15.1

Les expressions de droite sont le contraire de celles de gauche, mais elles sont dans le désordre. Pouvez-vous relier chaque expression de gauche avec son contraire à droite ? Un exemple a déjà été fait pour vous.

1 antes	**a** tarde
2 cedo	**b** depois
3 adiantado	**c** amanhã
4 ontem	**d** atrasado
5 na 2.ª feira passada ↔ g	**e** no próximo ano *ou* no ano que vem
6 no ano passado	**f** no próximo mês *ou* no mês que vem
7 no mês passado	**g** na próxima 2.ª feira *ou* na 2.ª feira que vem

15.2

SÁBADO
trabalhar

Ce mot sur un agenda est votre point de départ. Mais est-ce que travailler les samedis représente la même chose pour tout le monde ?

Aline, Guilherme, Ester et Rafael travaillent dans le même magasin. Mettez les mots entre parenthèses dans l'ordre de façon à savoir ce que chacun pense de travailler le samedi.

1 ***Sexta-feira.*** Aline travaille tous les samedis et elle parle de sa journée de travail de demain comme d'un fait acquis, d'un événement prévu. **(Amanhã /, /, / sábado / . / trabalho)**

2 *Sexta-feira.* Guilherme ne travaille pas tous les samedis, mais il s'est engagé à travailler demain. (Amanhã / . / trabalhar / vou)

3 ***Sexta-feira.*** Ester n'est pas encore certaine si elle va travailler demain, mais il y a de grandes chances que oui. **(Provavelmente / . / amanhã / trabalharei)**

4 ***Sexta-feira.*** Rafael a toujours rechigné à travailler le samedi, mais il a pris de nouvelles résolutions et il est déterminé à les mettre en pratique dès demain. **(Amanhã / . / trabalhar / hei-de)**

5 ***Sábado***. Aline est en train de travailler quand Hugo lui téléphone pour l'inviter à faire une pause. Aline répond que ce n'est pas le bon moment. **(Agora / . / não / posso / Estou / / trabalhar / a (Eur.)) / (Agora / . / não / posso / Estou / . / trabalhando (Br.))**

6 ***Domingo***. Aline dit à une amie qu'elle a travaillé hier, samedi.(Trabalhei /, / ontem / . / sábado)

7 ***Domingo***. Aline raconte à une amie que Hugo lui a téléphoné hier alors qu'elle était au travail. **(O / Hugo / telefonou / eu / a / . / quando / trabalhar / ontem / estava (Eur.)) / (Hugo / telefonou / eu / . / quando / trabalhando / ontem / estava (Br.))**

8 ***Umas semanas depois***. Aline sort à présent avec Hugo. Elle ne travaille plus le samedi. **(Eu / aos /, / agora / não / trabalhava / sábados / mas / . /trabalho)** ***ou*** **(Eu /aos /, / costumava / agora / não / trabalhar / sábados / . / mas / trabalho)**

15.3

Il se peut que votre montre soit plus ou moins exacte, et que vous soyez plus ou moins à l'heure...

La montre de Gonçalo et celle de Bernardo ne donnent pas la même heure.

o relógio do Gonçalo

o relógio do Bernardo

L'horloge parlante – **a informação horária** – nous dit que l'heure exacte est la suivante :

vinte horas e quarenta e cinco minutos

15.3.1 En portugais, donnez des réponses courtes aux questions suivantes :

i **O relógio do Gonçalo está certo, atrasado ou adiantado?**
ii **O relógio do Bernardo está certo, atrasado ou adiantado?**

15.3.2 Gonçalo et Bernardo avaient convenu de se retrouver à un café situé à mi-chemin entre la maison de l'un et celle de l'autre. En partant de chez eux à la même heure ils devraient arriver également à la même heure. Ils partent tous deux à 20h30 d'après leur montre respective. Qui a le plus de chances d'avoir pensé ce qui suit en arrivant :

i ii

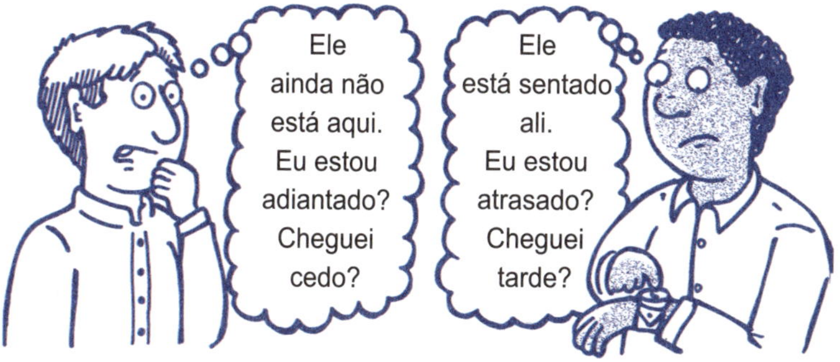

15.4

Vous venez d'emménager dans une nouvelle maison et l'on vous donne une facture qui résume ce que vous devez payer pour le 1er mois.

Vous devez payer un mois de caution (**a fiança**), un mois de loyer (**a renda**) et un mois de charges diverses (**as despesas**), mais il y a un problème, l'addition (**a soma**) est fausse (**errada**).

uma soma errada

Fiança	~~570~~
Renda	~~570~~
	~~1 140~~
Despesas	~~137~~
Total	~~1 287~~

uma soma certa

Fiança	570
Renda	570
	1 140
Despesas	137
Total	1 277

15.4.1 De façon à pouvoir argumenter au sujet de l'erreur de calcul, complétez les phrases suivantes.

Esta soma está errada. Mil, ______________ e quarenta de fiança e renda mais ________ e sete de despesas não são _____________ e sete. São ______________________________ e sete.

15.4.2

2+3 = 5
dois mais três é igual a cinco
ou
dois mais três são cinco

Toujours au sujet de l'erreur de calcul, dites ce qui suit en portugais :

4 + 3 = 7, et non pas = 8

15.5

Júlio essaie de se concentrer et de faire son travail mais ses collègues sont un petit peu bruyants. Mettez les mots entre parenthèses dans l'ordre de façon à voir comment il commence à leur parler de façon très diplomatique, et termine un peu comme un dictateur !

1 Très poliment, Júlio demande à ses collègues de parler moins fort.
(Importam-se / baixo / mais / ? / falar / de)

2 Ils le font, mais oublient très vite et le bruit recommence. Júlio réitère sa demande, toujours poliment.
(Por /, / falar / baixo / favor / . / queiram / mais)

3 Ils s'exécutent, mais peu de temps après ils oublient de nouveau. Júlio, pour la troisième fois, leur demande de parler moins fort.
(Querem / mais /, / por / falar / baixo / ? / favor)

4 Pendant un moment le silence se fait. Pas pour longtemps, cependant, et Júlio commence à perdre patience. La politesse n'est plus son principal souci et il lance : **(Falem / ! / baixo / mais)**

15.6

CD2 piste 9

carregue (Eur.) **= aperte** (Br.) **= pressione**

15.6.1 Regardez les photographies **page 167**. Elles ont été prises au Portugal. La photo **A** représente une instruction dans un train, près de la porte, tandis que la photo **B** représente une instruction près d'un passage piéton.

i Quel est le verbe à l'impératif commun aux deux instructions ?

ii Que dit l'instruction de la photo **A** ?

iii Que dit l'instruction de la photo **B** ?

iv Récrivez les deux instructions (**A** et **B**) en utilisant l'infinitif que vous avez appris au **Chapitre 2**.

(Vérifiez les changements orthographiques des verbes, **page 322**.)

A

B

15.6.2 Des passagers sont en train d'essayer d'aider des personnes qui ne semblent pas avoir vu l'instruction concernant la porte du train. Leurs conseils sont donnés de cinq façons différentes. Écrivez-les. Vous pouvez faire cet exercice à partir de l'enregistrement ou de mémoire à partir de sa transcription **page 301**.

15.6.3 Continuez votre écoute ou votre lecture. Prenez note des cinq conseils différents donnés au passage piéton.

15.6.4 Revenons sur les photos.

a Récrivez l'instruction **A** pour le Brésil, en utilisant l'impératif.

b Récrivez l'instruction **B** pour le Brésil, en utilisant l'impératif.

15.6.5 Récrivez les deux instructions, **A** et **B**, pour le Brésil, en utilisant l'infinitif.

15.6.6 Écoutez ou lisez ce qui suit. Récapitulez les cinq nouveaux conseils concernant les portes du train.

15.6.7 Écoutez ou lisez ce qui vient ensuite. Écrivez les cinq nouveaux conseils concernant le passage piéton.

15.7

Judith explique de quelle façon elle se rend toujours (**sempre**) à l'école (**a escola**).

15.7.1

- Como é que vais para as aulas de português?
- Vou ______________.
- Normalmente ou sempre?
- Sempre. A escola fica muito perto de minha casa.

15.7.2 En parlant de la journée précédente, comment expliquerait-elle de quelle façon elle s'est rendue à l'école ? Commencez par **Ontem....**

15.7.3 Et que dirait-elle pour la journée du lendemain ? **Amanhã....**

15.7.4 Comment lui poseriez-vous la première question de l'exercice **15.7.1** si vous lui disiez **você** au lieu de **tu** ?

15.8

vocabulaire

(o) horário *ou* **(a) tabela de horário** (Br.)	*(l')horaire*

a camioneta (para passageiros) (Eur.) **= o autocarro (interurbano)** (Eur.) **= o ônibus (interurbano)** (Br.)

Pode me dar o horário dos autocarros? (Eur.)
Pode me dar o horário das camionetas? (Eur.)
Pode me dar a tabela de horário dos ônibus? (Br.)

En prenant exemple sur les modèles ci-dessus, demandez l'horaire des trains :

a au Portugal **b** au Brésil

15.9

CD2 piste 10

vocabulaire

(o) voo (Eur.) **/ vôo** (Br.)	*(le) vol*
sem escala	*sans escale*
fazer escala em	*faire escale à*

15.9.1 Antônio est brésilien, il est à Lisbonne et se renseigne sur son vol de retour pour Brasília. À partir de l'enregistrement ou de sa transcription **page 302**, reprenez sa question ainsi que les renseignements qu'on lui donne.

15.9.2 António est portugais, il est à Brasília et se renseigne sur son vol de retour pour Lisbonne. À partir de l'enregistrement ou de sa transcription **page 302**, reprenez sa question ainsi que les renseignements qu'on lui donne.

15.10

vocabulaire

directo (Eur.) **/ direto** (Br.)	*direct*
(o) transbordo	*(le) transfert de passagers*

Au Portugal
- O comboio das 15:25 para o Porto é directo ou tem transbordo?
- É directo.

PARTIDA

PORTO (CAMPANHÃ)*
GUARDA - TOMAR
DIR 15H25**

*Campanhã : gare ferroviaire à Porto
**DIR: directo (Eur.) / direto (Br.)

1 Lisez le bref dialogue ci-dessus. Sur le même modèle, formulez une question et une réponse à partir des informations données sur le panneau pour :

i Tomar. ii Guarda.

2 Au Brésil, qu'auriez-vous dit à la place de **comboio** ?

15.11

Lorsqu'elles parlent de gares routières et ferroviaires, il y a des personnes qui préfèrent utiliser des expressions plus familières que **a estação rodoviária** et **a estação dos caminhos de ferro** (Eur.) / **ferroviária** (Br.). Ces alternatives se trouvent dans la colonne de droite. Pouvez-vous relier les expressions de gauche avec leurs synonymes de droite ?

1 **a estação rodoviária**
2 **a estação dos caminhos de ferro** (Eur.)
3 **a estação ferroviária** (Br.)

a **a estação dos comboios** (Eur.)
b **a estação dos autocarros (Eur.)**
c **a estação dos trens** (Br.)
d **a rodoviária** (Eur.)
e **a estação dos ônibus** (Br.)

15.12

CD2 piste 11

a

bicicleta

b

carro

c

autocarro (Eur.) / **ônibus** (Br.)

d

e

metro (Eur.) / **metrô** (Br.)

comboio (Eur.) / **trem** (Br.)

15.12.1 Six personnes parlent des moyens de transport qu'elles utilisent, de l'endroit où elles se rendent et de combien de temps cela leur prend. Vous pouvez faire cet exercice à partir de l'enregistrement ou de sa transcription **page 302**.

15.12.2

a Écoutez ou lisez ce qu'elles disent et complétez la grille ci-dessous avec les informations qu'elles donnent. Un exemple a déjà été fait pour vous.

	où ?	comment ?	combien de temps ?
1			
2			
3			
4			
5			
6	*praia*	*bicicleta*	*+/- 5 minutos*

b Reprenez les propos de ces personnes et notez tout ce qu'elles disent.

15.12.3 Référez-vous aux illustrations de la partie **15.12** et utilisez les combinaisons qui suivent pour comparer la façon dont vous allez travailler actuellement et le moyen de transport que vous utilisiez dans le passé. La première combinaison a été faite pour vous à titre d'exemple.

i b mas **a** **ii c** mas **d** **iii e** mas **b** **iv c** mas **a.**

i Agora normalmente vou de carro mas costumava ir de bicicleta.

15.13

Dans une foule, désignez les personnes suivantes en décrivant leur apparence physique / leurs vêtements / où elles se situent / ce qu'elles sont en train de faire :

1 Mariazinha (4 ans) **Aquela menina...**
(*cheveux blonds et longs + robe rouge et blanche*)

2 Bruno (14 ans) **Aquele rapaz...**
(*debout près du distributeur de café*)

3 Cécilia (30 ans) **Aquela...**
(*bikini noir + en train de parler + à côté de la voiture jaune*)

4 Rúben (35 anos) **Aquele**...
(*cheveux noirs et courts + chemise rayée + assis + en train de lire le journal*)

15.14

CD2 piste 12

Vous êtes au Portugal en train de faire une réservation de groupe dans un hôtel.

15.14.1 Essayez de prononcer cette phrase, excellent exercice de diction :

Quero quatro quartos no quarto andar para quatro noites.

15.14.2

o rés-do-chão (Eur.) / **o andar térreo** (Br.)	*le rez-de-chaussée*
a cave (Eur.) / **o subsolo** (Br.), **o porão** (Br.)	*le sous-sol*

Vous êtes dans l'ascenseur de l'hôtel. Vous demandez aux personnes qui viennent de monter : **Para que andar?**. Indiquez à quel étage chaque personne souhaite descendre. Vous pouvez également faire cet exercice de mémoire à partir de sa transcription **page 302**.

- 4 ❑
- 3 ❑
- 2 ❑
- 1 ❑
- r/c ❑
- c/v ❑

15.14.3 Alors que vous êtes de retour à l'hôtel vous demandez la clé de votre chambre, que vous aviez laissée à la réception : **Por favor, pode me dar...**

Terminez la phrase et dites votre numéro de chambre :

i de la façon la plus facile (*4-3-9*).

ii de la façon un peu plus difficile (*quatre cents...*).

15.15

Vous êtes au Portugal, et ci-dessous se trouve le formulaire de l'hôtel pour votre petit déjeuner.

15.15.1 Vous voudriez prendre votre petit déjeuner au lit entre 8h et 8h30 et vous souhaitez des tartines, de la confiture, du beurre, du jus d'orange, du café, du lait, un œuf dur et du jambon sec. Complétez le formulaire. Indiquez ensuite sur les lignes prévues à cet effet vos trois requêtes particulières : un œuf dur (**um ovo bem cozido**), du lait demi-écrémé (**leite magro** (Eur.) **/ leite desnatado** (Br.)) et du pain complet (**pão integral**).

É favor servir entre as *Veuillez servir entre*
07:00-07:30 ❑ 08:00-08:30 ❑ 09:00-09:30 ❑

pãezinhos quentes *petits pains chauds*...❑ **mel** *miel*........................ ❑
torradas *tartines beurrées*........................❑ **geleia** *gelée/confiture*.... ❑
manteiga *beurre*........................./............ ❑ **margarina** *margarine*..... ❑

sumo de fruta *jus de fruits*: **laranja** ❑ **outro**: **indicar** *précisez*...............
café ❑ **chá** ❑ **leite** ❑ **chocolate** ❑
cereais *céréales* ❑ **iogurte** ❑
ovos: cozidos *durs* ❑ **mexidos** *brouillés* ❑
estrelados *frits* ❑ **omelete** *omelette* ❑
presunto *jambon sec* ❑

Dieta ou outros requisitos *Régime spécial ou autres requêtes particulières*:

____

geleia (Eur.) = **geléia** (Br.) **ovo estrelado** (Eur.) = **ovo frito** (Br.)
sumo (Eur.) = **suco** (Br.) **presunto** (Eur.) = **bacon** (Br.)

15.15.2 Le formulaire de petit déjeuner est un carton long et rectangulaire avec une large perforation en haut, et un message qui dit : **Antes de se deitar, queira pendurar na maçaneta exterior da porta**. À votre avis, qu'est-ce que cela signifie ?

15.15.3 Au moment où vous vous réveillez à 8h00 le lendemain matin, vous vous rendez compte que le formulaire est toujours sur votre table de nuit. Vous appelez la réception pour expliquer ce qui s'est passé et vous passez commande de vive voix (**esquecer-se** (**de**) est le contraire de **lembrar-se** (**de**)).

Complétez votre dialogue avec le réceptionniste :

- Bom dia. Esqueci-me de pendurar na maçaneta da porta o cartão para pedir o _______________(*petit déjeuner*)_____. Ainda posso pedir?
- Pode, sim. O que deseja?
- Queria ______________________ (*un œuf dur, des tartines, du jambon sec, du beurre, de la confiture, du jus d'orange, du café et du lait*)_____.
- Prefere o ovo bem ou mal cozido?
- ____________(*bien cuit*). E só mais duas coisas, desculpe. Prefiro ______ ________(*du lait demi-écrémé, du pain complet*). Terei que ____________ ______ muito tempo?
- Não, meia hora mais ou menos.

15.16

Des mots pour indiquer où se situent les choses que vous voulez...

Reliez les expressions suivantes avec leurs contraires.

1	à direita	**a**	atrás de
2	em frente de	**b**	dentro de
3	acima de	**c**	à esquerda
4	em cima de	**d**	abaixo de
5	do lado de cá	**e**	no fundo
6	fora de	**f**	ao fundo
7	do lado de fora	**g**	do lado de lá
8	em volta de	**h**	no lado interior de
9	à superfície	**i**	a contar de baixo
10	em primeiro plano	**j**	do lado de dentro
11	no lado exterior de	**k**	de baixo para cima
12	de cima para baixo	**l**	o último a contar de cima
13	a contar de cima	**m**	no meio de *ou* no centro de
14	o primeiro a contar de cima	**n**	em baixo de (Eur.) / embaixo de (Br.)

15.17

vocabulaire

no canto	*au coin*
na parede	*sur le mur*
no chão	*par terre, sur le sol*
no tecto (Eur.) / **no teto** (Br.)	*au plafond*
nas traseiras (Eur.) / **nos fundos** (Br.)	*au fond (de la maison)*
no balcão	*au comptoir*
na montra (Eur.) / **na vitrine** (Br.)	*dans la vitrine*
no lado exterior = no lado de fora	
ao lado de = junto de / a	
de um e do outro lado de = em ambos os lados de	

15.17.1 Lisez la description suivante d'un magasin, puis vérifiez votre compréhension du texte en répondant aux questions en français.

> **No lado exterior da loja vê-se a palavra ALIMENTAÇÃO na parede, acima da porta, que fica ao lado da montra (Eur.) / vitrine (Br.). Dentro da loja, há, no centro, um balcão. Na parede atrás do balcão há tres prateleiras. Nas paredes de um e do outro lado do balcão há prateleiras, do chão até ao tecto (Eur.) / o teto (Br.). Abaixo da montra há uma prateleira. No canto direito ao fundo há uma porta para as traseiras (Eur.) / os fundos (Br.) da loja.**

i Que lit-on au-dessus de la porte principale en approchant du magasin ?
ii Que voit-on à côté de la porte ?
iii Où exactement se trouve le comptoir à l'intérieur du magasin ?
iv Que peut-on voir sur le mur derrière et de chaque côté du comptoir ?
v Qu'y a-t-il tout au fond du magasin, au coin à droite ?

15.17.2 Quatre personnes différentes, *A*, *B*, *C* et *D* entrent dans le magasin. Elles veulent toutes les quatre des boîtes de chocolats.

i Lisez ce qu'elles disent pour savoir qui veut quelle boîte.

A : **Queria a caixa grande que está em cima do balcão.**
B : **Quero a segunda caixa a contar da esquerda na prateleira abaixo da montra (Eur.) / vitrine (Br.).**
C : **Queria a caixa grande que está entre as duas caixas pequenas na prateleira do meio atrás do balcão.**
D : **Prefiro uma das caixas pequenas que estão em volta da caixa grande, na prateleira dentro do balcão.**

ii Répondez aux questions suivantes en portugais, en faisant des phrases complètes :

a **Onde é que está a caixa que *A* quer?**
b **A caixa que *B* quer está perto ou longe da montra (Eur.) / vitrine (Br.)?**
c **A caixa que *D* quer está fora ou dentro do balcão?**
d **Qual é a pessoa que prefere uma das caixas pequenas em volta da caixa grande?**
e **Quem quer uma caixa que está na segunda prateleira a contar de baixo, atrás do balcão?**

15.18

Regarder et acheter.

15.18.1 Vous êtes dans un magasin et vous dites que vous êtes juste en train de regarder. Complétez ce qui suit avec les verbes entre parenthèses mis à la forme qui convient.

Estou só ________ (**ver**). (Eur.) / **Estou só** ____________ (olh**ar**). (Br.)

15.18.2 Vous avez du mal à trouver le bon magasin. Complétez la phrase suivante avec la forme correcte des mots entre parenthèses, de façon à demander où vous pouvez trouver une boutique qui vend des parasols.

Onde ______________________ (poder, encontrar) uma loja que (vender, guarda-sol) _________________.

(Voir **pages 78** et **182** pour le verbe **vender**.)

15.18.3 Vous êtes sur le point de terminer vos achats, mais on vous demande avant de vous remettre les articles de montrer un ticket (**o talão**) pour prouver que vous les avez bien payés. Voici ce que dit la vendeuse :

Por favor, quer pagar ali na caixa? Depois traga-me o talão.

Que devez-vous faire ?

15.19

(a) maré	*(la) marée*
(a) maré alta *ou* **preia-mar** (Eur.) / **preamar** (Br.)	*(la) marée haute*
(a) maré baixa *ou* **baixa-mar**	*(la) marée basse*

marés

preia-mar 02:50 e 15:15

baixa-mar 08:43 e 20:55

15.19.1 Répondez aux questions suivantes, en utilisant le système horaire de 24 heures (**terminar** est le contraire de **começar**).

i A que horas termina a maré baixa de manhã?

ii A que horas termina a maré baixa à noite?

iii A que horas termina a maré alta à noite?

iv A que horas termina a maré alta à tarde?

15.19.2 Quelle sont les réponses aux questions suivantes :

i **Ao meio-dia a maré estará mais alta do que está agora? (agora são 10 horas da manhã)**

ii **Às seis horas da tarde a maré estará mais baixa do que está agora? (agora são 4 horas da tarde)**

15.20

o toldo de praia
le store de plage

a barraca de praia
la cabine de plage

15.20.1 Demandez où vous pouvez louer les stores et les cabines de plage. Commencez en disant :

Pode me dizer onde....

15.20.2 Remettez les phrases suivantes dans l'ordre pour dire que vous voudriez louer :

i une cabine de plage pour une journée

Queria / alugar / barraca / . / dia / por / uma / um

ii un store pour une demi-journée

Queria / dia / meio / um / alugar / . / toldo / por

15.20.3 Demandez combien coûte :

i la cabine de plage pour une journée.

ii le store pour une demi-journée.

16

Espero que a consulta seja hoje

J'espère que le rendez-vous sera aujourd'hui

Communication

- Se débrouiller en cas de maladie ou de blessure
- Faire la distinction entre un souhait, une invitation, une suggestion et un ordre
- Utiliser une nouvelle façon de s'exprimer au futur

dialogue

Marcando uma consulta pelo telefone *Prendre rendez-vous par téléphone*

CD2 piste 13

Leonor passe un coup de téléphone afin de prendre un rendez-vous médical urgent.

Leonor	Eu queria marcar consulta para hoje.
Recepcionista	Por quê hoje?
Leonor	Porque não me sinto nada bem. É urgente. Agradeço que a consulta seja hoje, mesmo que seja tarde.
Recepcionista	Então... às 20 horas e 30.

vocabulaire

por quê? / porquê (Eur.)	*pourquoi ?*
porque	*parce que*
não me sinto nada bem	*je ne me sens pas bien du tout*
seja	*(cela) soit*
agradeço que a consulta seja hoje	*je vous serais reconnaissante de me donner un rendez-vous aujourd'hui* (litt. *je vous remercie que la consultation soit aujourd'hui*)
mesmo que	*même si*

dialogue

No consultório do médico e depois na farmácia *Chez le médecin puis à la pharmacie*

CD2 piste 13

Leonor se trouve désormais dans le cabinet du médecin, elle lui explique ce qui ne va pas.

Leonor	Tenho uma dor forte no estômago.
Médico	É a primeira vez que tem essa dor?
Leonor	Não, a primeira vez foi há um ano. Estive no hospital.
Médico	Foi operada?
Leonor	Não, não fui.
Médico	Por favor, dispa-se e deite-se para ser examinada. (*examinando Leonor*) Dói aqui?
Leonor	Ai! Dói, sim.
Médico	(*escrevendo a receita*) Deve tomar este medicamento de 4 em 4 horas. Se não se sentir melhor dentro de dois dias, marque consulta novamente. (*despedindo-se*) Estimo as suas melhoras.

Leonor	Para quando é que pode aviar esta receita?
Farmacêutico	Isso é rápido. O medicamento vai estar pronto daqui a um quarto de hora o mais tardar.

vocabulaire

uma dor forte no estômago	*une grosse douleur à l'estomac*
(a) vez	*(la) fois*
há um ano	*il y a un an*
foi operada?	*avez-vous été opérée ?*
dispa-se	*déshabillez-vous*
deite-se	*allongez-vous*
dói aqui?	*est-ce que ça fait mal ici ?*
ai!	*aïe !*
(a) receita	*(l')ordonnance*
deve tomar	*vous devez prendre*
de 4 em 4 horas	*toutes les 4 heures*
se não se sentir melhor	*si vous ne vous sentez pas mieux*
marque	*prenez (rendez-vous)*
despedindo-se	*prenant congé*
aviar esta receita	*préparer cette ordonnance*
o mais tardar	*au plus tard*

autoévaluation

Exercices

16.1 Perguntas e respostas *Questions-réponses*

1 A Leonor quer falar com o médico. Por quê? / Porquê? (Eur.)
a Porque não foi operada. **b** Porque toma um medicamento.
c Porque tem uma dor no estômago.

2 Quando é que a Leonor esteve no hospital?
a Há seis meses. **b** Há um ano. **c** Há um mês.

3 Quantas vezes por dia é que a Leonor deve tomar o medicamento?
a Duas vezes. **b** Seis vezes. **c** Quatro vezes.

4 Que mais é que a Leonor deve fazer?
a Marcar consulta o mais tardar daqui a dois dias.
b Marcar consulta se não se sentir melhor dentro de dois dias.

5 Quando é que o medicamento estará pronto?
a Dentro de 10 minutos. **b** Daqui a 15 minutos ou menos.

Un coup de téléphone

Les différentes façons de répondre au téléphone

Vous entendrez peut-être :

a le numéro, par exemple : 104 99 23 56 **um zero quatro, nove nove, dois três, cinco seis (Eur.) / meia (Br.).**
Il est courant au Brésil de dire **meia** (de **meia dúzia**) au lieu de **seis** quand on donne un numéro chiffre par chiffre.

b le nom de l'abonné, par exemple : **Consultório do Doutor Armando Gonçalves**.

c Allô !
i **Está? (Eur.) ou Está lá? (Eur.) (litt. y a-t-il quelqu'un ?)**
ii **Alô? (Br.)**

La façon de vous présenter

Vous pouvez dire **Fala...** ou **Daqui fala...** (Eur.) / **Aqui fala...** (Br.) : Fala Henrique Bernardes.

La raison de votre appel

Vous avez le choix entre **Queria...** (*j'aimerais...*) ou **Posso...** (*puis-je...*).

Queria marcar uma consulta.	*J'aimerais prendre rendez-vous.* (par ex. : pour une consultation médicale)
Queria marcar hora para...	*Je voudrais prendre rendez-vous pour...* (par ex. : chez le coiffeur)

Vez *La fois*

Le mot **vez**, avec son pluriel **vezes**, équivaut au mot français *fois*.

		autres possibilités :
quantas **vezes**?	*combien de fois ?*	
duas **vezes**	*deux fois*	
às **vezes**	*parfois*	**ocasionalmente**
muitas **vezes**	*souvent* (*beaucoup de fois*)	**frequentemente** / **freqüentemente** (Br.)
poucas **vezes**	*rarement* (*peu de fois*)	**raramente**
outra **vez**	*encore* (*une fois*)	

Vez signifie également *tour* (**a sua vez**), lorsque l'on attend son tour dans la salle d'attente du médecin ou du dentiste. De même, au supermarché, le ticket que vous prenez au comptoir boucherie ou poissonnerie au lieu de faire la queue comporte l'inscription **(a) sua vez**, suivie d'un numéro.

Omission de certains mots

Parfois, les petits mots tels que les articles (**o** (*le*), **um** (*un*)) ou autres sont omis dans le discours de tous les jours et à l'écrit, en particulier dans les messages brefs.

Faça □ favor de... pour Faça o favor de... *s'il vous plaît...*

Queria fazer □ reserva. pour Queria fazer uma reserva. *...une réservation.*

Apertar □ cintos, pour le symbole lumineux *attachez votre ceinture* en face de vous dans un avion.

Vêtements, chaussures et chapeaux

Étudiez les associations suivantes :

vestir-se despir-se	vestir despir	o casaco, etc.	*ce qui couvre le corps*
calçar-se descalçar-se	calçar descalçar	o sapato, etc. a luva	*ce qui se glisse sur les pieds ou les mains*
	pôr tirar	o chapéu, etc.	*ce qui se met sur la tête, etc.*

Vous remarquerez que l'on peut utiliser **pôr / tirar** comme alternative à **vestir / despir** et **calçar / descalçar**, mais que le contraire n'est pas toujours vrai.

Quer tirar (= despir) o seu casaco? *Voulez-vous retirer votre manteau ?*

Traitement et vocabulaire d'urgence

Vous trouverez ci-dessous la façon la plus courante d'indiquer le service d'urgence d'un hôpital ou un centre de premiers secours.

EMERGÊNCIA URGÊNCIAS PRONTO-SOCORRO

Retenez également le vocabulaire d'urgence qui suit : **Cuidado!** (*attention !*) ; **É perigoso!** ou **Há / Tem** (Br.) **perigo!** (*c'est dangereux !*) ; **Fogo!** (*au feu !*) ; **Depressa!** (*vite !*) ; **Socorro!** (*au secours !*).

Comment ça marche ?

Les verbes : les trois conjugaisons – le présent du subjonctif

que...	*j'achète...*	*je vende...*	*je parte...*
eu	compr**e**	vend**a**	part**a**
tu	compr**es**	vend**as**	part**as**
você, o Sr. / a Sr.ª ele / ela	compr**e**	vend**a**	part**a**
nós	compr**emos**	vend**amos**	part**amos**
vocês, os Sr.es / as Sr.as eles / elas	compr**em**	vend**am**	part**am**

On forme le présent du subjonctif des verbes réguliers et de la plupart des verbes irréguliers en remplaçant le **-o** final de la première personne du singulier (**eu** *je*) au présent de l'indicatif (voir **Chapitre 7**), par les terminaisons en caractères gras dans le tableau ci-dessus.

Quelques « trucs »

Avez-vous remarqué comme les formes du présent du subjonctif sont très similaires à celles de l'impératif, à l'exception de la forme **tu** (voir **Chapitre 11**) ? En réalité, c'est le contraire. L'impératif a « emprunté » ses formes au subjonctif présent.

La forme **tu** à l'impératif est tout ce qui reste des formes originelles de l'impératif. Son homologue pluriel, **vós** (voir **Chapitre 7**), n'est normalement plus utilisé.

Utilisez-le :

1 Pour exprimer un souhait ou un espoir.

Espero que a consulta seja hoje. — *J'espère que le rendez-vous sera aujourd'hui.*

2 Pour exprimer le chagrin ou la compassion.

Sinto muito que ela esteja doente. — *Je suis désolé qu'elle soit malade.*

3 Pour une action ou un événement potentiels.

Ela talvez tome uma bebida quente. — *Il se peut qu'elle prenne une boisson chaude.*

4 Après une déclaration qui a une influence sur des personnes ou des choses.

A hospedeira (Eur.) **/ aeromoça** (Br.) **pede ao passageiro que aperte o cinto de segurança.**	*L'hôtesse demande au passager d'attacher sa ceinture de sécurité.* (*...qu'il attache...*)
Peço a / à (Eur.) **Maria que compre o jornal.**	*Je demande à Marie qu'elle achète le journal.*
Peço a / à (Eur.) **Maria que me faça o favor de comprar o jornal.**	*Je demande à Marie qu'elle veuille bien acheter le journal.*

Un souhait, un espoir... et un impératif poli

souhait → espoir → attente

L'impératif emprunté au subjonctif représente un souhait transformé en attente. On en parle souvent comme de l'impératif « poli ».

Compre o jornal. *Achetez le journal (s'il vous plaît).*

Sauf si le ton de la voix suggère le contraire, cette injonction ne comporte pas nécessairement la rudesse que l'on pourrait croire. N'oublions pas que l'essence même du subjonctif est son incertitude.

L'impératif « allons-y ! »

Le subjonctif à la première personne du pluriel, **nós** (*nous*), est utilisé comme en français :

compr**emos** / vend**amos** / part**amos** *achetons / vendons / partons*

De nos jours cette construction est surtout utilisée pour le verbe **ir.**

Vamos! *Allons-y !*

« Ne... pas »

Pour un impératif négatif, il suffit d'ajouter **não** devant le verbe (voir **Chapitre 11**).

Não compre isso. *N'achetez pas cela.* **Não fume**. *Ne fumez pas.*

Dans ce cas, l'impératif de **tu** emprunte sa forme au subjonctif tout comme les autres.

Não compres isso. *N'achète pas cela.* **Não fumes**. *Ne fume pas.*

Les verbes : les trois conjugaisons – le futur du subjonctif

(*si*) (*lorsque*)	*j'achète...* *j'achèterai...*	*je vends...* *je vendrai...*	*je pars...* *je partirai...*
eu	compr**ar**	vend**er**	part**ir**
tu	compr**ares**	vend**eres**	part**ires**
você, o Sr. / a Sr.ª ele / ela	compr**ar**	vend**er**	part**ir**
nós	compr**armos**	vend**ermos**	part**irmos**
vocês, os Sr.es / as Sr.as eles / elas	compr**arem**	vend**erem**	part**irem**

On forme le futur du subjonctif en remplaçant le **-ram** final de la troisième personne du pluriel (**eles / elas**, *ils / elles*) du passé simple (voir **Chapitre 9**) par, respectivement, **-r**, **-res**, **-r**, **-rmos**, **-rem**.

Quelques « trucs »

Si ce que vous voulez dire commence par *quand, lorsque* (**quando**) ou *si* (**se**) et parle d'une chose qui ne s'est pas encore réalisée, alors utilisez le subjonctif futur.

Utilisez-le pour :

Une action ou un événement qui, s'ils se réalisent, conditionnent la réalisation d'une autre action ou événement.

Quando chegarem lá, atravessem.	*Lorsque vous arriverez là, traversez.* (il faut qu'ils arrivent « là » avant de traverser)
Pode me dizer por favor quando chegarmos lá.	*S'il vous plaît, pouvez-vous me dire quand nous y arriverons ?* (l'arrêt de bus où vous voulez descendre)
Se quiser, podemos / poderemos ir ao cinema amanhã.	*Si vous voulez, nous pouvons aller / irons au cinéma demain.*

On peut utiliser le futur du subjonctif comme un moyen très élégant de dire *s'il vous plaît* : **se fizer favor**. Cette expression est parfois simplifiée en **se faz favor**, que vous avez apprise **page 10**.

Vous trouverez ci-après deux exemples, l'un au présent du subjonctif, l'autre au futur du subjonctif :

- pour donner ses meilleurs vœux à quelqu'un, dire merci ou au revoir, ou simplement pour dire bonjour à une personne qui arrive, on pourra dire en portugais **Bem haja!** (si l'on s'adresse à une seule personne) et **Bem hajam!** (si l'on s'adresse à plusieurs), du verbe **haver**.
- *Bonne nuit, si Dieu le veut !* L'appel à la protection divine pendant les heures nocturnes se traduira quant à lui ainsi : **Boa noite! Até amanhã, se Deus quiser** (du verbe **querer**).

Les comparatifs irréguliers

Certains adjectifs et adverbes ont des comparatifs irréguliers.

bom (*bon*), **bem** (*bien*)	**melhor** (*mieux*)
mau, ruim (*mauvais*), **mal** (*mal*)	**pior** (*pire*)
grande (*grand*)	**maior** (*plus grand*)
pequeno (*petit*)	**menor** (*plus petit*)
muito (*beaucoup*)	**mais** (*plus, davantage*)
pouco (*peu*)	**menos** (*moins*)

Cependant, il arrive parfois que les deux comparatifs, le régulier et l'irrégulier, coexistent. C'est le cas de **mais pequeno**, souvent préféré à **menor** au Portugal.

autoévaluation

Exercices

16.2

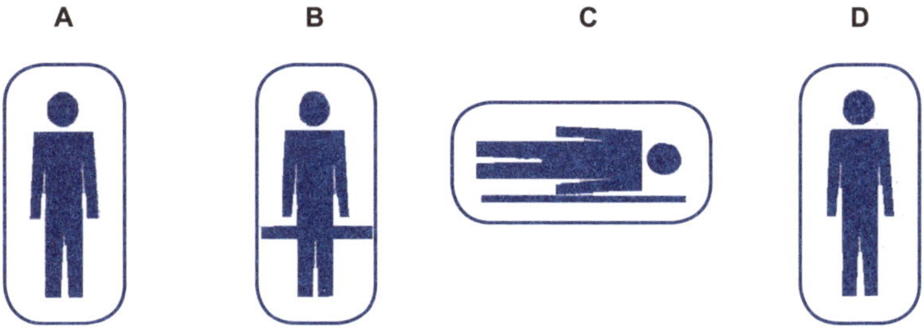

On a invité la personne **A** à s'asseoir (**Quer sentar-se?**), la personne **B** à s'allonger (**Quer deitar-se?**), et la personne **C** à se lever (**Quer levantar-se?**).

16.2.1 Demandez :

i à la personne **D** de s'allonger.
ii à la personne **C** de se lever et de s'asseoir.
iii à la personne **B** de se lever.

16.2.2 Demandez les choses suivantes en commençant par **Faça o favor de...** :

i à la personne **A** de prendre la position de la personne **B.**
ii à la personne **B** de prendre la position de la personne **C**.
iii à la personne **C** de prendre la position de la personne **D**.

16.2.3 Faites les mêmes requêtes qu'à l'exercice **16.2.2**, mais en commençant par **Queira...**.

16.2.4 Faites les mêmes requêtes qu'à l'exercice **16.2.2**, mais en utilisant l'impératif.

16.2.5 Faites de nouveau les mêmes requêtes à l'impératif, mais en vous adressant cette fois à plusieurs personnes.

i **Sentem-se.** Continuez.

16.2.6 Faites de nouveau les mêmes requêtes à l'impératif, mais en vous adressant cette fois à une personne que vous tutoieriez.

i **Senta-te**. Continuez.

16.2.7 Faites de nouveau les mêmes requêtes à l'impératif, mais en vous adressant cette fois à plusieurs personnes à qui vous diriez **tu**.

16.3

En commençant votre phrase par **Queira...**, demandez à quelqu'un de retirer son / ses :

i manteau **ii** bottes **iii** chapeau

16.4 Dores *Des douleurs et des maux*

16.4.1 Remettez les phrases du tableau ci-dessous dans l'ordre de façon à vous plaindre des maux suivants :

i un mal de gorge prononcé depuis dimanche dernier.
ii un mal de dent depuis deux jours.
iii une forte douleur dans l'oreille droite depuis hier soir.
iv une légère douleur « ici » depuis mercredi dernier.

Dói-me	muito um pouco	a garganta um dente o ouvido direito aqui	há dois dias desde ontem à noite domingo passado 4.ª feira passada

16.4.2 Le docteur attend que vous retiriez vos vêtements pour vous examiner. Donnez la forme verbale appropriée pour dire que c'est fait :

Já me ________________. (**despir**)

16.4.3 Pouvez-vous dire en français à quelle fréquence les médicaments suivants doivent être pris ?

i de 6 em 6 horas ii 2 vezes por dia iii dia sim dia não

16.5

Lisez la fiche d'informations médicales complétée par Catherine, qui souffre du cœur et est allergique à la pénicilline. Elle a également donné le nom et numéro de téléphone de son médecin traitant et de la personne à contacter en cas d'accident.

Répondez aux questions suivantes à la place de Catherine :

1 Sofre de alguma doença?
2 De que sofre?
3 É alergica a algum medicamento?
4 Tomou alguma vacina recentemente?
5 Em caso de acidente, quem devo informar? Qual é o número de telefone?

MÉDICO ASSISTENTE *Dr. Rui Vasco*
TEL.: *457109603*
VACINA __________ EM__/__/__
VACINA __________ EM__/__/__
EM CASO DE ACIDENTE, POR FAVOR INFORMAR
o meu marido, Óscar Campos TEL.: *438102267*
OUTRA INFORMACÃO *sofro do coração ; sou alérgica à penicilina*

16.6

CD2 piste 14

Sept personnes prononcent des mots pour prévenir d'un danger ou d'une urgence. Écrivez-les, et prononcez-les à haute voix. Vous pouvez faire cet exercice à partir des enregistrements ou des phrases **page 302**.

16.7

vocabulaire

(o) passeio (Eur.) / **(a) calçada** (Br.)	*(le) trottoir*
(a) berma (Eur.) / **(o) acostamento** (Br.)	*(la) bande d'arrêt d'urgence / (le) bas côté*

16.7.1 Vous êtes au Portugal et vous voyez ce poster près d'une école, visant à sensibiliser les enfants aux dangers de la circulation. On s'adresse à chaque enfant en le tutoyant.

Caminha pelo
lado direito
do passeio
ou da berma

i Que dit l'instruction écrite qui accompagne l'image ?

ii Reformulez-la pour un piéton adulte.

16.7.2 Un peu plus loin, on trouve encore un panneau qui donne des conseils. Elle dit :

Para atravessar

Pára no passeio.

Olha primeiro para a esquerda e depois para a direita para ver se vem algum carro.

Se não vier nenhum, atravessa, olhando novamente para a esquerda até o meio da rua e depois a direita.

i Que dit cette instruction ? (Vous remarquerez que **vier** vient de **vir**.)

ii Récrivez-la pour un piéton adulte.

16.7.3 Récrivez les instructions contenues dans **16.7.1 i** et **16.7.2 ii** ci-dessus pour des lecteurs brésiliens.

17

Se os acharem, telefonem logo

Si vous les trouvez, téléphonez-moi aussitôt

Communication

- Déclarer une perte
- Se débrouiller en cas d'accident de la route ou de panne de voiture
- Résoudre un certain nombre d'autres problèmes

'Perdidos e achados' « *Objets trouvés* »

CD2 piste 15

Heloísa est en train de déclarer la perte de biens personnels.

Heloísa	Perdi a minha carteira e um saquinho com jóias que eu tinha dentro da bolsa.
Empregado	Sabe onde e quando perdeu essas coisas?
Heloísa	Não, não sei, mas usei a carteira há umas quatro horas quando fui fazer compras. Creio que não foi roubo. A carteira e o saquinho devem ter caído da bolsa.
Empregado	E o que tinham dentro?
Heloísa	A carteira tinha cartões de crédito, notas e moedas e o saquinho tinha um anel de ouro com um brilhante e um pendente de prata em forma de coração. (*depois de ter dado o endereço e o número do telefone do hotel*) Se os acharem, telefonem-me logo para o hotel, por favor.

vocabulaire

perdidos e achados	*objets trouvés*
perder, achar	*perdre, trouver*
(a) carteira	*(le) portefeuille*
(o) saquinho	*(le) petit sac*
(as) jóias	*(les) bijoux*
(o) roubo	*(le) vol*
(o) anel de ouro	*(la) bague en or*
(o) brilhante	*(le) diamant*
em forma de coração	*en forme de cœur*
(o) pendente	*(le) pendentif*

Numa oficina *Au garage*

CD2 piste 15

Teresa a conduit sa voiture au garage pour y faire quelques réparations.

Teresa	Queria mandar consertar o carro. Está amolgado na frente e riscado num lado. Além disso, às vezes não pega. Eu tenho muita pressa, preciso muito do carro. Para quando é que pode consertá-lo?
Mecânico	O carro não pega... Depende da causa. Se o problema não for grande, estará pronto daqui a dois dias, incluindo pintura.
Teresa	Obrigada. Pode também verificar o óleo, encher o limpa-pára-brisas e atestar o tanque.
Mecânico	Estará tudo em ordem quando a senhora vier, mas é melhor telefonar primeiro.

mandar consertar	*faire réparer*
amolgado, riscado	*cabossé, rayé*
além de	*en plus de*
pegar	*démarrer (le moteur)*
ter pressa	*être pressé*
(a) pintura	*(la) peinture*
encher	*remplir*
(o) tanque / (o) depósito (Eur.)	*(le) réservoir*
(o) limpa-pára-brisas (Eur.) / **(o) lavador de pára-brisa** (Br.)	*(le) lave-glace*
atestar (Eur.) / **completar** (Br.)	*compléter*

Exercices

17.1 Perguntas e respostas *Questions-réponses*

1 O que estava dentro da carteira que a Heloísa perdeu?
- **a** Notas e moedas.
- **b** Dinheiro e bilhetes.
- **c** Cartões de crédito, notas e moedas.

2 Que jóias é que a Heloísa perdeu?
- **a** Um anel de ouro e um pendente de prata.
- **b** Um anel de prata e um pendente de ouro.

3 Em que forma era o pendente?
- **a** Em forma de estrela.
- **b** Em forma de coração.

4 O carro da Teresa precisa de ser consertado. Por quê? / Porquê? (Eur.)
- **a** Porque às vezes não pega, está riscado num lado e amolgado na frente.
- **b** Porque está amolgado num lado e riscado na frente e às vezes não pega.

5 Além do carro consertado, que mais é que a Teresa quer?
- **a** Água no limpa-pára-brisas, gasolina no tanque e mais óleo.
- **b** Mais óleo se necessário, o limpa-pára-brisas cheio de água e o tanque cheio de gasolina.

Ser ou estar? Estar com ou ter?
Comment dire « être » et « avoir »

Comme vous l'avez vu au **Chapitre 3** pour **está** et **é**, **estar** (*être*) s'emploie pour une chose qui peut changer/bouger facilement tandis que **ser** (*être*) s'emploie pour identifier ou caractériser quelque chose ou quelqu'un.

ser (condition inhérente)
Sou professor. *Je suis enseignant.*
Ela é bonita. *Elle est jolie.*
Ele é simpático. *Il est sympathique.*
Sou doente. *Je n'ai pas une bonne santé.*

estar (condition non inhérente)
Hoje está quente. *Il fait chaud aujourd'hui.*
Estou cansado. *Je suis fatigué.*
Ele está constipado (Eur.) / resfriado (Br.). *Il est enrhumé.*
Estou doente. *Je suis malade (en ce moment).*

On utilise **estar com** ou **ter** suivis d'un nom avec certaines sensations.

Tenho	**sede / fome**.	*J'ai*	*soif / faim.*
	frio / calor.		*froid / chaud.*
	pressa.	*Je suis*	*pressé.*
Estou com	**febre**.	*J'ai*	*de la fièvre.*
(litt. *je suis avec*)	**dor de cabeça**.		*un mal de tête.*

Pour exprimer une douleur physique cependant, **dói-me** (*j'ai mal*) s'utilise dans un contexte plus varié.

Caí. Dói-me aqui... e aqui... *Je suis tombé. J'ai mal ici... et ici...*

« Il y a »

L'équivalent portugais de *il y a* est **há**.

Há quanto tempo está aqui? (verbe au présent) — *Il y a combien de temps que vous êtes ici ?*
Estou aqui há duas horas. (verbe au présent) — *Il y a deux heures que je suis là.*
Cheguei há duas horas (atrás). (verbe au passé) — *Je suis arrivé il y a deux heures.*

Dans le dernier exemple vous pouvez ajouter **atrás**, mais ce n'est pas nécessaire.

Comment ça marche ?

Les temps « parfaits »

En portugais il existe deux temps dits « parfaits » : un présent, qui n'existe pas en français ; et un passé, qui existe en français sous le nom de plus-que-parfait. Ces deux temps se forment à partir du verbe auxiliaire **ter** suivi du participe passé du verbe que l'on veut employer. Ce dernier reste invariable, tandis que le verbe auxiliaire s'adapte :

Le « parfait » de l'indicatif – (*ter* est au présent)

Utilisez-le pour un état continu ou pour une action, un événement, ou une série d'actions ou d'événements continus ou fréquemment répétés, qui ont lieu dans un laps de temps non écoulé. Le passé composé français peut parfois remplir la fonction de « parfait ».

O tempo tem estado bom.	*Il fait beau (en ce moment).*
Eu tenho trabalhado muito ultimamente.	*J'ai beaucoup travaillé ces derniers temps.*

Le plus-que-parfait de l'indicatif – (*ter* est à l'imparfait)

Utilisez-le pour un état qui a existé ou pour une action ou un événement achevés dans le passé avant l'intervention d'un autre facteur, ou avant un moment déterminé.

O tempo tinha estado bom, antes da trovoada.	*Il avait fait beau, avant la tempête.*
Eu já tinha saído quando ele chegou.	*J'étais déjà sorti lorsqu'il est arrivé.*
Ele ainda não tinha chegado quando eu saí.	*Il n'était pas encore arrivé quand je suis parti.*

D'une valeur identique au plus-que-parfait de l'indicatif, il existe un autre temps, simplifié, ou plutôt synthétisé : le plus-que-parfait de l'indicatif simple.

O tempo estivera bom, antes da trovoada.	*Il avait fait beau, avant la tempête.*

Ce temps n'est plus utilisé de nos jours qu'en littérature et dans un style formel, mais vous en trouverez tout de même les formes dans le tableau à la fin de l'ouvrage. Dans la langue parlée, il existe encore dans certaines expressions idiomatiques.

Tomara estar de férias.	*J'aimerais être en vacances.*

On peut dire du plus-que-parfait (simple ou composé) qu'il exprime le passé dans le passé. Sa forme composée peut également être utilisée avec d'autres temps du verbe **ter** et exprimer le « passé du futur » (futur antérieur), ou encore bien d'autres concepts.

Poderemos falar quando eu tiver acabado este trabalho.

Nous pourrons parler quand j'aurai terminé ce travail.

Espero que você tenha conseguido consulta ontem.

J'espère que vous avez obtenu un rendez-vous hier.

Remarque :

Vous aurez peut-être l'occasion de trouver le verbe **haver** en lieu et place du verbe **ter** comme auxiliaire de temps parfaits composés, mais cela est désormais rare :

Eu já havia saído quando ele chegou.

Le discours indirect

Il n'y a pas de différence avec le français en ce qui concerne le discours indirect, c'est à dire lorsque l'on rapporte les propos d'une autre personne ou que l'on exprime ses pensées.

Ele disse que gosta de música. *Il a dit qu'il aime la musique.*

mais aussi

Ele disse que gostava de música. *Il a dit qu'il aimait la musique.*

ou encore

Pensei que ele ia falar. *Je pensais qu'il allait parler.*

Não funciona ou não está funcionando? *Comment dire « ça ne marche pas »*

Il y a des cas où les Portugais sont très contents d'utiliser simplement le présent (**Chapitre 7**) et l'imparfait (**Chapitre 13**) de l'indicatif, tandis que les Brésiliens ont tendance à préférer les formes verbales continues (**Chapitre 14**), plus précises, surtout au présent. Par exemple, lorsque une machine ne fonctionne plus :

Não funciona (Eur.). *Ça ne fonctionne pas.*
Não está funcionando (Br.). *Ça ne fonctionne pas.*

Les superlatifs

i **muito** *très*

O Pierre é muito alto.

O Pierre fala português muito fluentemente.

muito / muita / muitos / muitas *très, beaucoup de*

O Pierre tem muita bagagem.

O Pierre tem muitas malas.

ii **-íssimo / -íssima / -íssimos / -íssimas** *vraiment ; très ; extrêmement ; énormément de* ; **-issimamente** *extrêmement*

O Pierre é alt**íssimo.**

O Pierre tem muit**íssima** bagagem.

O Pierre tem muit**íssimas** malas.

O Pierre fala português fluent**issimamente**.

iii **o mais...** *le plus...*

O Pierre é **o mais** alto (de todos).

O Pierre fala português **o mais** fluentemente (de todos).

a maior quantidade de...*la plus grande quantité de*

O Pierre tem **a maior quantidade de** bagagem (de todos).

o maior número de... *le plus grand nombre de...*

O Pierre tem **o maior número de** malas (de todos)

Il existe également une expression parallèle pour **o menos...** *le moins*, mais elle n'est pas très utilisée.

O Joseph é **o menos** alto (de todos).

Les superlatifs irréguliers décrits au paragraphe **iii** sont les mêmes que les comparatifs que vous avez appris au **Chapitre 16**. En ce qui concerne les superlatifs **i** et **ii** où aucune comparaison n'est faite, observez ce qui suit :

grande **máximo**

pequeno **mínimo**

bom, bem, **óptimo** (Eur.) / **ótimo** (Br.), **optimamente** (Eur.) / **otimamente** (Br.)

mau, ruim, mal, **péssimo, pessimamente**

Mais que ou mais de? « *Plus que » ou « plus de » ?*

La règle portugaise étant la même que la règle française, vous pouvez suivre les conseils donnés ou votre propre intuition.

Utilisez **mais (do) que**, et **menos (do) que**, lorsque le second élément de la comparaison implique un verbe, qu'il soit explicite ou implicite (voir **Chapitre 13**).

O Pierre é mais alto do que a Marie (é).	*Pierre est plus grand que Marie (ne l'est).*

Utilisez **mais de** et **menos de**, devant un nombre ou une autre expression de quantité, lorsque aucune comparaison n'est faite.

Mais de 60 km por hora.	*Plus de 60 km / heure.*
Menos de 60 km por hora.	*Moins de 60 km / heure.*

Le genre

En portugais il n'y a pas de genre neutre à proprement parler, mais vous avez vu comme une terminaison masculine **-o** pouvait remplir la fonction de neutre, par exemple dans ist**o** (**Chapitre 11**).

Comparez également ce qui suit :

Essa infracção (Eur.) **/ infração** (Br.) **de trânsito é gravíssima.**

Cette infraction de circulation est extrêmement grave. (Utilisation du féminin partout.)

mais

É gravíssimo. *C'est très sérieux.* (La terminaison **-o** sert de neutre.)

autoévaluation

Exercices

17.2 Tive um acidente *J'ai eu un accident* CD2 piste 16

17.2.1

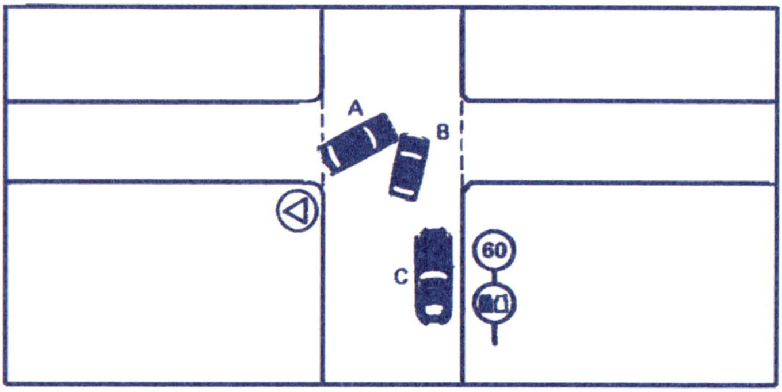

O cruzamento = o ponto de encontro com a estrada transversal

vocabulaire

(o) sinal de obrigação de parar / paragem obrigatória	*(le) stop*
(o) sinal de proibição de ultrapassar	*(le) panneau d'interdiction de doubler*
em violação de	*en infraction*

Lisez l'échange qui suit entre les deux conducteurs qui viennent d'avoir un accident, et devinez qui conduisait quelle voiture.

Afonso	O senhor não parou no cruzamento, em violação do sinal de paragem obrigatória.
Olavo	O senhor ultrapassou, em violação da proibição de ultrapassar.

17.2.2

vocabulaire

(o) ferido	*(le) blessé*	**(o) morto**	*(le) mort*

Afonso appelle à l'aide le service des urgences. Lisez ci-dessous ce qu'il leur dit et écoutez (ou lisez **page 302**) les questions de l'opératrice, puis rédigez le tout sous forme de dialogue.

- **Na estrada de Sagres para Lagos, a mais ou menos 10 km de Sagres.**
- **Não preciso de ambulância. Não há feridos, nem mortos. Mas preciso de um pronto-socorro para rebocar o carro. O meu carro não funciona (Eur.) / está funcionando (Br.).**

17.2.3

vocabulaire

(a) velocidade	*(la) vitesse*
(o) quilómetro (Eur.) / **(o) quilômetro** (Br.)	*(le) kilomètre*

La police arrive...

Reliez les questions de l'agent aux réponses d'Afonso :

1 O senhor ultrapassou?	**a Vi...**
2 A que velocidade ia?	**b Hum... ultrapassei.**
3 Não viu o outro carro?	**c Hum... a 60 km por hora.**

17.2.4

vocabulaire

parecer que	*sembler que, paraître que*
avançar	*avancer*
bater em	*cogner, renverser*

Écrivez une déclaration relative à l'accident, en prenant le point de vue d'Afonso.

Complétez les phrases au moyen du verbe entre parenthèses mis à la forme verbale qui convient.

Eu _________ (*seguir*) pela estrada a 60 km por hora. À minha frente ______ (*seguir*) o carro C, muito lentamente. Eu __________ (*ver*) o carro A, que parecia que tinha parado no cruzamento. Eu ________ (*ultrapassar*) o carro C, mas o carro A _______ (*avançar*) e _________ (*bater*) no meu.

17.3

Voici un panneau portugais contre l'alcool au volant.

conduzir (Eur.) = dirigir (Br.)

17.3.1 « Si vous conduisez (à n'importe quel moment du futur) ne buvez pas ». Tel est le message de prévention. En commençant votre phrase par **nunca**, dites en portugais *Je ne bois jamais quand je conduis*.

17.3.2 Prononcez le même message, mais en imaginant que vous êtes au Brésil.

17.4 Incidents, réclamations et solutions

17.4.1 Étudiez la liste qui suit d'incidents et de réclamations :

i **Penso que me roubaram a carteira e o telemóvel.**
ii **Perdi o meu passaporte e o visto.**
iii **Perdi uma lente de contacto** (Eur.) **/ contato** (Br.).
iv **O quarto é muito barulhento.**
v **O chuveiro não funciona** (Eur.) **/ está funcionando** (Br.).

17.4.2 Trouvez ci-dessous une solution pour chaque incident ou réclamation, et reliez-les entre eux.

a **Onde é o oculista mais próximo?**
b **Por favor, pode mandar consertar o chuveiro?**
c **Então deve informar a polícia.**
d **Talvez seja melhor pedir para mudar de quarto.**
e **Pergunte na secção (Eur.) / seção (Br.) de perdidos e achados.**

17.5

vocabulaire

fugir *fuir, prendre la fuite*

17.5.1 Le pendentif d'Emy a peut-être été volé. Elle a vu quelqu'un, peut-être le voleur, s'enfuir en courant dans une rue à côté. Aidez-la à décrire ce qui suit en portugais :

i *le pendentif* (*en or et en forme d'étoile*).

ii *le suspect* : **Ele fugiu pela rua ali à direita. Ele deve ter uns vinte anos** (*cheveux noirs / T-shirt blanc / jean bleu*).

17.5.2 Benjamin s'est fait renverser par une voiture et le chauffeur ne s'est pas arrêté. Aidez-le à décrire ce dont il se souvient pour sa déclaration à la police.

i *la voiture* : **Não vi bem o número da placa nem de que marca o carro é. O motorista fugiu. Sei apenas que...** (*une voiture verte foncée*).

ii *le chauffeur* : **Não vi bem. Foi tudo muito rápido, mas penso que ele...** (*la quarantaine / cheveux blonds et courts / chemise jaune*).

17.6

Reliez les expressions de compassion avec les deux mauvaises nouvelles ci-dessous, en fonction de leur gravité.

1 **Ontem a minha melhor amiga foi atropelada. Está no hospital em observação.**

2 **Caí. Torci o pé direito e feri a mão esquerda. Hoje não posso nadar.**

a **Não se preocupe. Podia ter sido pior.**

b **Sinto muito. Estimo-lhe rápidas melhoras.**

17.7 A multa *L'amende*

À Curitiba, la capitale de l'État de Paraná, au Brésil, les autorités locales viennent de publier une brochure indiquant les pénalités encourues en cas d'excès de vitesse.

	VELOCIDADE	INFRAÇÃO
30 km/h FISCALIZAÇÃO ELETRÔNICA	**38-52 km/h** **Mais de 52 km/h**	**Grave** **Gravíssima***

*Com suspensão da carteira da habilitação por 2 a 7 meses.

17.7.1 Étudiez cet extrait et répondez aux questions suivantes.

eletrônica (Br.) = **electrónica** (Eur.)
infração (Br.) = **infracção** (Eur.)
carteira de habilitação = **carteira de motorista** (Br.) = **carta de condução** (Eur.)

i **Numa rua de 30 km por hora, 40 km/h é grave ou gravíssimo?**
ii **A partir de que velocidade é gravíssimo?**
iii **Se fizer mais de 52 km/h que outra penalidade terá além da multa?**

CUIDADO COM
O EXCESSO
DE VELOCIDADE.
A PRESSA
E A SEGURANÇA
NUNCA ESTÃO
NA MESMA MÃO.

17.7.2 De l'autre côté de la brochure on peut voir cette illustration accompagnée du message :

i Quelle est la signification de la première phrase ?
ii Et celle de la deuxième ? Comprenez-vous le jeu de mots ?

18

Gostaria muito de viajar mais

J'aimerais beaucoup voyager davantage

Communication

- Exprimer ce que vous aimez et n'aimez pas
- Parler de vos centres d'intérêt, loisirs et sports
- Exprimer une condition, un souhait ou un espoir

dialogue Falando acerca de lazer e férias *À propos de loisirs et de vacances*

CD2 piste 17

Roberto et Natália sont en train de parler de loisirs et de vacances.

Roberto	O que é que você faz nas horas vagas?
Natália	Tenho poucas horas vagas, mas, quando posso, sento-me diante do televisor e relaxo.
Roberto	E quando está de férias, o que faz? Para onde vai?
Natália	Normalmente não vou para longe. Passo o tempo na praia, ao sol. Tomo banhos de mar e banhos de sol... e não faço nada. Gostaria muito de viajar mais. Infelizmente agora não posso, mas espero poder num futuro próximo, talvez no ano que vem ou daqui a dois anos.

vocabulaire

(as) horas vagas	*(le) temps libre*
diante de	*en face de*
relaxo	*je me repose*
tomar banhos de mar	*se baigner*
tomar (banhos de) sol	*prendre des bains de soleil*
(eu) gostaria de	*(j')aimerais*
gostaria muito de	*j'aimerais beaucoup*
viajar mais	*voyager davantage*

dialogue Comparando interesses *Comparaison des centres d'intérêt*

CD2 piste 17

Silvana et Alfredo sont en train de comparer leurs centres d'intérêt et leurs loisirs.

Alfredo	O que é que você faz no seu tempo livre?
Silvana	Leio, principalmente romances históricos, e adoro pintar quadros. Aos fins de semana normalmente vou a uma galeria de arte ou visito um museu. Também gosto muito de música, isto é, música clássica, e às vezes vou a um concerto. Também vou ao teatro, uma ou duas vezes por mês. E você?
Alfredo	Eu não gosto muito de ler mas leio revistas e novelas policiais. Gosto de música popular. Faço natação. Jogo futebol, ocasionalmente, mas tenciono jogar mais vezes.

Silvana	Eu detesto jogos de bola, principalmente futebol. Nado, mas raramente, e só na piscina; no mar não. Às vezes dou um passeio a pé e uma vez por outra faço uma caminhada.
Alfredo	Hum... Temos interesses bastante diferentes.

vocabulaire

(o) tempo livre = (as) horas vagas	
(o) romance histórico	*(le) roman historique*
adoro	*j'adore*
pintar quadros	*faire de la peinture*
(a) novela policial	*(le) roman policier*
uma vez por outra	*de temps en temps*
(a) natação	*(la) natation*
jogo futebol	*je fais du foot*
tenciono	*j'ai l'intention de*
eu detesto	*je déteste*
(os) jogos de bola	*(les) jeux de ballon*
dou um passeio a pé	*je vais me promener*
(a) caminhada	*(la) marche, (la) randonnée*

autoévaluation

Exercices

18.1 Perguntas e respostas *Questions-réponses*

1 Quem tem pouco tempo livre?
a O Roberto. **b** A Natália. **c** O Alfredo. **d** A Silvana.

2 Como é que a Natália passa o dia quando está de férias?
a Nada na piscina. **b** Nada no mar.
c Toma banhos de mar e sol.

3 O que é que a Silvana gosta mais de fazer nas horas vagas?
a Pintar quadros. **b** Dar passeios.
c Ler livros e revistas.

4 O que é que a Silvana detesta?
a Futebol. **b** Caminhadas.
c Jogos de bola.

5 Quais são os interesses do Alfredo?
a Jogos de bola, caminhadas, natação, e ler romances históricos.
b Ir a concertos e ao teatro, e visitar galerias de arte e museus.
c Futebol, natação, música popular, e ler revistas e novelas policiais.

L'intention

Tencionar ou **ter a intenção de** (*avoir l'intention de*) servent à exprimer une intention.

Tenciono / tenho a intenção de fazer mais exercício.
J'ai l'intention de faire davantage d'exercice.

Vous pouvez également revoir et utiliser ce que vous avez appris sur **vou...** (**Chapitre 8**) et **hei-de...** (**Chapitre 12**).

Vou fazer mais exercício.	*Je vais faire davantage d'exercice.*
Hei-de fazer mais exercício.	*Il faut que je fasse davantage d'exercice.*

Jouer

Il est à noter que le verbe *jouer* trouve son équivalent portugais dans plusieurs verbes :

jogar (*participer à un jeu*)

Jogo futebol. *Je joue au foot.*

tocar (*jouer d'un instrument de musique*)

Toco piano. *Je joue du piano.*

brincar (*se livrer à des jeux frivoles, comme par exemple jouer avec les mots ; plaisanter*)

Isso não é a sério, você está a brincar (Eur.) **/ está brincando** (Br.)**.**
Vous n'êtes pas sérieux, vous êtes en train de plaisanter.

Passear et dar um passeio « *Se promener* » et « *faire une promenade* »

La traduction de **passear** et **dar passeios** est *se promener*, que ce soit à pied, en voiture, à bicyclette ou autres, lorsqu'il s'agit d'un loisir. On peut aussi dire **dar uma volta**, *faire un tour*. Pour préciser si vous utilisez un moyen de transport ou non, ajoutez **a pé** ou **de carro**, **a cavalo**, etc.

Vou passear / dar um passeio / dar uma volta a pé.
Je vais me promener / faire une promenade / faire un tour à pied.

Vou passear / dar um passeio / dar uma volta de carro.
Je vais me promener / faire une promenade / faire un tour en voiture.

Comment ça marche ?

Les verbes : les trois conjugaisons – le conditionnel

	j'achèterais...	*je vendrais...*	*je partirais...*
eu	compr**aria**	vend**eria**	part**iria**
tu	compr**arias**	vend**erias**	part**irias**
você, o Sr. / a Sr.ª ele / ela	compr**aria**	vend**eria**	part**iria**
nós	compr**aríamos**	vend**eríamos**	part**iríamos**
vocês, os Sr.es / as Sr.as eles / elas	compr**ariam**	vend**eriam**	part**iriam**

On forme le conditionnel en ajoutant les terminaisons **-ia**, **-ias**, **-ia**, **íamos**, **-iam** à l'infinitif du verbe. Comme pour le futur simple (**Chapitre 12**), les trois exceptions sont les verbes **dizer**, **fazer**, **trazer**, pour qui les terminaisons sont ajoutées à un infinitif raccourci : **dir**ia, etc., **far**ia, etc., **trar**ia, etc.

Quelques « trucs »

Vous remarquerez que ces terminaisons sont identiques à celles de l'imparfait de l'indicatif du verbe **ir**.

Utilisez-le :

- Lorsqu'une condition est introduite.

  Podemos sair, mas eu gostaria de, primeiro, ler o jornal.
  Nous pouvons sortir, mais, d'abord, j'aimerais lire le journal.

- Dans le discours indirect pour quelque chose qui n'avait pas encore eu lieu au moment où on en parlait / y pensait (voir également **Chapitre 17**).

  Pensei que ele iria falar. *Je pensais qu'il parlerait.*

Remarque :

À l'oral, le conditionnel est souvent remplacé par l'imparfait de l'indicatif (**Chapitre 13**).

Pensei que ele ia falar. *Je pensais qu'il allait parler.*
Pensei em perguntar se você quereria (ou **queria**) **ir ao cinema.** *Je pensais vous demander si vous aimeriez aller au cinéma.*

« J'aimerais »

Eu gosto de jogar golfe signifie *J'aime jouer au golf.* **Eu gostaria de jogar golfe** se traduit par *J'aimerais jouer au golf.* C'est l'expression d'un souhait plutôt qu'une façon aimable de demander quelque chose. Dans ce dernier cas, **eu queria jogar golfe**, ou même juste **queria jogar golfe** est plus approprié. En réalité, **queria** est l'imparfait de l'indicatif que vous avez appris au **Chapitre 13** utilisé à la place du conditionnel.

Les verbes : les trois conjugaisons – l'imparfait du subjonctif

que...	*j'achète...** *(j'achetasse...)*	*je vende...* *(je vendisse...)*	*je parte...* *(je partisse...)*
eu	comprasse	vend**esse**	part**isse**
tu	compr**asses**	vend**esses**	part**isses**
você, o Sr / a Sr.[a] ele /ela	compr**asse**	vend**esse**	part**isse**
nós	compr**ássemos**	vend**êssemos**	part**íssemos**
vocês, os Sr.[es] / as Sras eles / elas	compr**assem**	vend**essem**	part**issem**

*En langue parlée et écrite il est désormais admis et plus naturel d'utiliser en français le présent du subjonctif après un verbe principal au passé. Seules les formes eût (avoir) et fût (être) (il / elle) sont encore parfois employées.

On forme l'imparfait du subjonctif en remplaçant la terminaison -**ram** de la troisième personne du pluriel (**eles** / **elas**, *ils / elles*) du passé simple (voir **Chapitre 9**) par les terminaisons **-sse**, **-sses**, **-sse**, **-ssemos**, **-ssem**.

Comparaison avec le présent du subjonctif (Chapitre 16) et utilisation

1 Pour exprimer un souhait ou un espoir (comme le subjonctif présent, point 1) dans le passé et / ou un degré de probabilité plus faible.

Esperava que a consulta fosse hoje. *J'espérais que le rendez-vous soit / fût aujourd'hui.*

2 Pour exprimer un chagrin ou une compassion (comme le subjonctif présent, point 2) dans le passé.

Senti muito que ela estivesse doente. *J'ai été désolé qu'elle soit / fût malade.*

3 Pour une action ou un événement potentiels (comme le subjonctif présent, point 3), mais comportant une forte dose de doute.

Ela talvez tomasse uma bebida quente.	*Il se peut qu'elle prenne une boisson chaude.*

4 Après une déclaration qui a une influence sur des personnes ou des choses (comme le subjonctif présent, point 4), exprimée dans le passé.

A hospedeira (Eur.) / **aeromoça** (Br.) **pediu ao passageiro que apertasse o cinto de segurança.**
L'hôtesse de l'air a demandé au passager d'attacher sa ceinture. (... qu'il attache...)

Eu pedia a / à (Eur.) **Maria que fizesse o favor de comprar o jornal.**
Je demandais à Marie qu'elle veuille bien acheter le journal.

« Si »

Les phrases conditionnelles se composent en général de deux parties :

a la partie qui donne la condition *si* et **b** la conclusion (la clause principale)

1 Lorsque la partie **a** se rapporte au présent ou au passé et donne une condition factuelle, le présent de l'indicatif est utilisé pour les deux verbes **a** et **b**.

Normalmente se chove fico em casa, se faz bom tempo, dou um passeio.
Normalement s'il pleut je reste à la maison, s'il fait beau je vais faire un tour.

2 Lorsque la partie **a** exprime une action non réalisée, l'imparfait du subjonctif est utilisé en **a** et le conditionnel (ou l'imparfait de l'indicatif) en **b**.

Se não estivesse a chover (Eur.) **/ chovendo** (Br.), **daria** (ou **dava**) **um passeio.**
S'il ne pleuvait pas, je ferais un tour.

3 Lorsque la partie **a** exprime une condition qui doit être remplie dans le futur, le subjonctif futur est utilisé en **a** et un futur de l'indicatif (simple, proche ou « emphatique ») est utilisé en **b**.

Se chover amanhã, não darei um passeio.
S'il pleut demain, je n'irai pas faire un tour.

Se chover amanhã, não vou dar um passeio.
S'il pleut demain, je ne vais pas aller faire un tour.

Se chover amanhã, não hei-de dar um passeio.
S'il pleut demain, je ne dois pas aller faire un tour.

Parfois le présent de l'indicatif est utilisé à la place du subjonctif futur.
Se chove amanhã, não vou dar um passeio.

Je viens de commencer la photographie

Dans cet ouvrage vous avez pu remarquer que certains verbes ne sont pas toujours utilisés seuls mais comme auxiliaires pour d'autres verbes.

Par ex. : Eu **vou** comprar *Je vais acheter* (**Chapitre 8**) ; Eu **costumava** ler o jornal regularmente. *J'avais pour habitude de lire / je lisais le journal régulièrement.* (**Chapitre 13**).

Voici d'autres exemples courants :

começar a..., *commencer à...* ; **deixar de...** *arrêter de...* ; **voltar a...** *faire... de nouveau* ; **acabar de...** *venir de....* Tous sont suivis de l'infinitif du verbe qui correspond à l'action ou à l'état de choses que vous souhaitez exprimer.

Eu costumava gostar de pintar. Mas agora deixei de pintar e vou começar a fazer fotografia. Acabo de me inscrever para um curso de fotografia. Um dia no futuro talvez volte a pintar.

J'aimais peindre. Mais maintenant j'ai arrêté de peindre et je vais commencer à faire de la photographie. Je viens de m'inscrire à un cours de photographie. Un jour peut-être je me remettrai à peindre.

autoévaluation

Exercices

18.2

o golfe
le golf

a pesca
la pêche

o mergulho
la plongée sous-marine

o esqui aquático
le ski nautique

o ténis (Eur.) / o tênis (Br.)
le tennis

a vela
la voile

o surfe
le surf

a caça
la chasse

o hipismo
le hippisme

18.2.1 Lisez les intentions suivantes et trouvez dans quelle catégorie, **A** ou **B**, chaque personne doit aller.

i **Quero fazer esqui aquático.**
ii **Tenciono jogar golfe e fazer caça.**
iii **Tenho a intenção de fazer surfe e mergulho.**
iv **Vou fazer vela e pesca.**
v **Hei-de jogar ténis (Eur.) / tênis (Br.) e fazer hipismo.**

A B

18.2.2 Mettez les mots entre parenthèses dans l'ordre de façon à aider Yann à parler, en portugais, des exercices quotidiens qu'il fait pour garder la forme, et de son sport préféré.

Tous les jours, je fais du jogging tôt le matin. Le week-end, je fais du ski nautique, quand il fait beau ; et j'en ferais plus souvent si j'avais le temps.

fazer jogging = fazer cooper (Br.)

(Todos os dias, / Aos fins de semana, / quando faz / pratico / praticaria / bom tempo; / mais tempo. / faço jogging / cooper (Br.) / de manhã cedo. / mais vezes, / esqui aquático, / e / se / tivesse)

18.3

CD2 piste 18

Les informations suivantes ont été publiées par l'office de tourisme local de Funchal, à Madère.

A Madeira é praticamente uma reserva natural, sendo dois terços do território Área Protegida onde abunda fauna e flora raras.

A Madeira foi sempre reconhecida como um paraíso para passeios a pé. Os passeios podem ser tão suaves ou tão desfiadores como desejar. Os que não querem meter-se em grandes aventuras podem apreciar os belos passeios ao longo das « levadas »*, que circundam toda a ilha, oferecendo as melhores vistas panorâmicas. Para os mais aventureiros há muitos trilhos, bem assinalados com placas, que levam às montanhas.

Mas a Madeira também oferece uma grande variedade de actividades desportivas. Se gosta de golfe, a ilha tem dois campos para campeonatos. E, é claro que sendo uma ilha, a Madeira é rica em desportos aquáticos. Além disso, a Madeira está a adquirir uma reputação internacional como um destino de primeira classe para a pesca de alto mar, sendo o local certo para pescar espadim azul com mais de 500kg. Abundam ainda todas as espécies de atum.

Mas o melhor de tudo é que pode praticar o seu desporto favorito durante todo o ano.

*levadas = pequenos canais de irrigação artificiais

desporto (Eur.) = **esporte** (Br.)
actividades desportivas (Eur.) = **atividades esportivas** (Br.)
está a adquirir (Eur.) = **está adquirindo** (Br.)

18.3.1 Lisez les informations page précédente sur Madère.

18.3.2 Carl pense à passer ses vacances à Madère et il se renseigne sur des activités qui plairaient à toute la famille. Vous pouvez écouter les réponses sur l'enregistrement ou lire sa transcription **page 303**.

- A Madeira tem plantas raras? E animais?
- Que passeios a pé tem para pessoas que não estão em boa forma?
- Desculpe. Não compreendo. O que significa "levadas"?
- E que passeios tem para os mais aventureiros?
- O que tem para quem joga golfe?
- Pode fazer-se mergulho e vela?
- Só mais uma pergunta. Seria possível fazer pesca de alto mar?

18.4

18.4.1 Regardez le poster du stade de sports et complétez le dialogue.

- Ainda tem lugares nas bancadas ________?
- Não, não tenho. Já não há mais. Só________.
- Então não quero.

18.4.2 Répondez aux questions suivantes :

i **Esta pessoa comprou ou não comprou uma entrada?**
ii **Por quê? / Porquê? (Eur.)**
iii **Esta pessoa teria comprado uma entrada se ainda houvesse lugares à sombra?**

18.5

todo (o) mundo = toda a gente

Répondez en portugais aux questions sur le dialogue **page 211** entre le Portugais Filipe et la Brésilienne Estela. La première réponse a déjà été faite pour vous.

1 ***É uma pessoa natural do Rio de Janeiro.***

1 Qu'est-ce qu'un *carioca* ?
2 Que se passe-t-il au Brésil et surtout à Rio, trois jours avant le Carême ?
3 Quand les préparations ont-elles lieu ?
4 Quel nom donne-t-on aux écoles de samba ?
5 Où les gens dansent-ils ?
6 Quel nom donne-t-on **a** aux danseurs, **b** aux percussionnistes, et **c** aux costumes, lors d'un défilé d'une école de samba ?

dialogue

Le Carnaval

Filipe	Então você é *carioca*, é da capital do Carnaval?
Estela	Sim, sou *carioca*. O Brasil inteiro tem Carnaval, mas o Rio de Janeiro é sem dúvida a capital do Carnaval.
Filipe	É verdade que vocês preparam tudo com muita antecedência?
Estela	É. Tem de estar tudo pronto com muita antecedência para os três dias antes da Quaresma. É quando há bailes por toda a parte. Todo mundo vai para a rua.
Filipe	Mas o ponto mais alto da festa é o desfile, não é?
Estela	É, sim, o desfile das *escolas de samba*.
Filipe	E que nome é que vocês dão a esses bailarinos?
Estela	São os *passistas*. E os que tocam o ritmo são a *bateria*. E as *fantasias* são as roupas alegóricas.
Filipe	E quando é o desfile?
Estela	É durante a noite de domingo para 2.ª feira.
Filipe	Eu gostaria muito de ver o desfile. Se puder, irei vê-lo no próximo ano. Vou começar a pensar nisso a sério.

18.6

vocabulaire

arquibancada = bancada grande	*gradins*
números pares	*nombres pairs*
números ímpares	*nombres impairs*

18.6.1 Votre ticket d'entrée pour le défilé du Carnaval de Rio porte le numéro 00303, secteur 9 (**o setor** (Br.) **/ sector** (Eur.)), rangée C (**a fila**), place (**o lugar**) 001. Dites tout cela en lettres : **É o número...** continuez par vous-même.

18.6.2 Vous êtes du côté nord du boulevard en train de gagner votre place. Vous avez demandé : **Por onde se vai para este lugar?**. Et l'on vous a répondu : **Não é por aqui. Deste lado são números pares. Esse lugar fica numa arquibancada no lado sul, do outro lado da Avenida.**

i Quel est le problème ?

ii Que devez-vous faire ?

18.7

On vous a donné ce bon de transport à utiliser pour votre retour à l'hôtel après le défilé du Carnaval.

<u>BILHETE DE TRANSPORTE – RIO CARNAVAL</u>

Válido para uma (01) pessoa para transporte do desfile de Carnaval para qualquer Hotel.

Válido somente para 14/fevereiro e 15/fevereiro

1 Présentez vos excuses et dites qu'il semble que vous l'ayez perdu.

2 Dites que vous l'avez retrouvé et tendez-le au chauffeur.

19

Se fosse uma coisa diferente

Si cela avait été autre chose

Communication

- Explorer la cuisine et les boissons locales
- Décrire un endroit et ce qui le rend unique
- Donner des informations détaillées sur votre ville natale et votre région

dialogue

Jantando fora *Un dîner au restaurant*

CD2 piste 19

Marília et Gustavo dînent dans un nouveau restaurant ce soir. Le serveur Joaquim leur a donné le menu et attend qu'ils prennent commande.

Joaquim	Os senhores já escolheram?
Gustavo	Já. Para começar, queremos uma canja e uma sopa de tomate.
Joaquim	E para depois da entrada, o que vão pedir? Peixe, carne, ave, ou um prato vegetariano?
Marília	Para mim um prato de peixe, bacalhau à Gomes de Sá.
Gustavo	Para mim bife na brasa.
Joaquim	Prefere mal ou bem passado?
Gustavo	No ponto.
Joaquim	E para acompanhar, querem guarnição?
Gustavo	Traga uma salada mista, para os dois.
Joaquim	E para beber?
Gustavo	Uma garrafa do vinho da casa.
Joaquim	Branco ou tinto?
Gustavo	É melhor meia garrafa de branco para beber com o peixe e meia garrafa de tinto para a carne. (*Depois do prato principal*)
Joaquim	Estava tudo bem?
Gustavo	Estava excelente.
Joaquim	E o que vão querer para sobremesa?
Gustavo	Para mim, fruta... Pode ser uma laranja.
Marília	Não conheço o doce da casa. Talvez eu queira provar, mas primeiro gostaria de saber em que consiste.
Joaquim	É um doce de ovos.
Marília	Não... Se fosse uma coisa diferente... Não, não quero. Prefiro um sorvete. Que sabores tem?
Joaquim	Chocolate, morango...
Marília	Morango, por favor. (*falando para Gustavo*) Adoro morango.

vocabulaire

(a) canja	*(le) bouillon de poulet*
(a) sopa de tomate	*(la) soupe de tomate*
(a) entrada	*(l')entrée*
peixe, carne, aves	*(du) poisson, (de la) viande, (de la) volaille*
prato de peixe	*plat de poisson*
(o) bacalhau à Gomes de Sá	*spécialité de morue salée*

(o) bife na brasa	*(le) steak grillé*
bem / mal passado	*bien cuit / saignant*
no (Eur.) / **ao** (Br.) **ponto**	*à point*
para acompanhar	*pour accompagner*
(a) guarnição	*(la) garniture*
(a) salada mista	*(la) salade composée*
(o) vinho	*(le) vin*
branco ou tinto	*blanc ou rouge*
(a) sobremesa	*(le) dessert*
(o) doce	*(le) dessert* (cela peut-être de la crème, un gâteau, de la confiture...)
em que consiste?	*en quoi cela consiste-t-il ?*
adoro	*j'adore*

Exercices

19.1 Perguntas e respostas *Questions-réponses*

(o) empregado (de mesa) (Eur.) / **(o) garçom** (Br.)	*(le) serveur*

1 O Gustavo e a Marília já tinham escolhido quando o empregado (Eur.) / garçom (Br.) perguntou o que eles queriam?

a Já. **b** Ainda não.

2 O que é que eles escolheram como entrada?

a Uma salada e uma sopa. **b** Canja e sopa de tomate.

3 Que comida é que eles escolheram para prato principal?

a Um prato de peixe e um vegetariano. **b** Dois pratos de carne.
c Um prato de peixe, um de carne e salada mista para dois.

4 E que bebidas pediram?

a Uma garrafa de vinho tinto. **b** Uma garrafa de vinho branco.
c ½ garrafa de vinho tinto e ½ de branco.

5 Quais são as sobremesas que eles preferiram?

a Doce da casa e fruta. **b** Laranja e sorvete de morango.
c Sorvete de chocolate e uma laranja.

Pedir *ou* perguntar ?

Vous remarquerez que **pedir** et **perguntar** se traduisent tous deux par *demander*. Voici comment se souvenir duquel utiliser :

pedir = **demander à quelqu'un** *de faire quelque chose*	**perguntar** = *demander un renseignement, poser une question*

A cliente pediu o sal e a pimenta. *Le client a demandé (qu'on lui apporte)e sel et le poivre.*

O cliente pediu um prato de carne. *Le client a demandé (qu'on lui serve) un plat de viande.*

O empregado (Eur.) / **garçom** (Br.) **perguntou se ele queria a carne bem passada.**
Le serveur a demandé au client s'il voulait la viande bien cuite.

Que ou qual ?

Tout comme les autres mots, le pronom interrogatif **que** peut être utilisé avec ou sans l'article **o**.

O que é isto? = **Que** é isto? *Qu'est-ce que c'est ?*

Veuillez noter également que **qual** (et son pluriel **quais**) se traduit généralement par *lequel* / *laquelle* ou *quel* / *quelle* (*lesquels* / *lesquelles* ou *quels* / *quelles*) et **que** par *que*, mais il arrive parfois que cela ne soit pas vrai.

Qual prefere? *Lequel préférez-vous ?*	*lequel ?* → **qual / quais**
Que prato prefere? *Quel plat préférez-vous ?*	*quel* (+ nom) ? → **que**
(O) que é bacalhau "à Gomes de Sá"? *Qu'est-ce que la morue « Gomes de Sá » ?*	pour demander une description ou une définition → **(o) que**
Quais são os pratos de bacalhau que prefere? *Quels sont les plats de morue que vous préférez ?*	quand il s'agit d'un choix à faire, d'une sélection → **qual / quais**

« J'aimerais » et « j'aime »

Pour exprimer un souhait qui vous tient à cœur, dites **(eu) gostaria muito de**.

Eu gostaria muito de viajar mais. *J'aimerais beaucoup voyager davantage.*

Pour quelque chose qui n'est pas un souhait mais réel, vous pouvez également utiliser l'expression au présent **(eu) gosto muito de**, ou choisir son alternative « emphatique » avec le verbe **adorar** (*adorer*). Pour dire le contraire, vous pouvez utiliser **detestar** (*détester*).

Adoro jardinagem e **detesto cozinhar.** *J'adore jardiner et je déteste cuisiner.*

Adoro viajar. É o melhor dos meus passatempos predilectos (Eur.) / **prediletos** (Br.).
J'adore voyager. C'est le meilleur de mes passe-temps favoris.

Adoro animais. Tenho um cão / cachorro (Br.) **e também um gato**.
J'adore les animaux. J'ai un chien et aussi un chat.

Le verbe *aimer* à proprement parler trouve sa traduction dans **amar**

Amo os meus filhos. *J'aime mes enfants.*

Comment ça marche ?

A mala da senhora *La valise de la dame*

Le cas possessif en portugais se construit de la même façon qu'en français :

chose possédée	+	de	+	possesseur
a mala *la valise*		**da** (= de + a) *de la*		**senhora** *dame*

Les possessifs

« Mon..., le mien... » ; « notre..., le nôtre... »

Contrairement au français, l'adjectif possessif (par exemple *mon*), et le pronom possessif (par exemple *le mien*), ne constituent en portugais qu'un seul et même mot : **meu**.

Il s'accorde en genre et en nombre avec la chose possédée : **meu**, **minha** (masc. et fém.), **meus**, **minhas** (masc. et fém. pl.).

(O) meu casaco e (as) minhas malas *Mon manteau et mes valises*
O casaco é meu. *Le manteau est le mien.*
As malas são minhas. *Les valises sont les miennes.*

De même pour *notre*, *nos* et *le nôtre*, *les nôtres* : **nosso, nossa** (masc. et fém.) et **nossos**, **nossas** (masc. et fém. pl.)

(Os) nossos casacos *Nos manteaux*
A mala é nossa. *La valise est la nôtre.*
Os casacos e a mala são nossos. *Les manteaux et la valise sont les nôtres.*

Remarque :

N'oubliez pas que les articles **o / a / os / as** sont facultatifs au Brésil mais obligatoires au Portugal.

« Ton..., le tien... » ; « votre..., le vôtre... »
La règle est la même pour *votre* (etc.) et *le vôtre* (etc.) lorsque vous vouvoyez une personne : **seu**, **sua**; **seus**, **suas**.

(Os) seus casacos e (a) sua mala *Vos manteaux et votre valise*
= (os) seus casacos e mala
Este casaco é seu? *Ce manteau est-il le vôtre ?*

Utilisez **teu**, **tua** ; **teus**, **tuas** avec quelqu'un que vous tutoyez.

(Os) teus casacos e (a) tua mala *Tes manteaux et ta valise.*
= (os) teus casacos e mala
Este casaco é teu? *Ce manteau est-il le tien ?*

« Son..., le sien... » ; « leur..., le leur... »
D'un point de vue historique il faudrait utiliser **seu**, **sua** ; **seus**, **suas** (comme ci-dessus pour *votre.../ le vôtre...*) à la troisième personne du singulier ou du pluriel, mais l'usage a rendu ces formes inutilisées et on ne les rencontre plus que dans un langage écrit soutenu. Dans le langage parlé comme dans le langage écrit familier, la préférence est donnée à la forme suivante :

chose possédée + **de** contracté avec **ele / ela / eles / elas** (le possesseur)

a mala dela *sa valise* (litt. *de elle*)
a mala deles *leur valise* (litt. *de ils*)

Vous remarquerez que dans ce cas, l'accord se fait en genre et en nombre avec le possesseur, et non pas avec la chose possédée.

Remarque :

Faites bien attention car la forme **seu**, **sua** ; **seus**, **suas** pour faire référence à la troisième personne est devenue tellement obsolète que si, par réflexe vis à vis du français, vous l'utilisez dans une conversation, on ne vous comprendra pas et vous risqueriez de vous trouver dans une situation embarrassante. Par exemple, si vous souhaitez flatter le chien qui accompagne une dame très distinguée, et que vous dites **o seu pêlo é muito brilhante**, votre question sera dans un premier temps naturellement interprétée par *votre poil est très luisant*...! Pensez bien à dire **o pêlo dele é muito brilhante**, beaucoup plus idiomatique.

A mala da senhora... *avec une différence*

Il arrive parfois que la forme attribuée à *son / sa / etc...* et *le sien / la sienne / etc.* s'applique également à *votre..., le vôtre.*

a mala de você (Br.) = **a sua mala** *votre valise* (litt. *de vous*)

ou, pour une approche plus courtoise (révisez ce que vous avez appris dans *Vous, il / elle et tu* au **Chapitre 7**),

a mala da senhora *votre valise, Madame* (litt. *de la dame*)

O, a, os, as *« Le, la, les » et les possessifs*

Il y a en règle générale une grande flexibilité dans l'usage, ou l'omission, des articles définis (**o / a / os / as**) avec les adjectifs possessifs **meu**, etc., **nosso**, etc., et **seu**, etc. Les exceptions sont les suivantes :

Ne pas les utiliser :

- Lorsque vous vous adressez directement à quelqu'un :

  Minha amiga, como vai? *Comment allez-vous, mon amie ?*

- Au Brésil, lorsque vous parlez d'un proche :

  Meu pai está em casa. *Mon père est à la maison.*

  On entend cela au Portugal également, mais moins.

Utilisez-les toujours :

- Pour insister :

  A mala preta é a minha. *La valise noire est la mienne.* (et celle de personne d'autre)

- Lorsque le sujet de la phrase et le possesseur ne font qu'un, auquel cas le possessif peut être omis :

  Ontem eu fui ao meu carro. *Hier je suis allé à la voiture.* (ma voiture)

autoévaluation

Exercices

19.2

CD2 piste 20

Vous êtes au restaurant en train d'attendre le plat que vous avez commandé. Autour de vous il y a des personnes qui parlent. Essayez de former des phrases correctes à partir des mots et expressions ci-dessous. Vous pouvez vérifier vos réponses à l'aide des enregistrements ou de leur transcription **page 303**.

vocabulaire

a ementa (Eur.) / **o cardápio** (Br.) *le menu*

1 **(Faz / a ementa / favor, / traga-me / .)**
2 **(O / favor / cardápio, / por / .)**
3 **(Queríamos / da porta, / uma mesa / se possível. / para quatro, / longe)**
4 **(Pode / pão / ? / mais / trazer)**
5 **(Queria / um prato / experimentar / desta região / . / típico)**

19.3

a caneca	o copo	a chávena (Eur.) / a xícara (Br.)	a taça	o cálice
la tasse / la chope	*le verre*	*la tasse à café*	*la coupe*	*le verre à pied*

Traga-me um copo de coca-cola, por favor.
Apportez-moi un verre de coca-cola, s'il vous plaît.

En prenant pour modèle la phrase ci-dessus, demandez :

1 un verre d'eau
2 une tasse de thé
3 une tasse de café
4 une chope de bière
5 un verre de porto (**o porto**)
6 une coupe de champagne (**o champanhe**)

19.4 Festival da pinga *Le festival de la "pinga"*

CD2 piste 20

Pinga est un surnom que les Brésiliens donnent à la cachaça (**a cachaça**), l'eau-de-vie de canne à sucre (**a aguardente de cana de açúcar**).

vocabulaire

(a) pinga (Br.)	*(l')eau-de-vie de canne à sucre* (idiomatique)
(a) pinga (Eur.)	*(la) boisson alcoolisée* (idiomatique)

Le **Festival da pinga** est un événement régulier dans la ville de **Paraty** (orthographiée **Paratii** ou **Parati**), située sur la côte Atlantique, entre Rio et Santos. Le nom de la ville remonte à l'époque des Indiens Tupi qui en étaient les premiers habitants.

19.4.1 Une brochure publiée par l'office de tourisme donne le programme du festival ainsi que des informations basiques sur la région. Lisez l'extrait suivant.

> A terra propícia ao cultivo da cana de açúcar e o conhecimento dos produtos de aguardente da região têm sido fatores fundamentais para garantir, durante séculos, a qualidade da pinga produzida em Paraty.
>
> O resultado desta combinação de boa terra para o cultivo e o conhecimento acumulado em séculos de tradição só poderia resultar em pingas artesanais de ótima qualidade. Estão aqui algumas das melhores pingas do Brasil.

fatores (Br.) = **factores** (Eur.) **ótima** (Br.) = **óptima** (Eur.)

19.4.2

agosto

Paraty sempre

Tels sont les mots qui figurent sur la couverture de la brochure et sur l'enregistrement. Quel est le jeu de mots ? (Si vous avez besoin d'aide, révisez le paragraphe *Vous, il / elle et tu*, **Chapitre 7**).

19.4.3 Silvestre a prévu d'aller au festival. Complétez ce qu'il veut dire :

Vou ao festival da _________ em Paraty. Lá a ___________ é propícia ao cultivo da _________________ e há ____________ que fazem aguardente. Vou beber o que dizem ser uma das _____________ do Brasil.

19.4.4 Des circonstances imprévues ont empêché Silvestre d'assister au festival. Complétez les phrases suivantes et aidez-le à parler de l'événement manqué.

Infelizmente eu não pude ir ao festival. Se ______________ ido, teria _____________ o que dizem ser uma das _______________ do Brasil.

19.5 Como é a sua terra natal? *Comment est votre terre natale ?*

(Eu) **sou de**	**uma aldeia** (*un village*) **uma cidade** (*une ville*)	**em Portugal** **no Brasil / Canadá** **na França / Suíça**

que se chama...

Fica / É	**no**	**norte** **sudeste**	**do** **país**	**perto de**... **perto da fronteira** (*de la frontière*) com...
	no interior (*dans les terres*) **na costa leste / oeste / sul** (*côte est / ouest / sud*) **na margem / foz de um rio** (*rives / estuaire d'un fleuve*) **numa região montanhosa / plana** (*région montagneuse / plate*)			

Tem	**uma superfície** (*une superficie*) **de .... km²** (*kilomètres carrés*) **quilómetros** (Eur.) / **quilômetros** (Br.) **quadrados**
	uma população (*une population*) **de...** (de) **habitantes** (*d'habitants*) **um clima quente** (*un climat chaud*) **indústria de...** (*une industrie de / du...*)

À l'aide des phrases du tableau ci-dessus, dites :
Ma ville natale (**a minha cidade natal**)...

1 est sur les rives d'un fleuve.
2 est dans une région montagneuse.
3 est sur la côte nord du pays.
4 a un million d'habitants.
5 a un climat froid en hiver.
6 a une industrie de l'informatique. (**a informática**)

19.6

Des personnes sont en train d'expliquer d'où elles viennent, et mettent l'accent sur quelques caractéristiques particulières de leur ville / région natale.

Émilie est née à Caen, dans le Calvados, une région dans le nord de la France où l'on fabrique de l'eau-de-vie à base de pommes appelée calvados.
Étudiez ce qu'elle dit :

Sou francesa. Nasci em Caen, uma cidade na região do Calvados no norte da França. No Calvados faz-se um aguardente com maçãs, que se chama o calvados.

En calquant la même construction, aidez les personnes suivantes à parler de leur ville natale.

1 Sébastien est gascon : il est né à Toulouse, dans le sud de la France - jolie ville - on l'appelle la ville rose.

(**gascão - Toulouse - uma cidade linda - conhecida como**)

2 Céline est suisse : elle est née à Gruyère, à l'ouest de la Suisse - il y a un vieux château - on fabrique du fromage, le gruyère.

(**suíça - Suíça - um castelo antigo - queijo**)

19.7

CD2 piste 21

Vous êtes dans un restaurant spécialiste des recettes à la morue salée.

19.7.1 Étudiez la liste de leurs plats à la morue

PRATOS DE BACALHAU

À moda da casa....................

(Posta de bacalhau cozido, acompanhada de cebola, batata e couve)

À Gomes de Sá.....................

(Bacalhau desfiado refogado, acompanhado de ovo cozido, batata e azeitonas)

Tropical................................

(Bacalhau em pedaços frito, acompanhado de cebola, tomate, batata e leite de coco)

19.7.2 **Em que consiste?** *En quoi cela consiste-t-il ?*

Trois clients différents n'ont pas l'habitude du jargon culinaire du menu et ont demandé au serveur de leur expliquer en quoi consiste chaque plat. Écoutez ou lisez (à partir de la transcription **page 303**) les réponses du serveur. Ensuite, retrouvez les trois questions.

19.7.3 Ângela préférerait un plat sans tomate. Elle dit : **Preferia um prato que não tivesse tomate**.

Dites que vous préféreriez un plat qui n'ait pas :

i d'oignon **ii** d'œuf **iii** de chou **iv** de lait de coco.

20

Quando voltarmos, abrirei uma conta bancária

À notre retour, j'ouvrirai un compte bancaire

Communication

- Ouvrir et utiliser un compte bancaire
- Accepter ou refuser une invitation
- Parler et écrire de l'endroit où vous séjournez

dialogue

No banco, abrindo uma conta *À la banque, en train d'ouvrir un compte*

CD2 piste 22

Alberto Lopes et sa famille vivent en France mais ils vont peut-être déménager au Portugal. Alberto est dans une banque à Lisbonne, en train d'ouvrir un compte.

Alberto Eu queria abrir uma conta. Que preciso fazer?

Empregada Trouxe algum documento de identificação? Passaporte... bilhete de identidade*?

Alberto Trouxe, sim. Aqui tem.

Empregada Então é só preencher e assinar o formulário e fazer a assinatura modelo. O senhor deseja apenas uma conta corrente de depósito à ordem ou quer também uma conta de depósito a prazo?

Alberto Ambas. Agora eu tenho comigo uns cheques que quero depositar à ordem. No próximo mês virá de Paris uma transferência. É uma quantia elevada. É para ser depositada a prazo. Posteriormente virão transferências menores, mensalmente. Essas são para depositar à ordem.

Empregada Certo, Sr. Lopes, trataremos disso. (*depois de tudo preenchido e assinado*) Pronto. O senhor receberá pelo correio o livro de cheques** e um cartão bancário que pode usar no Multibanco***. Regularmente enviaremos para sua casa o extracto**** de conta e o aviso de lançamento de juros.

*= carteira de identidade (Br.) ** = talão de cheques (Br.) *** = terminal caixa (Br.)

**** = extrato (Br.)

vocabulaire

(o) formulário	*(le) formulaire*
(a) assinatura modelo	*(la) signature modèle*
(a) conta corrente *ou* **(a) conta (de depósito) à ordem**	*(le) compte courant*
(a) conta (de depósito) a prazo	*(le) compte d'épargne*
comigo	*avec moi, sur moi*
(a) transferência	*(le) transfert*
uma quantia elevada	*une somme importante*
posteriormente	*plus tard*
trataremos de	*nous nous occuperons de*
(o) livro de cheques	*(le) carnet de chèques*
(o) cartão bancário	*(la) carte bancaire*

(o) Multibanco / caixa automática	*(le) distributeur automatique de billets*
enviaremos	*nous enverrons*
(o) extracto de conta	*(le) relevé de compte*
(o) aviso de lançamento de juros	*(le) relevé des intérêts acquis*

Exercices

20.1 Perguntas e respostas *Questions-réponses*

1 O que é que o Alberto precisa fazer para abrir uma conta bancária?
- **a** Precisa apresentar o passaporte e preencher os documentos.
- **b** Precisa apresentar um documento de identificação, preencher e assinar o formulário e fazer a assinatura modelo.

2 Que tipo de conta é que ele quer?
- **a** De depósito à ordem.
- **b** De depósito à ordem e a prazo.
- **c** Uma conta corrente e duas de depósito a prazo.

3 Em que conta é que deve ficar o dinheiro?
- **a** As transferência de Paris na conta à ordem e os cheques na conta a prazo.
- **b** Os cheques na conta à ordem e as transferências de Paris na conta a prazo.
- **c** A quantia elevada na conta a prazo, as transferências menores e os cheques na conta à ordem.

4 O que é que ele vai receber?
- **a** O livro de cheques (Eur.) / talão de cheques (Br.), o cartão bancário e regularmente o aviso de lançamento de juros.
- **b** O livro de cheques (Eur.) / talão de cheques (Br.), o cartão bancário, e regularmente o extracto (Eur.) / extrato (Br.) de conta e o aviso de lançamento de juros.

Ir – vir ; levar – trazer *Aller et venir ; emporter et amener*

Il faut que vous sachiez si vous allez, ou venez... Comme en français il y a une nuance entre les deux. **Ir** (*aller*) et **levar** (*emporter*) impliquent un éloignement de la personne qui parle. **Vir** (*venir*) et **trazer** (*amener*) impliquent un rapprochement de la personne qui parle.

- **Venha cá, por favor.**	*Venez ici, s'il vous plaît.*
- **Já vou.**	*J'arrive.* (litt. *déjà je vais*)

Vous pouvez cependant utiliser **vir** comme l'expression de votre propre hospitalité, lorsque vous invitez une personne chez vous même si vous n'y êtes pas au moment où vous formulez l'invitation.

Você pode vir jantar a (Eur.) **/ em** (Br.) **nossa casa.** *Vous pouvez venir dîner à la maison* ou *chez nous.*

Vous remarquerez également les différences de sens de **levar** :

O porteiro do hotel levou a mala para o elevador. *Le porteur de l'hôtel a emporté la valise vers l'ascenseur.*
O elevador levou pouco tempo a chegar ao décimo andar *L'ascenseur a mis peu de temps à gagner le dixième étage.*

vocabulaire **Faltar** *Manquer*

Faltar signifie *manquer* (lorsqu'il s'agit d'un tout ou d'une chose donnée pour achevée ou complète).

Falta alguma coisa? *Est-ce qu'il manque quelque chose ?*
Falta a minha mala. Não estava no tapete de recolha de bagagem. *Il manque ma valise. Elle n'était pas sur le tapis roulant à bagages.*
Faltam cinco minutos para as oito. *Il est huit heures moins cinq.*

grammaire Comment ça marche ?

Les pronoms compléments d'objet

Au **Chapitre 6** vous avez appris les pronoms personnels sujets, c'est à dire les équivalents de *je*, *tu*, *vous*, etc. Nous avons également utilisé quelques pronoms compléments d'objet, c'est à dire les équivalents de *moi*, *toi*, *vous*, *lui*, etc.

- **me,** complément d'objet direct (COD)

  Ele viu-me. / Ele me viu. (Br.) *Il m'a vu.*

- **me**, complément d'objet indirect (le COD étant « **o cheque** »)

  Ele deu-me o cheque. / Ele me deu o cheque. (Br.) *Il m'a donné le chèque.*

- **me** précédé d'une préposition (comme **para**) + objet

  Ele falou para mim. *Il m'a parlé.*

Vous trouverez dans le tableau suivant les différents pronoms compléments d'objet, et leur rapport avec leurs homologues sujets.

sujet	*objet*		
	direct	*indirect*	*avec une préposition*
eu	me	me	mim
tu	te	te	ti
você, o Sr. / a Sr.ª	o, a	lhe	si, você, o Sr. / a Sr.ª
ele / ela	o, a	lhe	ele / ela
nós	nos	nos	nós
vocês, os Sr.es / as Sr.as	os, as	vos*, lhes	vós**, vocês, os Sr.es / as Sr.as
eles / elas	os, as	lhes	eles

*Eur.

**Eur. (Vós est devenu un peu obsolète, même au Portugal, mais il est tout de même quelquefois utilisé, comme dans l'expression Feliz Natal para todos vós!, Joyeux Noël à vous tous !)

Lorsque la préposition est **com** il existe des formes contractées :
comigo, contigo, consigo, connosco (Eur.) / **conosco** (Br.), **convosco** (Eur.)

Ele veio comigo. *Il est venu avec moi.*

Les verbes : les trois conjugaisons – l'infinitif personnel

Il se peut que...	*j'achète...*	*je vende...*	*je parte...*
eu	compr**ar**	vend**er**	part**ir**
tu	compr**ares**	vend**eres**	part**ires**
você, o Sr. / a Sr.ª ele / ela	compr**ar**	vend**er**	part**ir**
nós	compr**armos**	vend**ermos**	part**irmos**
vocês, os Sr.es / as Sr.as eles / elas	compr**arem**	vend**erem**	part**irem**

L'infinitif personnel est un infinitif conjugué. Il est dérivé de l'infinitif que vous avez appris au **Chapitre 2**, et on le forme en lui ajoutant les terminaisons « personnelles » ci-dessus. Il est régulier pour tous les verbes, et sa forme est identique au subjonctif futur (**Chapitre 16**) pour les verbes qui ont un passé simple régulier (**Chapitre 9**) .

L'infinitif personnel simplifie la grammaire dans la mesure où il peut remplacer d'autres temps y compris les temps du subjonctif, car :

a il donne au verbe la qualité neutre d'un infinitif, ce qui lui permet d'assumer la signification requise par le contexte, que ce soit à l'indicatif ou au subjonctif (présent, passé ou futur).

b il fait prendre conscience de la personne qui est le sujet de l'action ou de l'état.

Nous avons en fait utilisé l'infinitif personnel tout au long de cet ouvrage, depuis le **Chapitre 2** :

Importa-se de falar mais devagar? (c'est-à dire, **você falar**)

Importam-se de falarem mais devagar? (c'est-à dire, **vocês falarem**)

Remarques :

- La « personnification » est l'essence même de l'infinitif personnel. Le pronom personnel (exprimé ou sous-entendu) est dans sa forme sujet :

  para (ele) apertar o cinto — *qu'il attache sa ceinture* (litt. *pour (il) attacher sa ceinture*)

- On utilise l'infinitif personnel dans le but de rendre la signification de la phrase plus claire, c'est aussi une façon d'insister légèrement sur le message donné :

  Façam o favor de falar(em) mais baixo.

  Façam o favor de apertar(em) os cintos.

Subjonctif ou infinitif ?

Lorsque vous exprimez un souhait ou un espoir, utilisez :

- Le subjonctif, si le sujet du deuxième verbe est différent de celui du premier verbe, le verbe principal.

  Desejo que (você) faça boa viagem. — *Je souhaite que vous fassiez bon voyage.*

- L'infinitif, si le sujet des deux verbes est le même.

  Espero fazer boa viagem. — *J'espère faire bon voyage.* (*que je fasse*)

Lorsqu' aucune conjonction (comme **que**, **quando**, **se**, etc.) ou locution adverbiale (**antes de**, etc.) ne précède le verbe, utilisez le subjonctif.

Eu talvez prove o doce da casa. — *Il se peut que je goûte le dessert de la maison.*

L'infinitif personnel et les autres temps possibles

Dans les exemples suivants vous verrez deux façons différentes de dire la même chose, la première en utilisant l'infinitif personnel, la deuxième en utilisant un temps différent. Le choix de l'un ou l'autre ne change absolument rien.

En revanche, après un verbe de demande (comme **pedir**, par exemple), on n'utilise l'infinitif personnel que dans le langage familier, et non pas dans le langage écrit ou oral soutenus.

Subordonnée complément d'objet

A hospedeira (Eur.) / aeromoça (Br.) pede ao passageiro	para **apertar** o cinto. que **aperte** o cinto.

Não sei	se **acreditar** ou não. se **acredite** ou não.

(comparez avec le subjonctif présent, **Chapitre 16**)

A hospedeira (Eur.) / **aeromoça** (Br.) **pediu aos passageiros**	**para apertarem o cinto.** **que apertassem o cinto.**

(comparez avec le subjonctif imparfait, **Chapitre 18**)

É possível	**ela tomar uma bebida quente.** **que ela tome uma bebida quente. (cf. subjonctif présent, Chapitre 16)** **que ela tomasse uma bebida quente (cf. subjonctif imparfait, Chapitre 18)**

Subordonnée de temps

Gosto de beber alguma coisa	**antes e depois de comer.** **antes e depois que coma.** (subjonctif présent)

(*J'aime prendre un verre avant et après manger.*)

Telefonei para a minha amiga	**ao chegar.** **quando cheguei. (**passé simple, **Chapitre 9)**

(*J'ai appelé mon amie en arrivant.*)

Atravessem	**ao chegarem à esquina.** **quando chegarem à esquina.** (subjonctif futur, **Chapitre 16**)

(*Traversez en arrivant au coin.*)

Vamos ficar em casa do João **Ficaremos em casa do João**	**ao irmos ao Porto.** **quando formos ao Porto.** (subjonctif futur)

(*Nous séjournerons chez Jean quand nous irons à Porto.*)

Subordonnées de cause et de but

Não vamos ao cinema	**por termos jantado tarde.** **porque jantámos tarde.** (passé simple)

(*Nous n'allons pas au cinéma car nous avons dîné tard.*)

Comprei-te / Eu te comprei (Br.) um livro	para (o) **leres**.
	para que o **leias**. (subjonctif présent)

(*Je t'ai acheté un livre pour que tu le lises.*)

Subordonnées de condition et de concession

Vocês engordarão	a **comerem** assim.
	se **comerem** assim. (subjonctif futur)

(*Vous allez grossir si vous continuez à manger comme cela.*)

Eles não engordam	apesar de **comerem** muito.
	embora **comam** muito. (subjonctif présent)

(*Ils ne grossissent pas, bien qu'ils mangent beaucoup.*)

autoévaluation

Exercices

20.2 Um cheque preenchido *Un chèque rempli*

BANCO COMERCIAL INTERNACIONAL

N.° conta 1099941	N.° cheque 492021
Assinatura	Pague por este
João CASTRO	cheque Euros
à ordem de FERNANDO COSTA	60 000
MACHADO	Local de emissão
a quantia de SESSENTA MIL	LISBOA
EUROS	Data 4/02/

Si vous vous trompez, écrivez *Ressalva*, corrigez et signez de nouveau.

Lisez le chèque ci-dessus et répondez aux questions suivantes.

1 À ordem de quem é que João Castro preencheu este cheque?
2 Que quantia é que se paga com este cheque?
3 O cheque está completo ou falta alguma coisa?

20.3

Vous êtes à la banque. Remettez les mots entre parenthèses dans l'ordre de façon à dire :

1 *J'aimerais encaisser ce chèque.*
(Queria / cheque. / descontar / este)
2 *Où sont les bordereaux de versement ?*
(Onde / as fichas / estão / de depósito ? / é que)
3 *Est-ce le reçu de mon versement ?*
(Isto / o recibo / de depósito? / é)
4 *J'aimerais voir mon solde.*
(Queria / o meu / saldo. / ver)
5 *À combien est le franc suisse aujourd'hui ? Et combien coûte la commission ?*
(A quanto / o franco suíço / hoje? / está / E quanto / a comissão? / é)

20.4

CD2 piste 23

Vous avez vu les indications suivantes au bureau de poste.

1	2	3
CARTAS E ENCOMENDAS REGISTADAS Lettres et colis recommandés	IMPRESSOS TELEGRAMAS Formulaires Télégrammes	POSTA RESTANTE ENTREGAS Boîtes postales Réceptions

registados (Eur.) = **registrados** (Br.)

20.4.1 Six personnes (de **a** à **f**) se trouvent dans un bureau de poste. À quel guichet se trouve chacune d'elles ? Vous pouvez écouter l'enregistrement ou vous référer à sa transcription **page 303**.

20.4.2 Après avoir écouté les enregistrements ou lu leur transcription **page 303**, récapitulez ce que les six personnes disent.

20.5 Um convite para uma festa *Une invitation à la fête*

Helena Monteiro
Augusto Monteiro

têm o prazer de os convidar para uma festa em sua casa no próximo sábado das 20h00 à meia-noite.

Respondam por favor.

20.5.1 Regardez le carton d'invitation qui a été envoyé à Ariane Labas et à son ami.

20.5.2 Choisissez parmi les phrases ci-dessous et mettez dans l'ordre celles dont elle a besoin pour écrire :

- **i** Le texte d'une carte de réponse acceptant l'invitation.
- **ii** Un message qu'elle laissera sur le répondeur des Monteiro refusant l'invitation.

a **É com muito prazer que aceitamos.**
b **Estaremos fora do país no sábado. Partimos amanhã.**
c **Lá estaremos no sábado às oito horas. (ou Aí estaremos...)**
d **Agradecemos muito, mas não vamos poder ir.**
e **Fala Ariane Labas acerca do convite para a festa.**
f **Ao regressarmos, telefonaremos para combinar um encontro.**

20.6 La Tour de Belém

La photo et le texte qui suivent viennent du ticket d'entrée que Philippe a acheté au Portugal, lorsqu'il a visité la Tour de Belém, en périphérie de Lisbonne.

TORRE DE BELÉM

PORTUGAL

Considerada como 'ex-libris' da aquitectura monumental portuguesa, integrada no conjunto de imóveis que fazem parte do Património Mundial, sob a égide da UNESCO, a Torre de Belém apresenta todas as características individualizantes do estilo Manuelino Português (Séc. XVI).

Source : IPPAR / Torre de Belém

arquitectura (Eur.) = **arquitetura** (Br.)
património (Eur.) = **patrimônio** (Br.)
arquitectónico (Eur.) = **arquitetônico** (Br.)

20.6.1 Lisez le texte page 233 et le texte ci-dessous.

(o) imóvel	*(le) monument*
sob a égide	*sous l'égide*
(o) pilar em espiral	*(la) colonne en spirale*
(o) cordame	*(le) cordage*
(a) esfera armilar	*(la) sphère armillaire*
(a) cruz da Ordem de Cristo	*(la) croix de l'Ordre du Christ*

O estilo manuelino é um estilo ornamental arquitectónico português. Data do fim do século XV e principalmente do século XVI, parte final da época dos descobrimentos marítimos.

Foi de Belém, hoje parte da Grande Lisboa, que partiram muitos navegadores portugueses. Em 1487 Bartolomeu Dias dobra o Cabo das Tormentas, a partir de então denominado Cabo da Boa Esperança. Esperança... de se descobrir o caminho marítimo para a Índia. Esse sonho é realizado por Vasco da Gama em 1498. Os portugueses navegam este e oeste. Em 1500 Álvares Cabral desembarca no Brasil. Os portugueses vão até terras remotas – Timor, Macau, Japão.

Esta época de grandeza para Portugal coincide com o reinado de Dom Manuel I. Daí o nome 'manuelino'. O estilo manuelino é inspirado nos descobrimentos marítimos. Inclui pilares em espiral e, entre vários outros elementos, cordame, esferas armilares e a cruz da Ordem de Cristo, a mesma cruz que se vê nas velas das caravelas.

20.6.2 Répondez en portugais aux questions sur les deux textes.

1 De quel monument dit-on qu'il est l'emblème (*ex-libris*) de l'architecture historique portugaise ?

2 C'est un monument qui fait partie du Patrimoine Mondial. Quelle est l'organisation internationale qui s'en occupe ?

3 Qu'est-ce que le style manuélin ?

4 Quel nom a-t-on donné au Cap des Tempêtes après que Bartolomeu Dias l'a doublé ?

5 Les Portugais ont navigué à l'est et à l'ouest. À quelle date Vasco da Gama est-il arrivé en Inde et Álvares Cabral au Brésil ?

6 Donnez trois caractéristiques du style manuélin.

20.7

Alda vient du Cap-Vert et c'est sa première visite au Portugal. Elle a fait une excursion touristique triangulaire qui comprenait Lisbonne, Sintra et Estoril.

20.7.1 Lisez ce qu'elle a écrit sur la carte qu'elle a envoyée chez elle.

Olá Lúcio!

Tudo bem? Aqui faz bom tempo, a comida é boa e eu estou bem. Ontem fui na excursão do triângulo turístico que inclui visita a Lisboa, Sintra e Estoril. Sendo a capital do país, Lisboa tem muita coisa para ver. Em Sintra adorei os palácios. No Estoril tomei banho na praia.

Um beijo da Alda

20.7.2 Écrivez une carte similaire de la part de Philippe pour Sylvie, mais décrivez plutôt sa visite à la Tour de Belém : **Ontem fui à...** Dites que la Tour date du 16e siècle et comporte toutes les caractéristiques qui définissent le style manuélin. Expliquez en quoi consiste ce style et mentionnez quatre de ses caractéristiques.

21

Tenciono visitar o país

J'ai l'intention de visiter votre pays

Communication

- Les services, du coiffeur à l'internet
- Les visites et comment connaître un pays
- L'expression orale et écrite

Ce chapitre est le premier des quatre chapitres de révision finaux grâce auxquels vous allez consolider les structures de langue que vous avez rencontrées au long de ce cours, et élargir votre gamme de vocabulaire portugais.

autoévaluation Exercices

21.1 No cabeleireiro *Chez le coiffeur*

CD2 piste 24

21.1.1 Écoutez comment Sibélia et Romeu s'y prennent chez le coiffeur.

vocabulaire

cortar o cabelo	*couper les cheveux*
arranjar / fazer as unhas	*faire les ongles*
lavar a cabeça	*faire un shampooing* (litt. *laver la tête*)
atender	*servir, s'occuper de*
(a) franja	*(la) frange*
(o) verniz (Eur.) / **esmalte** (Br.)	*(le) vernis à ongles*
incolor	*incolore*
atendê-lo	*(nous) occuper de vous*
bem curto	*très court*
penteado	*peigné*

No cabeleireiro para senhoras

Sibélia	Queria cortar o cabelo. Queria também arranjar as unhas. Pode atender-me agora ou preciso marcar hora?
Recepcionista	É melhor marcar hora. Quer hoje à tarde às três e meia?
Sibélia	Está bem.

____

Sibélia	Boa tarde, eu tenho hora marcada para às três e meia para cortar o cabelo e fazer as unhas.
Empregada	A senhora pode vir, vou-lhe lavar a cabeça. (*lavando o cabelo de Sibélia*) A água está bem assim ou está quente demais?

____

Cabeleireira	Como é que a senhora quer o cabelo?
Sibélia	Com franja, e dos lados e atrás quero que corte só um pouco.

____

Manicura	De que cor é que a senhora quer o verniz?
Sibéria	Prefiro incolor.

No cabeleireiro para homens *ou* barbeiro

Recepcionista	Tem hora marcada?
Romeu	Não, não tenho.
Recepcionista	Então faça favor de esperar um pouco. Podemos atendê-lo daqui a dez minutos.

Cabeleireiro	Como é que o senhor quer o cabelo?
Romeu	Bem curto dos lados e atrás e penteado para o lado esquerdo.

21.1.2 Quatre personnes sont chez le coiffeur. Que leur demande-t-on et comment répondent-elles ? Vous pouvez faire cet exercice à partir des enregistrements ou de leur transcription **page 304**.

21.1.3 Demandez que l'on vous coupe les cheveux des manières suivantes. La première question a été faite pour vous à titre d'exemple :

i Quero bem curto.

i très court
ii légèrement coupés sur les côtés et derrière
iii peignés en arrière
iv peignés à droite

21.2

retirar	*retirer*
(o) auscultador (Eur.) / **fone** (Br.)	*(le) combiné*
(o) gancho	*(le) poste*
aguardar	*attendre*
(o) sinal de linha (Eur.) / **tom de digitar** (Br.)	*(la) tonalité*
digitar *ou* **marcar** (Eur.)	*composer le numéro*
(o) sinal de chamada (Eur.) / **tom de tocar** (Br.)	*(la) sonnerie d'appel*

21.2.1 Julie a des problèmes pour passer un appel téléphonique et on essaie de l'aider en lui expliquant ce qu'elle doit faire :

(Você) tem de retirar o auscultador (Eur.) / fone (Br.) do gancho e aguardar o sinal de linha (Eur.) / de digitar (Br.); digitar primeiro estes números e depois o número do telefone desejado; e aguardar o sinal de chamada (Eur.) / de tocar (Br.).

21.2.2 Expliquez-lui de nouveau ce qu'elle doit faire, mais de la façon suivante :

(Você) retira o auscultador (Eur.) / fone (Br.) do gancho... *À vous de continuer.*

21.2.3 Même consigne, mais en utilisant l'impératif, cette fois :

Retire o auscultador do gancho... *Continuez.*

21.3

(o) indicativo (Eur.) / **código** (Br.)	*(l')indicatif téléphonique*
(o) sinal de ocupado	*(la) tonalité « occupé »*
a ligação caiu / foi cortada	*la communication a été coupée*

21.3.1 Benoît veut savoir quel est l'indicatif téléphonique régional pour l'appel qu'il souhaite passer. Remettez les mots dans l'ordre pour lui.

A Au Portugal : **Qual / o indicativo (Eur.) / ? / é / da região**
B Au Brésil : **Qual / o código (Br.) / ? / é / da região**

21.3.2 Toutefois, la communication ne passe pas. Il veut demander si la tonalité qu'il entend signifie que la ligne est occupée. Aidez-le :

Este sinal / ocupado / ? / quer dizer*

21.3.3 Aidez-le à présent à dire « Je crois que la communication a été coupée » :

Penso / foi / . / que / cortada / a ligação

*quer dizer = significa

Les cartes postales, les lettres et les colis

• Le destinataire

Dans un contexte plus officiel ou pour une approche tout simplement plus courtoise, utilisez les appellations suivantes si le destinataire est respectivement un homme ou une femme :

Ex.mo(*) **Sr. / Ex.ma** (*) **Sr.a** (Eur.) **// Il.mo** (**) **Sr. / Il.ma** (**) **Sr.ª** (Br.)

Ex.mo Sr. David Almeida *M. David Almeida*
Il.ma Sr.ª Irene Almeida *Mme Irene Almeida*
(*) (= Excelentíssimo / Excelentíssima)
(**) (=Ilustríssimo / Ilustríssima)

En correspondance commerciale, **Il.mos Sr.es** correspond au français *MM.*, *messieurs*, aussi bien au Brésil qu'au Portugal.

• L'adresse

Préparez-vous à voir plus d'un numéro dans les adresses que l'on vous donnera.

La rue et l'immeuble

Après le nom de la rue vient le numéro de la maison / de l'immeuble, suivi de l'étage, suivi d'informations complémentaires (lorsqu'il s'agit d'un appartement privé ou d'une entreprise partageant un étage).

Rua Duque de Palmela, 37, 2.º esq.

Il s'agit de l'appartement / du bureau situé du côté *gauche* du *deuxième étage* du *numéro 37*, rue Duque de Palmela.

(**Dto.** est l'abréviation de **direito** ; **fte.**, **frente** ; **esq.**, **esquerdo** ; **tras.**, **traseira** ; **ctro.**, **centro**.)

Dans des complexes immobiliers il se peut que vous voyiez l'abréviation **apto.** pour **apartamento**, suivi du numéro respectif.

La ville et la région

Le code postal (**o código postal**) est donné avant le nom de la ville. Au Brésil, n'oubliez pas de donner également le sigle de l'État :

1250-093 Lisboa	**01417-020 – São Paulo – SP**
Portugal	**Brasil**

vocabulaire — La correspondance

Vous trouverez ci-dessous une liste de formules de politesse pour saluer et prendre congé.

• Formules de salutation (du plus informel au plus formel)

a Pour un ami très proche : **Querido / Querida** + *prénom*

b Pour un ami ou une connaissance : **Caro / Cara** ou **Prezado / Prezada** + *prénom* ou, plus formel, **Caro / Cara** ou **Prezado / Prezada** + **Sr. / Sr.ª** + *nom de famille*

c **Caro Senhor / Cara Senhora** ou **Prezado Senhor / Prezada Senhora**
Monsieur / Madame

d **Ex.mo Senhor / Ex.ma Senhora** (Eur.) // **Il.mo Senhor / Il.ma Senhora** (Br.)
Monsieur / Madame
ou **Ex.mos Senhores** (Eur.) // **Il.mos Senhores** (Br.) *Messieurs*

- **Pour prendre congé** (du plus informel au plus formel)

a **Um beijo** (*bise*) ou **beijinhos** (*bisous*) ou **Um abraço** (*je te / vous embrasse*). Cela peut être aussi **Saudades** (*bien à toi / vous*)

b **Um abraço** et / ou **Saudades** ou, un petit peu plus formel, **Cumprimentos**

c **Cumprimentos** ou, plus formel, **Cordialmente**

d **Subscrevo-me de V. Exa* / de V. Exas* atenciosamente** ou simplement **Atenciosamente**
ou **De Vs. Sras.** atenciosamente / Atenciosamente** (commercial)

* = **Vossa(s) Excelência(s)** ** = **Vossa(s) Senhoria(s)**

Comment ça marche ?

« Me », « te », etc. : *Quelle est leur place ?*

La place des pronoms compléments d'objet est assez flexible. L'ordre des mots suit les mêmes règles fondamentales que vous avez apprises au **Chapitre 8** pour les pronoms réfléchis. En réalité, les pronoms réfléchis eux-mêmes sont une sorte de pronoms personnels compléments d'objet.

La tendance générale est de placer le pronom complément d'objet dans la première partie de la phrase, la proposition principale. **Pode me dizer onde é a saída?** (*Pouvez-vous me dire où est la sortie ?*) est plus courant que **Pode dizer-me onde é a saída?**.

Cette tendance à placer le pronom en première partie de phrase est plus forte au Brésil. Cet état de faits est lié à la prononciation plus accentuée chez les Brésiliens du **e** final, comme dans **me** et **te**. Si le pronom complément d'objet est plus audible, alors mieux vaut qu'il ait sa place tout seul au début de votre phrase. Comme pour les pronoms réfléchis, un locuteur averti ne commencera pas sa phrase par un pronom complément d'objet. Cependant, dans la langue parlée, au Brésil on entendra par exemple souvent **Me dê isso**, *donnez-moi ça*, au lieu de **Dê-me isso**.

Quelques préférences quant aux pronoms personnels

Pour dire *pour moi*, de nombreux Brésiliens préfèrent la forme littérale **para mim**, etc. tandis que les Portugais utilisent en général **me**, etc.

Pode me chamar um táxi? (Eur.) / **Pode chamar um táxi para mim**? (Br.)
Pouvez-vous m'appeler un taxi ?

Vous l'avez appris au **Chapitre 7**, les Brésiliens n'utilisent pas beaucoup le pronom personnel sujet **tu**, alors que le pronom complément d'objet qui lui correspond est plus largement employé, souvent en combinaison avec **você**, le pronom personnel sujet. Ils utilisent également fréquemment la forme verbale qui correspond à **tu**, mais omettent le pronom.

Você estava no aeroporto?	*Étais-tu à l'aéroport ?*
Eu não te vi lá.	*Je ne t'ai pas vu là-bas.*
Me dá isso. ou Dá isso para mim.	*Donne-moi ça.*

O, a et -lo, -la : *Où sont passés les pronoms compléments d'objet ?*

Vous avez été confronté(e) à des exemples où les pronoms compléments d'objet **o / a / os / as** semblent avoir disparu. En réalité, et tout particulièrement à l'oral, on tend à omettre ces pronoms dès que le contexte de la phrase le permet.

Aqui tem. pour Aqui a tem (**a** : **a chave do quarto**).
La voici (*la clé de votre chambre*).

Eu talvez prove. pour Eu talvez o prove. (**o** : **o doce da casa**)
Il se peut que je la goûte (*la spécialité de dessert du restaurant*).

Lorsqu'on les prononce, **o / a / os / as** deviennent :

- **lo / la / los / las** après une forme verbale se terminant par **r**, **s** ou **z**, auquel cas ces lettres finales disparaissent.

comprá-los (**comprar + os**)	*les acheter*
vendê-los (**vender + os**)	*les vendre*
parti-lo (**partir + o**)	*le casser*
compra-lo-á (Eur.) (c'est-à dire, **comprará + o**)	*il / elle l'achètera*
compra-lo-ia (Eur.) (c'est-à dire, **compraria + o**)	*il / elle l'achèterait*

(Vous remarquerez l'ajout d'un accent à l'infinitif des verbes en -**ar** et -**er**.)

- **no / na / nos / nas** après une forme verbale se terminant par **m, ão** ou **õe(s)**.

fizeram-no (**fizeram + o**)	*ils l'ont fait*
dirão-na (**dirão + a**)	*ils la diront*
põe(s)-nos (**põe(s) + os**)	*il (tu) les met(s)*

Nous dirons donc :

Muito prazer em conhecê-lo. *Enchanté de faire votre connaissance.* (... un homme)

Muito prazer em conhecê-la. *Enchanté de faire votre connaissance.* (... une femme)

On peut éviter cette construction en changeant l'ordre des mots.

Tive muito prazer em o conhecer. *Cela a été un plaisir de faire votre connaissance.*

Remarque :

Lorsqu'une phrase comporte à la fois un pronom d'objet direct (**o / a / os / as**) et un pronom d'objet indirect (**me / te / lhe / nos / vos / lhes**), ces deux pronoms se contractent ensemble :

me + o(s) / a(s) = mo(s) / ma(s)
te + o(s) / a(s) = to(s) / ta(s)
lhe + o(s) / a(s) = lho(s) / lha(s)
nos + o(s) / a(s) = no-lo(s) / no-la(s)
vos + o(s) / a(s) = vo-lo(s) / vo-la(s)
lhes + o(s) / a(s) = lho(s) / lha(s)

- Ela deu-te o bilhete? (Eur.)	*- Est-ce qu'elle t'a donné le billet ?*
- Sim, ela deu-mo. /	*- Oui, elle me l'a donné. /*
Não, ela não mo deu.	*Non, elle ne me l'a pas donné.*
- Ela mostrou-lhes os quartos ?	*- Vous a-t-elle montré les chambres ?*
- Sim, ela mostrou-no-lhos. /	*- Oui, elle nous les a montrées. /*
Não, ela não no-lhos mostrou.	*Non, elle ne nous les a pas montrées.*

Comme vous pouvez le voir, dans une phrase négative le pronom contracté se place avant le verbe. Pour la place des pronoms, revoir **Les verbes pronominaux** au **Chapitre 8**.

Exercices

21.4 Trem do Corcovado *Le petit train du Corcovado*

Lisez la brochure suivante émise par la société brésilienne gérante du petit train à crémaillère qui mène au sommet de la montagne du Corcovado, où la statue du Christ Rédempteur s'élève de la roche et domine la ville de Rio de Janeiro.

O trenzinho do Corcovado é um passeio obrigatório para o turista que vem ao Rio de Janeiro e quer conhecer o Cristo Redentor, o principal ponto turístico da Cidade Maravilhosa. Mais de 250 mil pessoas por ano fazem esse passeio inesquecível. Na viagem, o passageiro aprecia uma das mais lindas paisagens do Rio. Mas a vista é apenas uma das atrações: passear no trem é fazer uma viagem pela história do Brasil.

atrações (Br.) = atracções (Eur.)

21.4.1 En portugais, répondez aux questions suivantes sur le texte :

i Que signifie « **trenzinho** » ?
ii Quel est le principal attrait touristique de Rio ?
iii Quelle autre attraction y a-t-il en plus de la très jolie vue ?

21.4.2 En vous servant des formules de politesse pour saluer et prendre congé que vous avez apprises un peu plus haut dans ce chapitre, écrivez une carte postale à votre ami Simão, en lui disant que :

Il fait beau temps, la nourriture est bonne et vous allez bien. Hier vous êtes allé(e) au Corcovado par le petit train à crémaillère. Ce point touristique est visité par plus de 250 000 personnes chaque année. Pendant le trajet on peut apprécier une vue magnifique.

21.5 O endereço de e-mail *L'adresse e-mail*

*__correio electrónico__ (Eur.) / **correio electrônico** (Br.) — *e-mail*

Gabriel demande à Marisa comment on dit *arobase* en portugais dans une adresse e-mail.

Gabriel	Como é que se diz 'arobase' em português ?
Marisa	'Arroba'.

Complétez la question suivante.

Gabriel	Como é que ___________'point' em _________?
Marisa	'Ponto'.

21.6 Pedindo informação por escrito *Demander des informations par écrit*

Tenciono	**visitar Portugal / o Brasil em Março do ano que vem passar duas semanas nesse país, do dia.. ao dia...**		
Estou especialmente interessado/a	**no norte do país** **num hotel perto da praia**		
Peço que	**me faça(m) o favor** **tenha(m) a gentileza***	**de**	**me enviar(em)...** **me dizer(em)...** **informar(em)...**

... lista dos hotéis / transportes públicos na região

... folhetos de informação acerca da região

Fico aguardando resposta e desde já agradeço.

*a gentileza = la gentillesse

21.6.1 Rédigez un e-mail ou une lettre, destinés à l'office de tourisme d'un pays lusophone à partir des mots et expressions qui figurent dans le tableau ci-dessus. Voici ce que vous souhaitez demander :

i une liste des hôtels de la région

(*une semaine dans le pays / intéressé par un hôtel proche d'une plage / liste des hôtels, s'il vous plaît / en attendant leur réponse vous les remerciez*)

ii une liste des campings de la région

(*deux mois / installations pour les enfants / en attendant leur réponse vous les remerciez*)

iii une liste des auberges de jeunesse de la région

(*un mois / installations pour handicapés / brochure de l'office de tourisme / en attendant leur réponse vous les remerciez*)

21.6.2 Quelles formules de politesse pour **i** saluer, et **ii** prendre congé utiliseriez-vous dans cet e-mail ou cette lettre ?

22

Tomara que eles telefonem

J'aimerais qu'ils téléphonent

Communication

- Répondre à une annonce
- Écrire votre CV et postuler à un emploi
- Chercher une propriété à louer ou à vendre

autoévaluation

Exercices

22.1 Um emprego *Un emploi*

22.1.1 Lisez l'annonce pour un poste de traducteur-interprète.

Tradutor/a - Intérprete

Pretendemos candidato/a com o seguinte perfil:

- **diploma profissional**
- **bom domínio do inglês falado e escrito**
- **bons conhecimentos de informática**
- **elevado grau de autonomia e profissionalismo**

Oferecemos:

- **flexibilidade horária**
- **bom ambiente de trabalho**
- **remuneração adequada ao exercício da função**

Os interessados deverão enviar, num prazo máximo de 5 dias úteis após publicação, carta de candidatura, manuscrita, C.V. e fotografia tipo passe para o n.º201955 deste Jornal.

22.1.2 Kevin souhaite postuler à ce poste. Quelle forme des verbes entre parenthèses doit-il utiliser dans sa lettre de candidature ci-dessous ?

Em resposta ao anúncio n.º 201955 desse Jornal, venho apresentar a minha candidatura ao cargo de tradutor e intérprete. Eu (reunir) todos os requisitos enumerados, e, embora tenha aprendido português como língua estrangeira, (possuir) um excelente domínio do idioma, falado e escrito.

Juntamente envio (Eur.) / estou enviando (Br.) o meu currículo e fotografia tipo passe, como pretendido. Fico aguardando resposta com grande interesse e espero que (poder) conceder-me uma entrevista.

22.1.3 Dans un entretien, que dirait Kevin si, à propos de son profil de candidat on lui demandait de parler de :

- **i** ses qualifications professionnelles.
- **ii** ses compétences en informatique.
- **iii** son niveau d'indépendance et de professionnalisme.

22.2 Caso seja devolvido ao remetente *En cas de retour à l'envoyeur*

Vous venez de recevoir une lettre que vous aviez postée. Au dos il y a ce message :

> **CASO NÃO SEJA ENTREGUE AO DESTINATÁRIO, É FAVOR ASSINALAR A RAZÃO COM "X":**
>
> ☒ **ENDEREÇO INSUFICIENTE**
>
> ☐ **DESCONHECIDO**

Pourquoi votre lettre n'a-t-elle pas été livrée à son destinataire ?

22.3 O currículo ou o 'curriculum vitae' *Le C.V.*

Ana Magalhães (dont vous avez entendu parler pour la première fois au **Chapitre 3**) a fait ses études secondaires au Colégio Bom Sucesso et possède une « **licenciatura** » en médecine de l'Université portugaise de Coimbra. Elle n'a pas fait d'études de troisième cycle et n'a publié aucun ouvrage. Elle travaille comme médecin généraliste à la Clínica Boa Saúde, c'est son premier emploi et elle est membre de l'**Ordem dos Médicos**.

22.3.1 Lisez ci-dessous le C.V. d'Ana.

Curriculum Vitae

1. Informação geral

1.1 Nome completo *Ana Isabel Vieira Gama Magalhães*

1.2 Nome do pai *José Luís Cabral Gama*

Nome da mãe *Maria Feliciana Miranda Vieira Gama*

1.3 Data de nascimento *29 de Março*

1.4 Naturalidade *Guimarães*

1.5 Nacionalidade *Portuguesa*

1.6 Estado civil *Casada*

1.7 Local de residência *Faro*

1.8 Bilhete de identidade *n.º 8170771*

2. Habilitações académicas

2.1 Geral *Colégio Bom Sucesso*

2.2 Superior *Licenciatura em Medicina, Coimbra*

2.3 Pós-graduação ------------

3. Experiência profissional

3.1 Emprego actual (Eur.) / atual (Br.) *Clínica Boa Saúde*

3.2 Empregos anteriores -------------------

4. Informação suplementar

4.1 Associações profissionais *Ordem dos Médicos*

4.2 Trabalhos publicados ------------

22.3.2 Quelles seraient les réponses d'Ana aux questions suivantes ? (Faites des phrases courtes.)

i **Onde é que a senhora nasceu?**
ii **É casada?**
iii **A senhora é professora?**
iv **Onde estudou?**
v **Fez estudos de pós-graduação?**
vi **Trabalha num hospital?**

vocabulaire Estar ou ficar? *Comment dire « être »*

Utilisez de préférence **ficar** à **estar** lorsque l'accent est mis sur le commencement d'un état ou d'une situation.

Hoje estou cansada.	*Aujourd'hui je suis fatiguée.*
mais	
Eu fiquei cansada depois daquele trabalho todo.	*J'étais fatiguée après tout ce travail.*
Eu estou no Hotel Central.	*Je séjourne à l'Hôtel Central.*
mais	
Quando eu venho, fico sempre no Hotel Central.	*Quand je viens, je séjourne toujours à l'Hôtel Central.*

vocabulaire « Je pense que... », « selon moi... »

Pensar (*penser*) et **achar** (*trouver*) sont utilisés indifféremment pour exprimer une opinion, comme en français nous dirions *je pense que...* ou *je trouve que....*

Penso / Acho que ele tem razão. *Je pense qu'il a raison.*

Lorsque vous avez moins de conviction, vous pouvez également utiliser **parecer** ou **na minha opinião**.

Parece-me que ele tem razão.	*Il me semble qu'il a raison.*
Na minha opinião, ele tem razão.	*Selon moi, il a raison.*

« Je suis certain... » ; « J'ai raison... » ; « Ça va ? »

Utilisez **ter a certeza** (Eur.) / **ter certeza** (Br.) pour dire *en être sûr(e)* et **ter razão** pour *avoir raison*.

Tem a certeza? (Eur.) / **Tem certeza?** (Br.)	*En êtes-vous sûr ?*
Tenho a certeza (Eur.) / **Tenho certeza** (Br.) de que **tenho razão**.	*Je suis sûr que j'ai raison.*
Você não tem razão.	*Vous avez tort.*

Vous pouvez également utiliser **estar certo** (*être certain(e)*).

Ela não está certa de que ele chegue hoje.	*Elle n'est pas certaine qu'il arrive aujourd'hui.*

Certo peut également être utilisé pour demander ou donner l'assentiment.
(**está certo = está bem**)

- Está bem?	**- Certo?**	*- Ça va ?*
- Está.	**- Certo.**	*- Ça va.*

La question **não é?** (*n'est-ce pas ?*) sert également à cela.

- Você vai à festa, não é? **- É.**	*Vous allez à la fête, n'est-ce pas ?* *Oui.*
- Você gosta de música, não é? **- É.**	*Vous aimez la musique, n'est-ce pas ?* *Oui.*

Comment ça marche ?

A – de – em – para – por *Comment dire « pour », et le reste...*

Faites les bons choix !

- **Para** s'utilise avec un objectif ou une intention bien déterminés (qui peuvent aussi être spatiaux ou temporels).

Levantar para abrir.	*Soulever pour ouvrir.*
A cerveja é para mim.	*La bière est pour moi.*

- **Para** ou **por** ?

  On traduira *pour* par **para** lorsqu'une idée de *mouvement vers* quelque chose est impliquée.

Ele partiu para África.	*Il est parti pour l'Afrique.*

  Alors que **por**, généralement traduit par *par* en français, a une signification plus large, celle de **para** est davantage ciblée dans la mesure où elle insiste sur le caractère déterminé d'une intention ou d'un objectif spécifiques.

Tem um quarto para duas pessoas?	*Avez-vous une chambre pour deux personnes ?*
Quanto custa por noite?	*Combien cela coûte-t-il par nuit ?*

Lorsqu'il s'agit de durées vous pouvez omettre la préposition.

Vou ficar aqui (por) dois meses.	*Je vais rester ici (pour) deux mois.*

- **A** peut être **i** statique ou **ii** dynamique, c'est à dire qu'il peut impliquer un mouvement vers quelque chose ou quelqu'un.

i	**Quem está à (= a + a) porta?**	*Qui est à la porte ?*
ii	**Vou ao clube.**	*Je vais au club.*

- **A** ou **para** ?

  Avec des verbes de mouvement, **a** et **para** tendent tous deux à trouver leur traduction française dans **à** (ou **en**), bien qu'il y ait cependant une petite nuance entre les deux. À ce moment-là, **para** peut donc être traduit en français par la préposition *pour*.

Ele vai a África.	*Il part en Afrique.* (en voyage seulement)
Ele vai para África.	*Il part pour l'Afrique.* (s'installer et y vivre)
Eu vou a casa.	*Je vais à la maison.* (avant de sortir de nouveau)
Eu vou para casa.	*Je rentre chez moi.* (pour y rester jusqu'au lendemain)
Aonde é que você vai? / Para onde é que você vai?	*Où allez-vous ?*

- **Para** et **pára** :

  Ce dernier mot n'est pas une préposition mais une forme du verbe **parar**, que l'on voit souvent orthographiée sans accent... attention !

- **A** et **em** :

  On utilise **em** pour une position de repos ou pour un mouvement sur ou vers l'intérieur de quelque chose.

  Meti a máquina fotográfica na (= em + a) mala, que estava no (= em + o) balcão da Alfândega.

  J'ai mis l'appareil photo dans la sacoche, qui était sur le bureau des douanes.

Les Brésiliens utilisent également **em** avec des verbes qui marquent un mouvement d'arrivée.

Cheguei em casa. (Br.) / **Cheguei a casa.** *Je suis arrivé à la maison*

Logo – já – já não – ainda não *Comment dire « maintenant »*

Logo et **já** se rapportent tous deux au temps mais n'ont pas nécessairement le même équivalent français. **Logo** peut être synonyme de **imediatamente** (*immédiatement*), **em breve** (*bientôt*) ou **mais tarde** (*plus tard*).

Ele telefonou logo.	*Il a tout de suite téléphoné.*
Até logo.	*À tout à l'heure.*

Já peut se référer à un moment du futur aussi bien que du passé, et se traduire à la fois par *tout de suite* et *déjà*, selon le contexte.

Verbe au présent :

Volto **já**.	*Je reviens tout de suite.*
Já está!	*Ça y est ! Terminé !*

Verbe au passé simple :

-Já foi ao Algarve?	*-Êtes-vous déjà allé en Algarve ?*
-Sim, já. /	*-Oui (j'y suis déjà allé). /*
Não, ainda não.	*Non, pas encore.*

Quant à **ainda**, on peut le traduire également par *toujours* (si le verbe est au présent) :

-Ainda mora em Angers?	*-Habitez-vous toujours à Angers ?*
-Ainda. /	*-Oui. /*
Já não.	*Plus maintenant.*

autoévaluation

Exercices

22.4 Um ramo de flores e... a aliança de casamento *Un bouquet de fleurs et... l'alliance nuptiale*

Voici l'horoscope de Geraldo pour la semaine prochaine.

> **Faça um esforço. Instale um sorriso nessa cara sofrida. A sua vida vai mudar completamente. É tempo de amar e ser amado. O futuro é hoje e a hora é agora.**

Vous prenez l'horoscope au sérieux, alors choisissez parmi les suivants les deux meilleurs conseils à donner à Geraldo :

1 **Eu penso que já é tempo de você deixar de ser solteiro e fazer planos para o casamento.**

2 **Eu acho que um ramo de flores está certo, mas ainda é muito cedo para pensar na aliança.**

3 **Casar... Se você não tem a certeza** (Eur.) **/ tem certeza** (Br.)**, o melhor é esperar.**

4 **Na minha opinião, você deve perguntar muito em breve se ela quer ir escolher a aliança.**

22.5 A viagem da lua de mel *La lune de miel*

Aidez Anthony et Lucille à écrire un e-mail ou une lettre de réservation d'un appartement dans un hôtel pour leur lune de miel. Voici leur premier brouillon. Complétez les phrases pour eux.

Tencionamos visitar o país (*en juin l'année prochaine*). **Precisamos de um apartamento** (*pour deux*). **Preferíamos** (*la première semaine du mois*).

Se o hotel não tiver vagas (*ces jours-là*), **pedimos que nos façam o favor de nos informarem para quando podem fazer a reserva** (*à notre nom, Sandes. Dans l'attente de votre réponse.*)

22.6 Um apartamento mobilado *Un appartement meublé*

CD2 piste 25

22.6.1 Regardez le plan de cet appartement et ses meubles (**os movéis**).

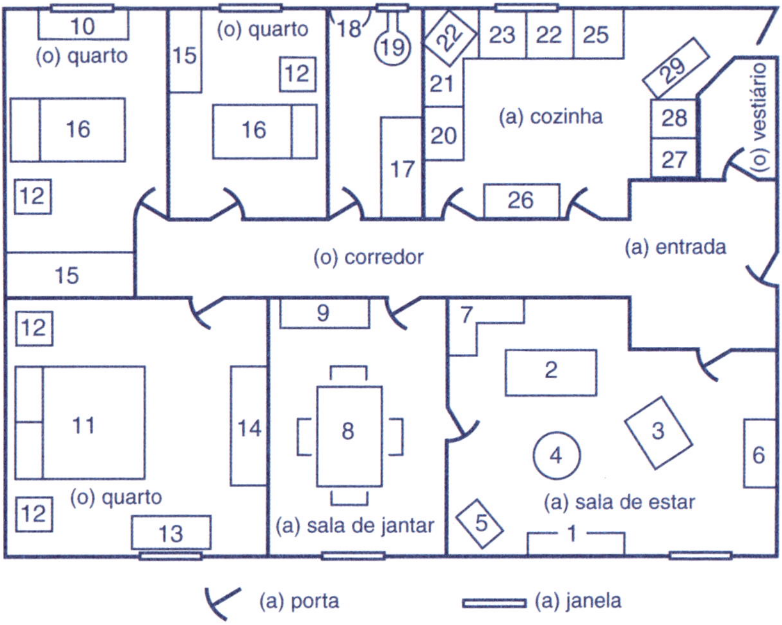

1 **a lareira** *la cheminée*
2 **o sofá** *le canapé*
3 **a poltrona** *le fauteuil*
4 **a mesinha de centro** *le guéridon*
5 **o televisor** *le poste de télévision*
6 **a aparelhagem** (Eur.) / **o aparelho de som** (Br.) *la chaîne hi-fi*
7 **a estante de canto** *l'étagère de coin*
8 **a mesa e as cadeiras** *la table et les chaises*
9 **o aparador** *le buffet*
10 **a mesa para (o) computador e (a) impressora** *le bureau pour l'ordinateur et l'imprimante*
11 **a cama de casal** *le lit double*
12 **a mesa de cabeceira** *la table de nuit*
13 **o toucador** (Eur.) / **a penteadeira** (Br.) *la coiffeuse*
14 **o guarda-roupa** *la penderie*
15 **o armário** *l'armoire*
16 **a cama de solteiro** *le lit simple*
17 **a banheira** *la baignoire*
18 **o lavatório / a pia** (Br.) *le lavabo*
19 **a sanita** (Eur.) / **o vaso sanitário** (Br.) *les toilettes*
20 **o fogão** *la gazinière*
21 **a bancada** *le plan de travail*
22 **o forno microondas** *le four micro-ondes*
23 **a máquina de lavar a louça** (Eur.)/ **o lava louça** (Br.) *le lave-vaisselle*
24 **a pia / o lava-louça** (Eur.) *l'évier*
25 **o frigorífico** (Eur.) / **a geladeira** (Br.) **e o congelador** *le réfrigérateur-congélateur*
26 **o armário** *l'armoire*
27 **a máquina de lavar a roupa** (Eur.) / **a lavadora** (Br.) *la machine à laver le linge*
28 **a máquina de secar a roupa** (Eur.) / **a secadora de roupa** (Br.) *le sèche-linge*
29 **a tábua de passar a ferro** (Eur.) / **a tábua de engomar roupa** (Br.) *la planche à repasser*

Lorsque le contexte est clair, certains mots sont omis. ex. : **a tábua de passar**

22.6.2 Reportez les propos de la locataire à propos de l'appartement dans lequel elle vit, après avoir écouté ou lu la transcription de ses paroles **page 304**.

22.7 Aluga-se e vende-se *À louer et à vendre*

22.7.1 Lisez ces deux petites annonces tirées d'un journal.

i	ii
aluga-se **apartamento** **mobilado** **3 quartos de dormir** **com ar condicionado** **2.º andar, elevador** **serviço de limpeza (opcional)** **Resposta ao número 27894**	**vende-se** **casa** **6 quartos de dormir** **cozinha equipada** **aquecimento central** **jardim e piscina** **garagem** **Resposta ao número 27036**

22.7.2 Sandrine est intéressée par la petite annonce **i**. Aidez-la à écrire le texte de sa réponse au journal en mettant les verbes entre parenthèses à la bonne forme.

> **Em resposta ao anúncio n.º 27894 desse jornal, tenho o prazer de comunicar que estou interessada em alugar um apartamento e esse talvez me (*convir*). Fico aguardando que me (*fazer*) o favor de me informarem quando o (*poder*) ver.**

22.7.3 Répondez aux questions suivantes en portugais :

Quem poderá estar interessado no anúncio ii, uma pessoa que queira alugar ou uma pessoa que queira comprar?

22.7.4 Écrivez maintenant une réponse pour la deuxième petite annonce (**ii**).

23

Irei, se puder

J'irai, si je peux

Communication

- L'agenda culturel local et les spectacles
- Les célébrations familiales et les soirées
- Le travail domestique et les recettes culinaires

Exercices

23.1 Indo ao teatro, ao cinema, à ópera ou a um concerto
Aller au théâtre, au cinéma, à l'opéra ou à un concert

a galeria	*la galerie*
o 2.º balcão (Eur.) / **balcão simples** (Br.)	*le second balcon*
o 1.º balcão (Eur.) / **balcão nobre** (Br.)	*le premier balcon*
os camarotes	*les loges*
a plateia (Eur.) / **platéia** (Br.)	*l'orchestre*
o palco	*la scène*
a entrada = o bilhete (Eur.)	*la place*

Il n'y a plus de place dans la galerie, ni au second balcon, ni à l'arrière de l'orchestre. Parmi les questions suivantes, quelles sont celles auxquelles on peut répondre par **ainda** et **já não há mais** ?

1 **Ainda há entradas para a galeria?**
2 **Queria um camarote. Ainda tem?**
3 **Ainda tem lugares na plateia perto do palco?**
4 **Queria quatro bilhetes para a plateia, nas filas atrás. Ainda há?**
5 **Ainda tem lugares no segundo balcão?**
6 **Queria dois lugares no primeiro balcão, no centro. Ainda tem?**

23.2

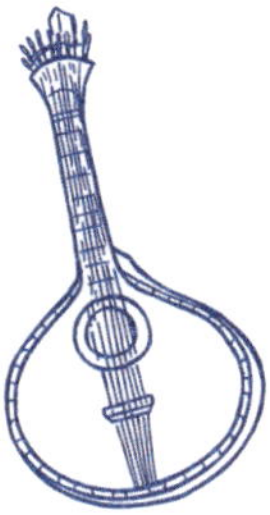

Venha ouvir os melhores fadistas
na casa de fado

a guitarra e a viola

aberta
das 21 às 4 da madrugada

Peça a carta de vinhos

(a) guitarra	*(la) guitare portugaise*
(a) viola / (o) violão (Br.)	*(la) guitare*
(o) instrumento dedilhado	*(l')instrument à cordes*

Mettez les mots entre parenthèses dans l'ordre et apprenez-en davantage sur le fado.

Margarida	Já foi a uma casa de fados?
Charles	Não, nunca fui. O que é uma 'casa de fados'?
Margarida	(É / onde / restaurante, / o fado. / um lugar, um / se canta)
Charles	Mas o que significa 'fado'?
Margarida	(É / acerca da / experiência da vida. / uma canção / é / portuguesa / mas há / de temas. / O 'amor' / um tema frequente, / uma grande variedade)
Charles	E o que são a guitarra e a viola?
Margarida	(São / o fadista ou a fadista. / a pessoa que canta o fado, / os dois instrumentos dedilhados / que normalmente acompanham)
Charles	As casas de fado estão abertas até muito tarde?
Margarida	Estão, até de madrugada. 'Madrugada' quer dizer 'as primeiras horas do dia'.

vocabulaire — Croire et être d'accord

Crer et **acreditar em** se traduisent tous deux par *croire*, le premier tenant plus de la conviction et le second de la véracité.

Creio que ele tem razão.	*Je crois qu'il a raison.*
Acredito nas palavras dele.	*Je crois ce qu'il dit.*

Concordar com ou **estar de concordo com** se traduiront par *être d'accord avec.*

Não concordo!	*Je ne suis pas d'accord !*
Concordo com o senhor. / Estou de acordo com o senhor.	*Je suis d'accord avec vous.*

vocabulaire — S'en aller, partir

Il existe également plusieurs façons de dire que l'on quitte un endroit en portugais :

ir-se embora (*s'en aller*)

Fique. Não se vá embora.	*Restez. Ne partez pas.*

despedir-se (*dire au revoir*)

Já é tarde. Tenho de me ir embora. Vou-me despedir.	*Il est tard. Je dois m'en aller. Je vais dire au revoir.*

partir / sair (*partir*)

O comboio (Eur.) / **trem** (Br.) **vai partir às 8h35.**	*Le train va partir à 8h35.*

Manquer...

Manquer dans le sens de *perdre / rater* quelque chose équivaut au verbe **perder**.

Perdi o avião.	*J'ai manqué l'avion.*

Manquer dans le sens de *avoir besoin de / sentir l'absence de* correspond à **sentir a falta de**.

Sinto a falta de um leitor de DVD.	*J'ai besoin d'un lecteur de DVD.*

Manquer dans le sens de *ressentir avec nostalgie l'absence ou la perte de* correspond à **ter saudades de** ou à **estar com saudades de**.

Tenho saudades da França. *ou* **Estou com saudades da França.**	*J'ai le mal du pays.* (dans ce cas, la France)

Les sentiments

Lorsque vous souhaitez parler de ce que vous ressentez vous pouvez utiliser la même combinaison que celle que vous avez vue au **Chapitre 17** pour les sensations (douleur, etc.), c'est à dire **estar com** ou **ter** + nom :

Tenho	**pena** (*de la peine*) **de**	*J'ai*	*de la peine pour*
	inveja (*envie*) **de**	*Je suis*	*envieux/se de*
Estou com	**ciúme** (*jalousie*) **de**		*jaloux/se de*
	medo (*peur*) **de**	*J'ai*	*peur de*

O bebé (Eur.) / **bebê** (Br.) **tem medo das ondas do mar.**	*Le bébé a peur des vagues.*

Comment ça marche ?

Bem – todo – mesmo – próprio *Les intensifs*

Vous avez été confronté(e) à des mots qui semblent avoir perdu leur sens premier et sont utilisés pour intensifier une notion exprimée par un autre mot. C'est le cas de **bem** (*bien*), **todo** (*tout*), **mesmo** (*même*) et **próprio** (*propre*).

Quer os ovos bem cozidos?	*Voulez-vous les œufs bien cuits ?* (= très cuits)

Ele está todo molhado.	*Il est tout mouillé.* (= complètement mouillé)
Ela ficou toda contente quando o viu.	*Elle était toute contente quand elle vous a vu.* (= très contente)
É isso mesmo.	*C'est exactement cela* (*ce que vous venez de dire*). (litt. *c'est cela même*)

Eu mesmo ou **eu próprio** peuvent également être traduits par *moi-même, etc.* Vous avez cependant de plus grandes chances d'entendre **sou eu quem...**, etc.

Sou eu quem paga.	*Je paie moi-même.* (*c'est moi qui paie*)

Tudo ou todo *Comment dire « tout »*

Tudo se traduit par *tout*. Il a généralement la fonction de pronom et de neutre de **todo**.

Quanto é tudo?	*Combien cela fait-il ?* (*tous les articles*)

Dans **todo** il y a la notion d'un *ensemble*.

Quanto é ao todo?	*Combien cela fait-il ?* (*tout cela, l'ensemble*)
Ontem estudei o dia todo *ou* **todo o dia.**	*Hier j'ai étudié toute la journée.*
Estudo um pouco todos os dias.	*J'étudie un peu chaque jour.*
Toda a gente (Eur.) / **todo (o) mundo dança**.	*Tout le monde danse.*

Qui fait quoi ?

- Les verbes impersonnels :

  Vous l'avez vu au cours de ce cours, ils existent également en portugais notamment pour parler du temps qu'il fait.

  Chove. *(Il) pleut.* **Dói.** *(Cela) fait mal.*

- À sujet différent... :

  ...signification différente. Certains verbes changent de sens en fonction de leur sujet.

Não me lembro ; esqueci-me.	*Je ne me souviens pas* ; *j'ai oublié.*
Lembre-me.	*Rappelez-moi (de...).*

- Les sujets indéfinis :

  Lorsque vous souhaitez faire référence à une action sans mentionner qui en est, ou en a été l'auteur, utilisez le verbe à la troisième personne sans exprimer le sujet. Cette structure se rendra souvent en français par l'utilisation du pronom personnel *on*.

  Disseram-me que a 'Baixa' em Lisboa é em forma de rectângulo.
  On m'a dit que 'Baixa', le centre de Lisbonne, est en forme de rectangle. (litt. *(ils) m'ont dit...*)

Que ou quê – porque, por que ou por quê – por causa de
Comment dire « pourquoi » et « parce que »

Quê est la forme emphatique de **que**. Le dialogue suivant vous aidera à faire la différence entre toutes ces différentes formes.

Por que (*) **comprou esse lenço?**	*Pourquoi avez-vous acheté cette écharpe ?*
Por causa da (**) **cor.**	*À cause de sa couleur.*
Por quê!? *ou* **Porquê!?** (Eur.) (***)	*Pourquoi !?*
Por causa da cor. Porque (****) **gosto da cor.**	*À cause de sa couleur. Parce que j'aime sa couleur.*

(*) *Pourquoi*, lorsque vous pouvez le remplacer par **por que motivo** ou **por que razão** *pour quelle raison.*

(**) *À cause de*

(***) *Pourquoi* lorsqu'il apparaît tout seul.

(****) *Parce que*

autoévaluation

Exercices

23.3

CD2 piste 26

vocabulaire

pôr a mesa	*mettre la table*
tirar a mesa	*desservir la table*
preparar	*préparer (le repas, la cuisine)*
fazer a cama	*faire le lit*
limpar	*nettoyer, faire le ménage*
passar o aspirador em / **aspirar** (Eur.)	*passer l'aspirateur dans / aspirer*
passar a ferro	*repasser*

23.3.1 On est en train d'expliquer à l'employée de maison (**a empregada doméstica**) quelles sont les tâches ménagères à effectuer pour aujourd'hui.

Vous pouvez faire cet exercice à partir de l'enregistrement ou de sa transcription **page 304**.

23.3.2 Prenez note des instructions et reformulez-les en les présentant ainsi : **Hoje precisa....**

23.4 Uma receita para a festa *Une recette pour la soirée*

Ovos com recheio de anchovas *Œufs farcis aux anchois*

23.4.1 Os ingredientes *Les ingrédients*

Trouvez la bonne traduction des ingrédients à gauche.

1 **meia dúzia de ovos**	a *une laitue*
2 **uma lata pequena de filetes de anchovas**	b *un petit bocal d'olives farcies*
3 **sumo** (Eur.) / **suco** (Br.) **de meio limão**	c *une demi-douzaine d'œufs*
4 **um frasco** (Eur.) / **vidro** (Br.) **pequeno de azeitonas recheadas**	d *une petite boîte de filets d'anchois*
5 **um frasco pequeno de maionese**	e *le jus d'un demi-citron*
6 **uma alface**	f *un petit bocal de mayonnaise*

23.4.2 Preparação *La préparation*

Cozer bem os ovos. Descascá-los. Com uma faca, abri-los ao meio ao comprido. Com uma colher, tirar a gema para fora. Cortar as anchovas aos bocadinhos. Num prato grande, misturá-las com as gemas e o limão, usando um garfo. Encher as claras com a mistura. Por cima colocar um pouco de maionese e uma azeitona no meio. Cobrir o fundo de uma travessa com a alface cortada em tirinhas. Colocar os ovos recheados no leito de alface.

Que devez-vous faire ?

23.4.3 En commençant par **Cozi bem os ovos**, expliquez à votre ami comment vous avez cuisiné les ingrédients.

23.5 Palavras para a festa *Des mots pour la fête*

Complétez les « phrase-types » suivantes avec les mots encadrés. Il y a parfois plusieurs choix possibles, et n'oubliez pas d'utiliser toutes les options.

1 i *Quelqu'un va à une soirée. Dites-lui de bien s'amuser.*
Divirta-se! *ou* ___________

ii *Dites à un groupe d'amis que vous espérez qu'ils s'amuseront bien à la soirée :*
Desejo que __________________ na festa.

2 i *Il y a un invité à la soirée que vous voulez accueillir de façon particulièrement chaleureuse. Lorsqu'il arrive, dites « Ça me fait vraiment plaisir de vous voir » :*
É bom __________ *ou* _________ *ou* ______________.

ii *Vous voulez montrer que vous appréciez tout particulièrement un cadeau offert par l'un de vos invités :*
Gosto muito do seu presente. _________ muito contente.

3 i *Vous allez vous rendre à une soirée et vous êtes en train d'acheter un cadeau pour offrir à votre hôte. Dans le magasin, demandez à ce qu'on vous l'emballe :*
___________ embrulhar para presente?

ii *Vous arrivez à la soirée avec votre cadeau et dites :*
Isto é para __________ *ou* __________ *ou* __________.

4 *Portez un toast à la soirée :*
- Saúde! - Saúde! - _________! - Saúde!

	Diverte-te!	ver você (Br.)	Fiquei	
ti	você	ver-te	si	Saúde!
	se divirtam	vê-lo / vê-la	Podia	

23.6 Quando é o seu aniversário? *Quelle est la date de votre anniversaire ?*

o dia de anos (Eur.) = **o aniversário**

- Quando é o seu aniversário?

- No dia 3 de Dezembro. E o seu?

- O meu é hoje.

- Então parabéns! Quantos anos é que você faz?

- Faço vinte anos.

- Tenho de ir comprar um presente para você / para si (Eur.).

- Não, não se incomode.

Récrivez le dialogue ci-dessus avec la forme **tu**, et commencez par **Quando é o dia dos teus anos?** (Eur.) ou **Quando fazes anos?** (Eur.).

24

Gostaria de praticar mais o português

J'aimerais pratiquer davantage le portugais

Communication

- Faire le point sur ce que vous avez appris
- Prévoir l'avenir

Ce dernier chapitre de révision vous donne des conseils pour améliorer et toujours maintenir à l'avenir un haut niveau de portugais.

Exercices

24.1 Português como Língua Estrangeira (PLE)

Portugais Langue Étrangère (P.L.E.) CD2 piste 27

Julie est une excellente élève de portugais langue étrangère, et elle vient d'être interviewée pour une émission de radio. Vous trouverez ci-dessous les réponses de Julie aux questions de Luísa. Reconstituez leur dialogue à partir de l'enregistrement ou de sa transcription **page 305**.

- Aprendi principalmente ensinando a mim própria como autodidacta* . Mas sentia a falta de pessoas com quem pudesse falar. Então resolvi passar um tempo em Portugal, dois meses, a praticar e estudar a língua.

- Frequentei um curso de PLE na Universidade Nova de Lisboa. Tínhamos aulas de língua todos os dias e de cultura três vezes por semana. No fim du curso submeti-me a um exame. Passei com distinção. Fiquei muito contente.**

- Obrigada. E aproveitei todas as oportunidades para falar, nas lojas, nos restaurantes, em todo o lado. Gostei muito de Portugal e da sua capital, das pessoas... de tudo. Tive muita pena de me vir embora.

-Vou... Vou voltar para um país de língua portuguesa, mas vai ser outro. Quero ir ao Brasil, quero passar dois ou três meses lá.

- Ainda não sei, mas gostaria de visitar Brasília.

- Não sei bem... Talvez porque é a capital federal. Talvez (*rindo*) também porque me disseram que Brasília foi construída em forma de avião. Não sei se acredite ou não. O melhor é ir ver.

- Ir ao Brasil é também uma boa oportunidade para ouvir outro sotaque e outras expressões.

- Hei-de ir, mas quando ainda não sei.

* autodidata (Br.) ** freqüentei (Br.)

24.2 Procure e descubra *Cherchez et trouvez*

Afin de maintenir un niveau élevé de portugais une fois que ce cours sera terminé, essayez, chaque fois que vous souhaiterez parler portugais, de toujours penser directement dans cette langue. C'est une règle d'or.

Imaginez que vous êtes chez un marchand de vin et que l'on est en train de vous montrer plusieurs marques de **vinho tinto**. Vous faites votre choix et vous utilisez le verbe **tomar** pour dire *Je prends celui-là*. À votre étonnement, cependant, le vendeur ouvre la bouteille et verse du vin dans un verre avant de vous le tendre. Il pense que vous êtes en train de dire que vous voulez un verre de ce vin pour le goûter. Comme nous l'avons vu plus tôt, **quero esse** ou **levo esse** auraient été compris sans ambiguïté.

Il est important de bien comprendre qu'un mot et sa traduction ne sont pas forcément équivalents en tous points. Le français a parfois des nuances que le portugais ne possède pas, et inversement.

24.2.1 Trouvez un seul mot français qui équivaudra à tous les sens des mots portugais encadrés.

i	**Vou** **Vou**	**perguntar** **pedir**	**onde ele está.** **um copo de água.**
ii	**O comboio** **Eu**	**sai** **parto**	**às 18h00.** **para África amanhã.**
iii	**Creio** **Acredito**		**que ele vai ganhar o prémio de 10 mil euros.** **que ele ganhou o prémio de 10 mil euros.**
iv	**Faltam** **Tenho saudades**		**duas malas.** **do meu gato.**
v	**Jantámos fora e** **Procurei, mas não**	**achei** **encontrei**	**a conta bastante cara.** **a chave.**
vi	**Fico** **Estou**		**contente que eles puderam vir.** **na florista.**

24.2.2 À présent, essayez de trouver les mots, un par série, qui remplaceront les points d'interrogation dans les phrases suivantes. Ils sont cachés dans les mots-mêlés à la page suivante.

i	**Fez bom** **Quanto**	**?**	**e muito sol.** **vamos esperar.**
ii	**Agora vou para** **Ele mora numa**	**?**	**.** **ou num apartamento?**
iii	**Esta senhora** **A filha dele**	**?**	**o telemóvel.** **o avião das 9 horas.**
iv	**Ele vai se** **Se puder, vou** **Posso**	**?**	**no hospital.** **disso amanhã.** **o João por "tu"?**

v Você não me … esse dinheiro.
O Nuno … ? … chegar em breve.
O senhor … reservar lugar.

vi A que horas é que … ? … o jantar?
Para que é que … isto?
Este casaco não me … . Está apertado.

vii ? … 20 para as 8.
duas pessoas no grupo.
os guardanapos na mesa.

viii Você já … ? … a Teresa?
Ela não … ninguém aqui.
Pierre não … Belém.

ix Pierre … ? … onde fica Belém.
O senhor … falar português?
Você … se ela chegou bem?

x Onde … ? … o seu apartamento?
Quem … em casa e quem vai sair?
Ela … contente quando o vê.

C	O	N	H	E	C	E	R	A
O	C	A	S	D	E	V	A	S
F	A	T	T	E	M	P	O	S
A	O	R	E	V	I	E	R	E
L	P	A	M	E	D	R	O	R
T	I	T	O	V	Z	D	E	V
A	C	A	S	A	G	E	M	E
M	O	R	U	H	L	U	M	J
S	A	B	E	U	F	I	C	A

24.3 Desvenda o mistério *Résolvez le mystère*

À tout moment vous risquez de découvrir des mots portugais qui ressemblent à des mots français. Leur prononciation sera voisine, ou leur orthographe similaire, ou même les deux à la fois, mais leur signification sera différente, parfois même très différente.

Imaginez que, alors que vous vous dirigez vers la porte votre ami vous dit **Puxe**, qui ressemble au français *Pousse*. Le problème (comme vous l'avez vu dans ce cours), c'est que vous devez faire exactement le contraire : *tirez* !

D'autres « faux amis » ont été démasqués pour vous tout au long de ce cours, comme par exemple **a carta** – *la lettre*, ou **a taça** – *la coupe*. Vous en trouverez davantage dans le tableau à la page suivante. Apprenez-les.

Lisez à présent le texte qui suit et essayez de découvrir qui a volé la marmelade de coing à l'épicerie du coin ce matin-là, laissant une boîte vide sur l'étagère...

***10h00.* D. Rosa, uma das empregadas, que está grávida, colocou as caixas de marmelada nas duas primeiras prateleiras a contar de baixo.**

***10h10.* D. Berta entrou com Joãozinho, o filho de dois anos, que chorava porque queria descalçar as luvas mas a mãe não deixava; é uma criança muito sensível e parecia estar constipado. D. Maria, a empregada da caixa, diz que D. Berta, que é um pouco esquisita, não comprou nada e parecia preocupada ao sair.**

***10h15.* D. Zulmira, senhora de sessenta anos, entrou com o seu cachorro Piloto. Conversou durante uns cinco minutos com D. Rosa junto às prateleiras da marmelada.**

***10h20.* Sr. Olavo, homem de ar absorto, entrou na loja. Ele parecia pretender alguma coisa especial. Encontraram-se as suas impressões digitais na caixa vazia.**

***10h30.* Sr. José, o gerente que não gosta de ser tratado pelo seu sobrenome Nabo, notou que uma das caixas de marmelada não tinha nada dentro, estava vazia. A marmelada tinha desaparecido mas a caixa estava na prateleira.**

	faux ami	sens*	
P F	(estar) **grávida** *(la) gravité*	*être enceinte* (a) **gravidade** ; (a) **seriedade**	F P
P F	**esquisito** *exquis*	*étrange, bizarre* **delicado**	F P
P F	(estar) **constipado** *être constipé*	*(être) enrhumé* **ter prisão de ventre**	F P
P F	**pretender** *prétendre*	*chercher* **aspirar a**	F P
P F	(o) **sobrenome** *(le) surnom*	*(le) nom de famille* **(a) alcunha**	F P

*non exhaustif

24.4 Não ao pé da letra... *Au pied de la lettre, non*

De même qu'il existe ce genre de mots en français, vous avez été confronté(e) au long de ce cours à des termes portugais dont la signification littérale a été perdue au profit d'une autre, différente. C'est le cas par exemple de **andar**, **voltar**, **deixar**, **começar**, **acabar** et bien d'autres encore.

Vous trouverez ci-dessous deux séries de phrases. Associez à chaque phrase de la série **1** à **5** une de la série **a** à **e** qui représente une autre manière de dire la même chose.

1 Eu **comecei a** estudar português há seis meses.
2 Mas em breve **deixei de** estudar português por falta de tempo.
3 Depois de um intervalo **voltei a** estudar português.
4 E **ando a estudar** (Eur.) / **ando estudando** muito.
5 **Acabo de** fazer o penúltimo exercício deste curso.

a **Depois de um intervalo estudei português novamente.**
b **Fiz agora mesmo o penúltimo exercício deste curso.**
c **Eu estudei português pela primeira vez há seis meses.**
d **E tenho estudado muito ultimamente.**
e **Mas em breve parei de estudar português por falta de tempo.**

24.5 A cultura do país *La culture du pays*

24.5.1 Étudiez l'encart ci-dessous, publié dans une brochure provenant du Centre Artistique d'une Université brésilienne : **Centro de Artes da Universidade Federal Fluminense**.

literatura *cinema* *artes*

teatro

INTRODUÇÃO À CULTURA BRASILEIRA

plásticas

Participe!

música

Organização - Secretaria de Cultura de Niterói
de 03 de agosto a 10 bde dezembro
TEATRO DA UFF das 15 às 18 horas

24.5.2 Répondez en portugais aux questions suivantes :

i **Qual é o tema geral deste curso da UFF?**
ii **Quem são os organizadores?**
iii **Onde é que se vai realizar?**
iv **Quando é que se vai realizar?**

24.5.3 Écrivez à l'UFF :

(*Vous avez l'intention de passer six mois au Brésil l'année prochaine, de juillet à décembre / Vous êtes intéréssé(e) par un cours d'introduction à la culture brésilienne / Vous aimeriez prendre part au cours de l'UFF / Vous posez votre candidature et envoyez votre C.V. en pièce jointe / Vous attendez leur réponse et espérez qu'ils accepteront votre candidature.*)

Annexes

Les **Chapitres 5, 10 et 15** sont conçus pour vous aider à consolider et réviser ce que vous avez appris. Vous y trouverez de nombreuses opportunités d'évaluer les progrès que vous faites. Il en va de même pour les quatre derniers chapitres du cours, qui contiennent des exercices de révision générale des nouvelles structures et qui vous offrent la possibilité d'élargir votre vocabulaire. Le **corrigé des exercices pages 273-94** vous permettra au long de cet apprentissage de contrôler vos progrès en comparant vos propres réponses aux résultats donnés.

Le **Chapitre 5** est décisif pour vous. Lorsque vous comparez vos résultats avec ceux donnés dans le **Corrigé des exercices**, notez le nombre de réponses exactes que vous avez. Si plus de la moitié étaient fausses, revoyez les **Chapitres 1 à 4** avant d'avancer sur un nouveau chapitre. Idem pour le **Chapitre 10** et le **Chapitre 15**, et si vos résultats sont faibles dans les **Chapitres 21 à 24**, étudiez de nouveau les chapitres précédents.

Voici quelques indications pour vous aider à évaluer vos performances :

80%-100%	Félicitations ! **Parabéns!** C'est excellent.
60%-79%	Bravo, c'est très bien. **Muito bem**. Vous maîtrisez la plupart des points traités dans les chapitres. Essayez d'éclaircir ceux sur lesquels vous avez encore des doutes avant d'aller plus loin.
en dessous de 50%	Ce n'est pas mal, mais nous vous conseillons vivement de bien revoir les derniers chapitres. Une fois que cela est fait, évaluez de nouveau vos progrès.

Chapitre d'introduction

A.3: a Boa noite. **b** Bom dia. **c** Boa tarde. **A.6: a** Boa tarde, Dona/Senhora Laura. **b** Olá! ou Oi! (Br.). **C.2: 2** f d; **3** c e; **4** g a. **C.4: a** Bom dia. **b** Boa tarde. **c** Até logo. Vous pouvez ajouter : Adeus / Tchau! **d** Tchau, até logo.

Chapitre 1

1.1 certo **2 3**, errado **1.**

1.2 **1** b. **2** a. **3** b.

1.3.1 ii A+C, **iii** B+C, **iv** B+C, **v** A+B.

1.3.2 i -Faz favor, pode me dizer onde é a recolha de bagagem? -A recolha de bagagem é à direita, em frente do controlo de passaportes. -Obrigada. **ii -**Onde são as informações, por favor? -As informações são no andar de cima, à direita. -Obrigado. **iii** -Desculpe, onde são as casas de banho das senhoras? -As casas de banho das senhoras são à esquerda, a seguir às casas de banho dos homens. -Muito obrigada. **iv** -Se faz favor, pode me dizer onde são as agências de aluguer de carros? -As agências de aluguer de carros são a seguir às informações e ao ponto de encontro. -Muito obrigado. **v** -Por favor, onde é a praça de táxis? -A praça de táxis é lá em baixo (Eur.) / lá embaixo (Br.), em frente. -Muito agradecida.

1.4.1 Por favor / Faz favor / Se faz favor / Desculpe, **a** pode me dizer onde é a farmácia? ou simplement onde é a farmácia? **b** (pode me dizer) onde é o banco? **c** (pode me dizer) onde são as informações? **d** (pode me dizer) onde são as casas de banho dos homens?

1.4.2 Como? / Como? Mais devagar, por favor / se faz favor (Eur.).

1.4.3 (Muito) obrigado/obrigada. Votre réponse est également correcte si vous avez dit (Muito) agradecido / agradecida.

1.5 **i** À esquerda **ii** Em frente.

1.6 Por favor, pode me dizer onde é a agência de câmbio?

Chapitre 2

2.1 certo **1 2,** errado **3**

2.2 **1** a. **2** a. **3** c.

2.3 **1** fermé, **2** fermé, **3** occupé, **4** Ne pas fumer, **5** Faire la queue / Veuillez faire la queue (*instruction*), **6** Interdiction de s'arrêter ou de stationner, **7** Interdiction de camper, **8** Prière de ne pas fumer (*requête polie plutôt qu'instruction ou interdiction*), **9** Rappel que les déchets doivent être jetés dans les endroits prévus à cet effet, et non par terre, litt., « déchets par terre, non, ici, oui ».

2.4.1 i 2, **ii** 1, **iii** 5,6, **iv** 10, **v** 3, 4, **vi** 8, **vii** 7, **viii** 9.

2.4.2 ii Queria dois cafés. **iii** Por favor, quatro sandes (Eur.) / Por favor, quatro sanduíches (Br.). **iv** Por favor, queria papel de carta e uma caneta. **v** Queria um penso adesivo (Eur.) / Queria um esparadrapo (Br.). **vi** Pode me dar alguma coisa para as dores de cabeça? **vii** Pode me dar alguma coisa para a indigestão? **viii** Queria alguma coisa para as queimaduras solares.

2.5.1 i três - ida, **ii** quatro - ida e volta, **iii** dez - ida e volta, **iv** oito - ida **v** seis - ida e volta, **vi** cinco - ida, **vii** nove - ida e volta, **viii** sete - ida.

2.5.2 i Queria três bilhetes para Faro. **ii** Quatro bilhetes de ida e volta para o Porto, se faz favor. **iii** Dez bilhetes de ida e volta para Cacilhas, por favor. **iv** Faz favor, oito bilhetes para o Estoril. **v** Queria seis passagens de ida e volta para Manaus. **vi** Por favor, cinco passagens para Belo Horizonte. **vii** Nove passagens para o Rio, ida e volta, por favor. **viii** Por favor, queria sete passagens para Salvador, somente ida.

2.5.3 Queria... **i** duas passagens para Belo Horizonte. **ii** dois bilhetes de ida e volta para Faro. **iii** quatro passagens para Manaus. **iv** oito bilhetes de ida e volta para Cacilhas. *Votre réponse sera toute aussi exacte si vous l'avez formulée de l'une des manières suivantes* : **i** (Queria) duas passagens para Belo Horizonte. / Duas passagens para Belo Horizonte, (somente) ida. **ii** (Queria) dois bilhetes de ida e volta para Faro. / Dois bilhetes para Faro, ida e volta. **iii** (Queria) quatro passagens para Manaus./Quatro passagens para Manaus, (somente) ida. **iv** (Queria) oito bilhetes de ida e volta para Cacilhas. / Oito bilhetes para Cacilhas, ida e volta. (*Avec* por favor / (se) faz favor *au début ou à la fin.*)

2.6.1 i Pode me dar a lista de telefones? **ii** Pode me ligar para este número?

Chapitre 3

3.1 certo **2 3**, errado **1.**

3.2 1 b. **2** c. **3** b.

3.3.1 i 2 ; **ii** 4 ; **iv** 3 ; **v** 5.

3.3.2 Queria **i** um apartamento para uma pessoa, com chuveiro, para cinco noites. **ii** dois quartos individuais, com banheira, para oito noites. **iii** um quarto duplo, com banheira, para nove noites. **iv** dois apartamentos duplos com chuveiro e banheira, para dez noites. **v** um quarto de casal e dois quartos individuais, com chuveiro, para sete noites.

3.4 Queria **a** um quarto individual, com chuveiro, para uma noite. **b** um quarto duplo / de casal, com banheira, para duas noites. **c** um quarto duplo / de casal e um quarto individual, com chuveiro e banheira, para sete noites. **d** um quarto duplo / de casal, com chuveiro, para cinco noites. Queria duas camas.

3.5.2 Stéphane é o nome de baptismo (Eur.) / batismo (Br.) *ou* Stéphane é o nome próprio (Eur.) / prenome (Br.) e Dupuis é o nome de família *ou* Dupuis é o apelido (Eur.) / sobrenome (Br.).

3.6.1 supermercado, **1** ; restaurante, **2** ; museu, **3** ; igreja, **4** ; praia, **5** ; bombas de gasolina, **6** ; passagem subterrânea, **7** ; Hotel Sol-Mar, **8** ; parada de ônibus, **9** ; paragem de autocarros, **10** ; centro de turismo, **11** ; Estrada do Aeroporto, **12**.

3.6.2 **i** Por favor, pode me dizer onde é o supermercado? **ii** Faz favor, pode me dizer onde é o restaurante? **iii** Faz favor, onde fica o museu? **iv** Desculpe, pode me dizer onde é a igreja? **v** Por favor, onde é a praia? **vi** Por favor, onde ficam as bombas de gasolina? **vii** Faz favor, onde é a passagem subterrânea? **viii** Faz favor, pode me dizer onde fica o Hotel Sol-Mar? **ix** Por favor, onde é a parada de ônibus? **x** Faz favor, onde é a paragem de autocarros? **xi** Desculpe, onde fica o centro de turismo? **xii** Faz favor, onde é a Estrada do Aeroporto?

3.6.3 Por favor / Faz favor, pode me dizer onde **i** é a Estrada do Aeroporto? **ii** fica a praia? **iii** é a passagem subterrânea? **iv** fica o museu? **v** fica o supermercado? **vi** é a paragem de autocarros (Eur.) / a parada de ônibus (Br.) / o ponto de ônibus (Br.)? **vii** são as bombas de gasolina? **viii** fica o Hotel Sol-Mar?

Chapitre 4

4.1 certo **1**; errado **2 3**

4.2 **1** b. **2** b. **3** a.

4.3.1 Desculpe, tem pão e leite?

4.3.2 Queria **i** duas garrafas de leite, **ii** dois pães, **iii** duas bananas **iv** e duas maçãs.

4.4.1 **i** de sexta-feira a domingo. **ii** sete dias por semana. **iii** dez minutos a pé. **iv** dez minutos de carro.

4.4.2 Há um parque de campismo (Eur.) / um camping (Br.) perto daqui com **ii** loja, chuveiro de água fria e quente e sala de televisão? **iii** tomada de corrente, frigorífico (Eur.) / geladeira (Br.) e sala de televisão? **iv** chuveiro de água fria e quente, lavandaria (Eur.) / lavanderia (Br.) e gás para campistas? *Si vous avez utilisé* aqui perto *ou* por aqui *au lieu de* perto daqui, *votre réponse est également correcte*.

4.4.3 Tem vaga para **i** um trailer, isto é, / um carro de moradia rebocado, e uma barraca? **ii** uma caravana, e duas tendas? **iii** um carro-cama, isto é, / um carro de moradia motorizado, um reboque pequeno e uma tenda? **iv** uma auto-caravana, um reboque pequeno, uma rulote, isto é, uma caravana, e uma barraca?

4.4.4 Tem vaga para **ii** um carro-cama, isto é, uma auto-caravana (Eur.) / um carro de moradia motorizado (Br.), e uma tenda? **iii** uma rulote / um trailer, isto é, uma caravana (Eur.) / um carro de moradia rebocado (Br.), e uma barraca? **iv** dois reboques pequenos e duas tendas?

4.5 **1** Queria uma garrafa de vinho. **2** Tem um saca-rolhas? **3** Tem óculos de sol? **4** Queria uma escova de dentes e pasta de dentes. *Il est aussi correct de dire* Queria escova e pasta de dentes.

4.6.1 Queria fazer uma chamada a cobrar no destino para o Canadá.

4.6.2 **A** Tem cartões telefónicos? **B** Tem fichas telefônicas?

Chapitre 5

5.1.3 Importa-se de **i** repetir, mais devagar. **ii** escrever aqui quanto é. **iii** escrever aqui o nome, (o) endereço e (o) número do telefone. **iv** escrever aqui essa(s) palavra(s). **v** me mostrar essa palavra no dicionário *ou* me mostrar no dicionário essa palavra. **vi** me mostrar no mapa onde fica. **vii** me mostrar no mapa onde estou. **viii** me mostrar as horas.

5.2 Não, não tenho nada a declarar.

5.3.1 **i** o meu **ii** a minha **iii** meu **iv** minha.

5.3.2 Aqui tem **i** o meu passaporte. **ii** a minha carta de condução **iii** meu passaporte **iv** minha carteira de motorista.

5.4.3 **i** Pode me mostrar a lista dos modelos e preços? **ii** Quanto é por dia? **iii** Quanto é o seguro? E a caução? **iv** Queria este carro, pagando por dia. **v** Queria o carro para dois dias, e sem motorista. **vi** Pode me dar um recibo? **vii** Pode me dar os documentos do carro?

5.5 **1** b, **2** a, **3** c, **4** e, **5** d.

5.6.2 **2** A câmara municipal fica à esquerda. **3** Os bombeiros ficam à esquerda. **4** O centro de saúde fica à direita. *Si vous avez utilisé* é-são *au lieu de* fica-ficam, *c'est également correct.*

5.7.1 **i** três **ii** linha; um **iii** plataforma; cinco **iv** o trem; plataforma.

5.7.2 **i** Da linha três. **ii** Da linha número um. **iii** Da plataforma cinco. **iv** Da segunda plataforma.

5.8.1 **i** 4, **ii** 5, **iii** 2, **iv** 3, **v** 1.

5.8.2 **i** Tem varanda? **ii** Tem vista para o mar? **iii** Queria um apartamento com ar condicionado. **iv** Tem aparelho de televisão? **v** Queria um apartamento sem barulho.

5.8.3 Tem **i** ar condicionado? **ii** televisor / televisão? **iii** varanda e vista para o mar?

5.8.4 Queria um quarto / apartamento sem barulho.

5.9.1 Por favor, pode me trazer mais **2** um lençol. **3** um edredão (Eur.) / edredom (Br.). **4** um cobertor. **5** uma toalha. **6** um sabonete. **7** um rolo de papel higiénico (Eur.) / higiênico (Br.). **8** um cabide.

5.9.2 Por favor, pode me trazer mais **1** duas almofadas (Eur.) / dois travesseiros (Br.). **2** dois lençóis. **3** dois edredões (Eur.) / edredons (Br.). **4** dois cobertores. **5** duas toalhas. **6** dois sabonetes. **7** dois rolos de papel higiénico (Eur.) / higiênico (Br.) **8** dois cabides.

5.9.3 Por favor, pode me trazer mais quatro cabides e (mais) dois cobertores. Obrigado/a.

5.10.1 **a i** Não, não há. **ii** Há. **iii** Há. **iv** Não, não há. **b** Não há um mecânico perto daqui. Não há um médico aqui perto, mas há um enfermeiro. Há um dentista muito perto, na primeira rua à direita.

5.10.2 Pode me chamar **i** um médico. **ii** um enfermeiro. **iii** um mecânico. **iv** um táxi.

5.11 **a** desculpar, **d** fazer, **e** ficar, **g** partir, **h** poder.

5.12 Por favor, queria três pães, meia dúzia de maçãs, uma garrafa pequena de leite e uma garrafa grande de água.

5.14 Horizontal: **1** Não tem importância. **2** Com licença. **3** Desculpe. **4** Agradecido/a. **5** De nada. **6** Muito obrigado/a. Vertical: **1** Não tem de quê. **2** Obrigado/a. **3** De nada. **4** Por favor.

Chapitre 6

6.1 certo **2**, errado **1 3**

6.2 **1** b. **2** b. **3** c.

6.3 Este é o Nuno, essa é a Rosa e aquela é a Mariana.

6.4.1 **ii** Natal, Rio Grande do Norte; 34 anos, professora; noiva, não tem filhos. **iii** Porto Alegre, Rio Grande do Sul; 75 anos, homem de negócios aposentado; viúvo, tem um filho e uma neta. **iv** Funchal, Madeira; 41 anos, dona de casa; casada, tem um filho e uma filha.

6.4.2 **i** O meu nome é José Fontes. Sou de Faro no Algarve. Tenho vinte e dois anos e sou estudante. Não tenho filhos. Sou solteiro. **ii** Eu me chamo Glória Fonseca e sou de Natal, no Rio Grande do Norte. Tenho trinta e quatro anos de idade. Sou professora. Não tenho filhos. Não sou casada, mas estou noiva. **iii** Me chamo Osvaldo Medeiros e sou de Porto Alegre, no Rio Grande do Sul. Tenho muitos anos, setenta e cinco. Sou homem de negócios aposentado. Sou viúvo, mas tenho um filho e uma neta. **iv** Chamo-me Amélia Sarmento. Sou do Funchal, na Madeira. Tenho quarenta e um anos de idade. Sou dona de casa. Sou casada e tenho um filho e uma filha.

6.5 Não, não sou. Sou francês. // (Eu) chamo-me Mathieu Durand (Eur.) / (Eu) me chamo Mathieu Durand (Br.). (Eu) sou de Nantes. *Si vous avez dit* O meu nome é Mathieu Durand (Eur.) / Meu nome é Mathieu Durand (Br.), *c'est également correct.* // (Eu) estou sozinho e vou ficar oito dias, de férias. // Aqui está. *ou* Aqui tem. *Vous pouvez aussi dire* Aqui está *ou* tem a minha carta de condução (Eur.) / Aqui está *ou* tem minha carteira de motorista (Br.).

Chapitre 7

7.1 certo **1 2**, errado **3 4**

7.2 **1** b. **2** c.

7.3 domingo, segunda-feira, terça-feira, quarta-feira, quinta-feira, sexta-feira, sábado.

7.4.1 abre **ii** fecha **iii** começa **iv** parte **v** chega **vi** parte **vii** chega **viii** passa

7.4.2 ii À meia-noite. **iii** Ao meio-dia. **iv** Às duas e um quarto (*ou* quinze) da tarde. **v** Às dez e meia (*ou* trinta) da noite. **vi** À uma da tarde. **vii** Às dez e vinte da manhã. **viii** Às quatro menos um quarto da tarde *ou* A um quarto para as quatro da tarde. *Si vous avez utilisé les mots* hora(s) *et* minuto(s) *dans vos réponses, c'est également correct. Par exemple, pour* **viii** Às quatro horas menos quinze minutos da tarde *ou* Aos quinze minutos para as quatro horas da tarde.

7.5.2 Tenho **1** cabelo louro, ondulado, comprido, tenho olhos verdes e pele clara. **2** cabelo loiro, liso, curto, tenho olhos castanhos e pele clara. **3** cabelo castanho, ondulado, comprido, tenho olhos azuis e pele morena. **4** cabelo grisalho, frisado, curto, tenho olhos castanhos e pele morena. **5** cabelo preto, crespo, curto, tenho olhos pretos e pele morena. **6** cabelo ruivo, liso, comprido, tenho olhos azuis e pele clara.

7.5.3 i Ela tem cabelo louro (*ou* loiro), muito liso, comprido, tem olhos azuis e pele clara. **ii** Ele tem cabelo grisalho, ondulado e curto, tem olhos pretos e pele muito morena. **iii** Ele tem cabelo castanho, frisado/crespo e muito curto, tem olhos castanhos e pele morena. **iv** Ela tem cabelo ruivo, ondulado e muito comprido, tem olhos verdes e pele clara.

Chapitre 8

8.1 certo **3,** errado **1 2**

8.2 **1** a. **2** c. **3** b.

8.3.1 Naquela esquina ali, a do semáforo, você vira à esquerda, depois segue em frente, na terceira transversal vira à direita e depois toma a primeira rua à esquerda. A piscina é aí, à esquerda.

8.3.2 Naquela esquina ali, a do semáforo, a senhora vira à esquerda, depois segue em frente... (*voir ci-dessus*).

8.4.2 1 Vou vestir terno marrom claro. **2** Vou estar vestida com uma saia e uma jaqueta cinza e uma blusa vermelha. **3** Vou vestir um casaco laranja escuro, calça verde e camiseta branca. **4** Vou estar vestido com um blusão preto, umas calças de ganga azuis e uma camisa amarela.

8.4.3 Para viajar normalmente visto **2** (uma) saia e jaqueta e (uma) blusa. **3** (um) casaco, (umas) calças e (uma) T-shirt. **4** (um) blusão, (umas) calças de ganga e (uma) camisa.

8.4.4 *Les numéros* **1** *et* **2** (terno marrom, saia e jaqueta cinza)

8.4.5 i É aquela senhora de blusa cor-de-rosa e saia verde. **ii** É aquele senhor de camisa branca e calças castanhas (Eur.) / calça marrom (Br.). *Vos réponses sont*

également correctes si vous avez dit com um/a, *par exemple*: É aquela senhora com uma blusa cor-de-rosa, etc. *ou* É aquele senhor com uma camisa branca, etc.

8.5 **1** O senhor, por favor, como se chama? **2** Eu? Chamo-me Valdemar Nascimento. **3** Por favor! Esta é a pessoa que se chama Mauro da Sé. **4** Aquele senhor? Eu penso que ele se chama Fernando Camargo. **5** Desculpe a pergunta, a senhora chama-se Flávia Couto? **6** Não, não me chamo Flávia Couto. Chamo-me Rute Bento.

Chapitre 9

9.1 certo **1** errado **2 3**.

9.2 **1** c. **2** b. **3** c.

9.3 Onde eles moram faz vento no Outono, neva no Inverno, chove na Primavera e faz (muito) sol e calor / está (muito) quente no Verão.

9.4.1 ii Junho, Julho; mau tempo **iii** Agosto; muito calor **iv** Março, Abril; chove muito **v** Dezembro, Janeiro, Fevereiro; muito quente **vi** Setembro, Outubro, Novembro; sol, um pouco frio.

9.4.2 i Na minha terra Maio é na Primavera e faz bom tempo. **ii** Na terra do meu marido em Junho e Julho é Inverno e faz mau tempo. **iii** Na terra da minha esposa Agosto é um mês de Verão e faz muito calor. **iv** Na terra dos meus avós é Outono em Março e Abril e chove muito. **v** Aquele rapaz é de uma terra onde em Dezembro, Janeiro e Fevereiro é Verão e está muito quente. **vi** Estas crianças são de uma terra onde em Setembro, Outubro e Novembro é Primavera e faz sol mas está um pouco frio. (*Pour les noms de saisons, utilisez toujours des majuscules en portugais du Portugal, mais en portugais du Brésil vous avez le choix.*)

9.4.3 Fez mau tempo. Esteve / fez frio, fez vento, choveu, houve nevoeiro e não fez sol.

9.5.1 Normalmente eu levanto-me / me levanto (Br.) às sete (horas), saio de casa às oito, volto para casa às oito e meia da noite e deito-me às onze (da noite).

9.5.2 Ontem eu levantei-me / me levantei (Br.) às oito (horas), saí de casa às nove, voltei para casa às dez da noite e deitei-me à meia-noite.

9.5.3 Normalmente ele levanta-se / se levanta (Br.) às sete (horas), sai de casa às oito, volta para casa às oito e meia da noite e deita-se às onze (da noite).

9.5.4 Ontem ele levantou-se / se levantou (Br.) às oito (horas), saiu de casa às nove, voltou para casa às dez da noite e deitou-se à meia-noite.

Chapitre 10

10.1.1 **1** norte. **2** sul. **3** este. **4** leste. **5** oeste. **6** nordeste. **7** sudeste. **8** noroeste. **9** sudoeste.

10.1.2 (Fica/É) no + *les points cardinaux comme mentionnés ci-dessus.*

10.2.1 **i** d; **ii** c; **iii** f; **iv** e; **v** b; **vi** a.

10.2.2 **i** fez sol a sul do Rio Tejo; **ii** fez vento de nordeste a sudoeste; **iii** choveu a norte do Rio Tejo; **iv** esteve muito nublado a norte do Rio Douro; **v** estiveram vinte e seis graus centígrados em Lisboa; **vi** estiveram vinte e quatro graus centígrados no Porto.

10.2.3 **i** Fez mais calor em Lisboa. **ii** A temperatura esteve mais baixa no Porto. **iii** Fez bom tempo no sul. **iv** A norte do Rio Douro esteve muito nublado. **v** Fez (sim), fez vento de nordeste. **vi** Choveu a norte do Rio Tejo.

10.3.1 Queria fazer uma reserva para Curitiba para amanhã à noite. // À noite tem o Executivo. // A que horas parte? // Às vinte e duas e quarenta e cinco. // Está bem. Queria "não fumante", somente ida. // O ônibus é todo "não fumante". É proibido fumar. // Certo. // Aqui está a passagem da senhora. Poltrona quinze no Executivo das dez e quarenta e cinco amanhã à noite. O ônibus sai da primeira plataforma.

10.3.2 - Queria fazer uma reserva para Lisboa para amanhã de manhã. // De manhã tem o Intercidades. // A que horas parte? // Às dez e vinte e cinco. // Está bem. // "Fumador" ou "Não fumador"? // "Não fumador"', só ida. // Quer um lugar junto à janela? // Quero, sim. Obrigada. // Aqui está o bilhete da senhora. Lugar vinte e dois na carruagem vinte e um do Intercidades das dez e vinte e cinco amanhã de manhã. O comboio sai da linha número dois.

10.4.2 "r" de rua, "i" de idade, "v" de viagem e "e" de estação.

10.5.1 **i** Onde é que o senhor mora? **ii** Onde é que tu moras?

10.5.2 **ii** Moro na Rua da Aldeia Norte número 42.

10.6.1 **i** Pode me levar a este endereço? **ii** Pouvez-vous m'emmener à cette adresse? **iii** **a** Pode me levar à Rua da Aldeia Norte número 42? **b** Para a Rua da Aldeia Norte número 42, se faz favor.

10.7.1 **i** B; **ii** A; **iii** C.

10.7.2 **i** Esta rua é perpendicular à rua do jardim. Você segue em frente até chegar lá. **ii** Você toma a primeira rua à direita, depois (você) vira à esquerda e continua nessa rua. O jardim fica em frente. **iii** Você vai em frente. Na primeira transversal tem que passar duas ruas à direita.

10.7.3 *Par* o senhor/a senhora (*pas d'autre changement*).

10.8.1 **i** A minha filha é aquela senhora de biquíni cor-de-rosa. **ii** Minha irmã é aquela senhora de maiô laranja e cabelo loiro comprido. **iii** O meu pai é aquele senhor de calções de banho pretos e muito moreno.

10.8.2 **i** A minha neta é aquela senhora que está sentada. **ii** A minha mãe é aquela senhora que está deitada. **iii** Meu avô é aquele senhor que está em pé.

10.8.3 **i** A minha (Eur.) / Minha (Br.) amiga é aquela senhora de biquíni vermelho e muito morena, que está em pé ou de pé. **ii** O meu (Eur.) / Meu (Br.) amigo é aquele senhor de calções de banho verdes (Eur.) / calção de banho verde (Br.) e cabelo preto, que está deitado. *Autre possibilité:* de tanga (Eur.) / sunga (Br.) verde.

10.9.1 **i** Chamo-me Álvaro Maia. **ii** Sou de Maputo, em Moçambique. **iii** Tenho dezoito anos. **iv** Moro aqui na África do Sul. **v** Moro aqui há dois anos. **vi** Vou sair daqui no próximo ano. **vii** Moro com os meus pais, a minha irmã e o meu irmão. **viii** A terra dos meus pais é Portugal. **ix** No próximo ano vou para o norte de Portugal. **x** Quero ser médico. **xi** Vou estudar na Universidade do Porto.

10.9.2 ii De onde é que tu és? **iii** Quantos anos é que tu tens? **iv** Onde é que tu moras? **v** Há quanto tempo é que moras aqui? **vi** Quando é que vais sair daqui? **vii** Com quem é que tu moras? **viii** Qual é que é a terra dos teus pais? **ix** Para onde é que tu vais no próximo ano? **x** O que é que tu queres ser profissionalmente? **xi** Em que universidade é que tu vais estudar?

10.11 Parabéns no seu vigésimo quinto aniversário. Muitas felicidades.

10.12 Feliz Natal e Feliz Ano Novo *ou* e Próspero Ano Novo *ou* e Próspero e Feliz Ano Novo *ou* e Boas entradas.

Chapitre 11

11.1 **1** b. **2** a. **3** b. **4** a. **5** c.

11.2.2 ii A senhora tem de introduzir as moedas, pressionar a tecla onde diz "açúcar", esperar um pouco e depois retirar o troco e o café.

11.2.3 ii A senhora introduz as moedas, pressiona a tecla onde diz "açúcar", espera um pouco e depois retira o troco e o café.

11.2.4 ii Introduza as moedas, pressione a tecla onde diz "açúcar", espere um pouco e depois retire o troco e o café.

11.2.5 La machine est en panne. *ou* La machine est hors service.

11.3 **1** Queria... **2** Quanto é? / custa? **3** Prefiro... **4** Um pouco mais / menos, por favor / se faz favor (Eur.). **5** Está bem / certo. **6** Só isso, obrigado/a *ou* É tudo, obrigado/a. **7** Quanto é tudo? / custa tudo? *ou* Quanto é / custa ao todo? **8** Pode me dar um saco / uma sacola (Br.)?

11.4 Queria **i** isso que está à sua frente. **ii** esta lata de cerveja. **iii** quatro fatias daquele fiambre (Eur.) / presunto cozido (Br.). **iv** mais ou menos meio quilo destas maçãs. **v** uma garrafa de vinho, uma dessas de litro. **vi** duzentos e cinquenta (Eur.) / cinqüenta (Br.) gramas daquele queijo, o terceiro a contar da esquerda.

11.5.1 Gardez votre droite, marchez à gauche.

11.5.2 Na escada rolante mantenham-se à direita, caminhem pela esquerda.

11.5.3 Na escada rolante mantém-te à direita, caminha pela esquerda.

Chapitre 12

12.1 **1** c. **2** c. **3** b. **4** a. **5** a.

12.2.1 **i** 0 **ii** 4,6 **iii** 0,2 **iv** 3, 5, 7 **v** 4, 5, 9 **vi** 5, 3, 47

12.2.2 **i** Custa nove mil e oitocentos. **ii** Vai custar quarenta e quatro mil, quinhentos e sessenta. **iii** Vai custar setecentos mil, cento e vinte e dois. **iv** Custará talvez treze milhões, seiscentos e trinta e cinco mil, setecentos e setenta e um. **v** Não sei se custará quarenta e oito milhões, quinhentos e sete mil, novecentos e seis. **vi** Há-de custar menos de noventa e cinco milhões, trezentos e trinta mil, oitocentos e quarenta e sete.

12.2.3 **ii** Noventa e nove reais. **iii** Quinhentos reais. **iv** Dois mil e vinte cinco reais. **v** Trinta e um euros e meio. **vi** Quarenta e sete euros. **vii** Duzentos euros. **viii** Dois mil e setenta euros.

12.3.2 *Ce qui suit peut être donné dans un ordre différent:* Três sandes (Eur.) / sanduíches de fiambre, uma sandes (Eur.) / sanduíche de queijo, um iogurte de banana, duas cervejas, um café com leite e sem açúcar, um café sem leite e com açúcar e uma água mineral.

12.3.4 Teremos de esperar muito tempo?

12.3.5 A água mineral e o iogurte são para a senhora de camiseta (Br.) / T-shirt vermelha e o café com leite e uma das sandes (Eur.) / sanduíches de fiambre são para o senhor de camisa verde.

12.3.6 A conta, por favor.

12.3.7 Pode ficar com o troco.

12.4.1 **i** É favor não incomodar. **ii** Não incomode, por favor.

12.4.2 **i** Já pode arrumar o quarto, por favor. **ii** Quando é que o quarto estará pronto?

12.5.1 **i** Será possível ter os roupões prontos antes de 5.ª feira? Obrigada. **ii** Será possível ter o pijama pronto antes de 6.ª feira? Obrigada.

Chapitre 13

13.1 **1** c. **2** **i** c, **ii** b. **3** c. **4** b. **5** b.

13.2.2 Comprei esta quando estava no Algarve e esta quando estava na Serra da Estrela.

13.2.3 *Le passé simple* (comprei) *et l'imparfait* (estava), *pour une action arrêtée* (comprei) *dans le laps de temps continu de son séjour* (estava).

13.2.4 Estive lá no ano passado. Fui em Março e voltei dois meses depois, em Maio.

13.2.5 **i** Quando é que você esteve lá? **ii** Quando é que (tu) estiveste lá?

13.3.1 **i** Este vestido está muito curto. Tem outro mais comprido do que este? **ii** Este vestido está muito apertado. Tem outro mais folgado do que este?

13.3.2 i Este vestido está muito comprido. Tem outro menos comprido do que este? **ii** Este vestido está muito folgado. Tem outro menos folgado do que este?

13.4.1 b, g, d, c, f, a, e.

13.4.2 No meu país calço 38 e meio mas aqui não sei que número é. // 38 e meio... isso será número 38 ou 39. Eu trago três ténis (Eur.) / tênis (Br.), um em 37, um em 38 e um em 39. // (experimentando o n.º37) Este ténis (Eur.) / tênis (Br.) está muito apertado. // Então quer experimentar o n.º 38? // (experimentando o n.º38) Este está menos apertado do que o 37, mas está um pouco apertado. // Talvez o número acima, o 39. // (experimentando o n.º39) Este está bem, obrigada. Levo este par.

13.4.3 estava *partout*.

13.5.1 Por favor, queria **ii** uns sapatos **iii** um vestido **iv** uma gravata **v** uma saia.

13.5.2 *13.5.1 plus* de **ii** pelica **iii** linho **iv** seda **v** fibra sintética.

13.5.3 *13.5.2 plus* **ii** lisos **iii** estampado **iv** listrada (Br.) / às riscas (Eur.) **v** de xadrez.

13.5.4 *13.5.3 plus* em **ii** azul-escuro **iii** amarelo e verde **iv** preto e vermelho **v** duas ou três cores diferentes.

13.5.5 i Comprei estes sapatos na semana passada. **ii** Comprei esta camisa na 2.ª feira passada e esta gravata na 4.ª feira passada. **iii** Quando é que (tu) compraste esses sapatos / essa camisa e essa gravata?

Chapitre 14

14.1 1 b. **2** c. **3** b. **4** c. **5** b. **6** b.

14.2.1 i Não, não vai. **ii** (Ela) vai a cavalo.

14.2.2 i Gosto de andar a cavalo. **ii** Ando a cavalo todos os sábados. **iii** Andei a cavalo no sábado passado.

14.2.3 Eu encontrei o Raul quando (eu) estava a andar a cavalo (Eur.) / estava andando a cavalo (Br.) no sábado passado. Ele também estava a andar (Eur.) / estava andando (Br.) a cavalo.

14.2.4 J'ai rencontré Raul quand j'étais en train de monter à cheval samedi dernier. Lui aussi était en train de monter à cheval *ou* lui aussi était à cheval. (*Sally était à cheval quand elle a rencontré Raul, et ils étaient tous les deux en train de faire du cheval en même temps.*)

14.3.1 a, f, c, b, e, d.

14.3.2 Tu falas português muito bem. / Obrigado. Tu és muito amável. Eu ainda faço muitos erros. Corrige-me, está bem? / Está. Há quanto tempo aprendes português? / Há dois meses. / Há só dois meses!? Como consegues aprender tão rapidamente? / Estudando um pouco todos os dias.

14.4.1 Acceptez-vous les cartes de crédit? / Oui.

14.4.2 i Aceitamos. **ii** Pode. **iii** Não, não tem.

14.5.2 i O clube abre às oito horas da noite. **ii** O jantar começa às oito horas e trinta (da noite). **iii** O museu está aberto até às dezasseis. **iv** A primeira sessão começa às quinze horas. **v** Há futebol no domingo. **vi** Não, não está. (Fecha às seis horas.) **vii** A piscina está aberta a partir das oito horas da manhã. **viii** A biblioteca fecha às nove horas da noite. **ix** Pode. (A partir das nove horas.) **x** Não, não está. (Está aberta toda a noite.) **xi** O horário de atendimento do médico de clínica geral é das dezassete (Eur.) / dezessete (Br.) às vinte horas. **xii** Sim, ainda vai. (A terceira tiragem (Eur.) / coleta /Br.) é às vinte e uma horas.)

14.5.3 i Não, começa às nove e meia. **ii** Está aberta toda a noite. **iii** Não, só a partir das dezassete (Eur.) / dezessete (Br.). **iv** Às onze horas.

14.5.4 i A sessão da noite começa antes das nove horas? **ii** Até que horas é que a farmácia está aberta? **iii** No médico, há consultas de manhã? **iv** A que horas abre a galeria de arte?

14.5.5 i A que horas é que o restaurante abre? **ii** A que horas é que a sessão da noite começa? **iii** Até que horas é que a farmácia está aberta hoje à noite / esta noite? **iv** A que horas é que o museu fecha?

Chapitre 15

15.1 **1** b, **2** a, **3** d, **4** c, **6** e, **7** f.

15.2 **1** Amanhã, sábado, trabalho. **2** Amanhã vou trabalhar. **3** Provavelmente trabalharei amanhã *ou* amanhã trabalharei. **4** Amanhã hei-de trabalhar. **5** Agora não posso. Estou a trabalhar. (Eur.) / Agora não posso. Estou trabalhando. (Br.) **6** Trabalhei ontem, sábado. **7** O Hugo telefonou ontem quando eu estava a trabalhar. (Eur.) / Hugo telefonou ontem quando eu estava trabalhando. (Br.) **8** Eu trabalhava aos sábados, mas agora não trabalho. *ou* Eu costumava trabalhar aos sábados, mas agora não trabalho.

15.3.1 i Está atrasado. **ii** Está adiantado.

15.3.2 i Bernardo. **ii** Gonçalo.

15.4.1 Esta soma está errada. Mil, cento e quarenta de fiança e renda mais cento e trinta e sete de despesas não são mil duzentos e oitenta e sete. São mil, duzentos e setenta e sete.

15.4.2 quatro mais três é igual a sete, não é igual a oito *ou* quatro mais três são sete, não são oito.

15.5 **1** Importam-se de falar mais baixo. **2** Por favor, queiram falar mais baixo. **3** Querem falar mais baixo, por favor? **4** Falem mais baixo!

15.6.1 i carregue. **ii** Appuyez pour ouvrir. **iii** Pour obtenir « vert » appuyez ici (*littéral*). *ou* Pour passer au vert, appuyez ici. Merci. **iv** Carregar para abrir. Para obter verde carregar aqui. (Eur.)

15.6.2 i Carregue para abrir. **ii** Tem de carregar para abrir. **iii** Quer carregar para abrir? **iv** Queira carregar para abrir. **v** Faça o favor de carregar para abrir. (Eur.)

15.6.3 i Carregue para obter verde. **ii** Tem de carregar para obter verde. **iii** Quer carregar para obter verde? **iv** Queira carregar para obter verde. **v** Faça o favor de carregar para obter verde. (Eur.)

15.6.4 a Aperte para abrir. **b** Para obter verde aperte aqui. Obrigado (Br.)

15.6.5 a Apertar para abrir. **b** Para obter verde apertar aqui. (Br.)

15.6.6 i Aperte para abrir. **ii** Tem de apertar para abrir. **iii** Quer apertar para abrir? **iv** Queira apertar para abrir. **v** Faça o favor de apertar para abrir. (Br.)

15.6.7 i Aperte para obter verde. **ii** Tem de apertar para obter verde. **iii** Quer apertar para obter verde? **iv** Queira apertar para obter verde. **v** Faça o favor de apertar para obter verde. (Br.)

15.7.1 a pé

15.7.2 Ontem fui a pé.

15.7.3 Amanhã irei a pé.

15.7.4 Como é que você vai para as aulas de português? *ou* Como é que vai para as aulas de português?

15.8 a Pode me dar o horário dos comboios? **b** Pode me dar a tabela de horário dos trens? *ou* Pode me dar o horário dos trens?

15.9.1 Tem um vôo para Brasília amanhã de manhã sem escala? // Não, o voo faz escala no Rio.

15.9.2 Tem um voo para Lisboa amanhã de manhã sem escala? // Não, o vôo faz escala no Rio.

15.10 1 i O comboio das 15:25 para Tomar é directo ou tem transbordo? // É directo. **ii** O comboio das 15:25 para a Guarda é directo ou tem transbordo? // É directo. **2** trem.

15.11 1 b, **1** d, e, **2** a, **3** c.

15.12.2 a 1 trabalho; metro; 20 minutos. **2** escola; trem; ½ hora. **3** biblioteca; autocarro; ¼ hora. **4** estádio; comboio; ¾ hora. **5** cinema; ônibus; 10 minutos. **b 1** Normalmente vou para o trabalho de metro. Levo vinte minutos. **2** Eu vou para a escola de trem (Br.). Levo meia hora. **3** Vou para a biblioteca de autocarro (Eur.). Levo um quarto de hora. **4** Eu vou para o estádio de comboio (Eur.). Levo três quartos de hora. **5** Eu vou para o cinema de ônibus (Br.). Levo dez minutos. **6** Eu vou para a praia de bicicleta. Levo cinco minutos mais ou menos.

15.12.3 ii Agora normalmente vou de autocarro mas costumava ir de metro. (Eur.) / Agora normalmente vou de ônibus mas costumava ir de metrô. (Br.). **iii** Agora normalmente vou de comboio mas costumava ir de carro. (Eur.) / Agora normalmente vou de trem mas costumava ir de carro. (Br.) **iv** Agora normalmente vou de autocarro mas costumava ir de bicicleta. (Eur.) / Agora normalmente vou de ônibus mas costumava ir de bicicleta. (Br.)

15.13 1 Aquela menina de cabelo louro (ou loiro) comprido e vestido vermelho e branco. **2** Aquele rapaz que está em pé (ou de pé) junto da (ou à) (máquina de) venda automática de café. **3** Aquela senhora de biquíni preto que está a falar (Eur.) / falando (Br.) junto do (ou ao) carro amarelo. **4** Aquele senhor de cabelo preto curto e camisa às / com riscas (Eur.) / listrada (Br.) que está sentado a ler (Eur.) / lendo (Br.) o jornal.

15.14.2 1 para a cave. **2** Para o segundo. **3** Para o rés-do-chão.

15.14.3 i Por favor, pode me dar a chave do quarto (*ou* do apartamento, *selon le type d'hôtel*) número quatro - três - nove. **ii** Por favor, pode me dar a chave do quarto (*ou* do apartamento) número quatrocentos e trinta e nove.

15.15.1 *Cases cochées pour* : 08:00-08:30 ; torradas ; geleia ; manteiga ; laranja ;

café ; leite ; ovos cozidos ; presunto. *Requêtes particulières* : ovo bem cozido, leite magro (Eur.) e pão integral.

15.15.2 Avant de vous coucher, veuillez suspendre (ce formulaire) à la poignée extérieure de votre chambre.

15.15.3 Bom dia. Esqueci-me de pendurar na maçaneta da porta o cartão para pedir o pequeno-almoço (Eur.) (*au Brésil* café da manhã). Ainda posso pedir? // Pode, sim. O que deseja? // Queria um ovo cozido, torradas, presunto, manteiga, geleia, sumo (Eur.) de laranja, café e leite. // Prefere o ovo bem ou mal cozido? // Bem cozido. E só mais duas coisas, desculpe. Prefiro leite magro (Eur.) e pão integral. Terei que esperar muito tempo? // Não, meia hora mais ou menos.

15.16 **1** c, **2** a, **3** d, **4** n, **5** g, **6** b, **7** j, **8** m, **9** e, **10** f, **11** h, **12** k, **13** i, **14** l.

15.17.1 **i** Le mot "alimentação", épicerie. **ii** La vitrine du magasin. **iii** Au centre. **iv** Des étagères. **v** La porte de l'arrière boutique.

15.17.2 **ii** **a** A caixa que A quer está em cima do balcão. **b**. A caixa que B quer está perto da montra (Eur.) / vitrine (Br.). **c** A caixa que D quer está dentro do balcão. **d** A pessoa que prefere uma das caixas pequenas em volta da caixa grande é D. **e** Quem quer uma caixa que está na segunda prateleira a contar de baixo, atrás do balcão é C.

15.18.1 Estou só a ver (Eur.) / Estou só olhando (Br.).

15.18.2 Onde posso encontrar uma loja que vende guarda-sóis? *ou* Onde é que posso encontrar uma loja que venda guarda-sóis?

15.18.3 Payer à la caisse et retourner vers la vendeuse qui vous a servi avec le ticket.

15.19.1 **i** Às oito (horas) e quarenta e três (minutos). **ii** Às vinte e cinquenta (Eur.) / cinqüenta (Br.) e cinco. **iii** Às duas e cinquenta (Eur.) / cinqüenta (Br.). **iv** Às quinze e quinze.

15.19.2 **i** Estará, sim. *ou* Está, sim. (*aucun doute*) **ii** Estará, sim. *ou* Está, sim.

15.20.1 Pode me dizer onde é o aluguer (Eur.) / aluguel (Br.) de toldos e barracas (de praia)? *Autre possibilité*: Pode me dizer onde se alugam toldos e barracas? *ou* Pode me dizer onde posso alugar um toldo ou uma barraca?

15.20.2 **i** Queria alugar uma barraca por um dia. **ii** Queria alugar um toldo por meio-dia.

15.20.3.i Quanto é a barraca por um dia? *ou* Quanto custa a barraca por um dia? **ii** Quanto é o toldo por meio-dia? *ou* Quanto custa o toldo por meio-dia?

Chapitre 16

16.1 **1** c. **2** b. **3** b. **4** b. **5** b.

16.2.1 **i** Quer deitar-se? **ii** Quer levantar-se e sentar-se? **iii** Quer levantar-se?

16.2.2 Faça o favor de **i** sentar-se **ii** deitar-se **iii** levantar-se.

16.2.3 Queira **i** sentar-se **ii** deitar-se **iii** levantar-se.

16.2.4 **i** Sente-se **ii** Deite-se **iii** Levante-se.

16.2.5 **ii** Deitem-se **iii** Levantem-se.

16.2.6 **ii** Deita-te **iii** Levanta-te.

16.2.7 **i** Sentem-se **ii** Deitem-se **iii** Levantem-se.

16.3 Queira **i** despir *ou* tirar o (seu) casaco. **ii** descalçar *ou* tirar as (suas) botas. **iii** tirar o (seu) chapéu.

16.4.1 Dói-me **i** muito a garganta desde domingo passado. **ii** um dente há dois dias. **iii** muito o ouvido direito desde ontem à noite. **iv** um pouco aqui desde quarta-feira passada.

16.4.2 Já me despi.

16.4.3 **i** toutes les 6 heures. **ii** deux fois par jour. **iii** un jour sur deux.

16.5 **1** Sim, sofro. **2** Sofro do coração. **3** (Sou), sim, sou alérgica a penicilina. **4** Não, não tomei. **5** Deve informar o meu marido, Óscar Campos. O número do telefone é quatro três oito, um zero, dois dois, seis sete.

16.6 **1** Cuidado! **2** Tem perigo! **3** Depressa! **4** É perigoso! **5** Aqui há perigo! **6** Fogo! **7** Socorro!

16.7.1 **i** Marche à droite du trottoir ou du bas côté. **ii** Caminhe pelo lado direito do passeio ou da berma.

16.7.2 **i** Pour traverser /- Arrête-toi au passage piéton /- Regarde à gauche d'abord, puis à droite pour voir si une voiture arrive /- S'il n'y a pas de voiture, traverse en regardant de nouveau à gauche jusqu'à la moitié de la route, puis à droite. **ii** Para atravessar / Pare no passeio / Olhe primeiro para a esquerda e depois para a direita para ver se vem algum carro / Se não vier nenhum, atravesse, olhando novamente para a esquerda até ao meio da rua e depois para a direita.

16.7.3 **i** Caminhe pelo lado direito da calçada ou do acostamento.

ii Para atravessar / Pare na calçada / Olhe primeiro para a esquerda e depois para a direita para ver se vem algum carro / Se não vier nenhum, atravesse, olhando novamente para a esquerda até ao meio da rua e depois para a direita.

Chapitre 17

17.1 **1** c. **2** a. **3** b. **4** a. **5** b.

17.2.1 Afonso, voiture B; Olavo, voiture A.

17.2.2 Onde é que o senhor está? // Na estrada de Sagres para Lagos, a mais ou menos 10 km de Sagres. // Precisa de uma ambulância ou de um rebocador? // Não preciso de uma ambulância. Não há feridos, nem mortos. Mas preciso de um pronto-socorro para rebocar o carro. O meu carro não funciona (Eur.) / está funcionando (Br.).

17.2.3 1 **b**, 2 **c**, 3 **a**.

17.2.4 Eu seguia / estava seguindo (Br.) pela estrada a 60 km por hora. À minha frente seguia / estava seguindo (Br.) o carro C, muito lentamente. Eu vi o carro A, que parecia que tinha parado no cruzamento. Eu ultrapassei o carro C, mas o carro A avançou e bateu no meu.

17.3.1 Nunca bebo quando conduzo.

17.3.2 Nunca bebo quando dirijo / estou dirigindo.

17.4.2 **i** c, **ii** e, **iii** a, **iv** d, **v** b.

17.5.1 **i** um pendente (feito) de ouro e em forma de estrela. **ii** tem cabelo preto e zuarte azul (Br.). *Donnée au passé, votre réponse serait également correcte (il pourrait avoir changé de vêtements ou teint ses cheveux entre-temps).* tinha cabelo preto e estava vestido com uma camiseta (Br.) / T-shirt branca e calças de ganga azuis (Eur.) / calça de zuarte azul (Br.).

17.5.2 **i** é / era um carro verde escuro. *ou* o carro é/era verde escuro. **ii** tem (*ou* deve ter) uns quarenta anos (*ou* mais ou menos quarenta anos), tem / tinha cabelo louro curto e está/estava vestido com uma camisa amarela.

17.6 **1** b, **2** a.

17.7.1 **i** É grave. **ii** A partir de 53 km/h. **iii** Suspensão da carteira da habilitação (Br.) / carteira de motorista (Br.) / carta de condução (Eur.) por 2 a 7 meses.

17.7.2 **i** Attention aux excès de vitesse **ii** La hâte et la sécurité ne font pas bon ménage (litt. ne sont pas dans la même voie). *Jeu de mot sur les deux significations de* mão: main *et* voie de circulation.

Chapitre 18

18.1 **1**b. **2** c. **3** a. **4** c. **5** c.

18.2.1 **i** B, **ii** A, **iii** B, **iv** B, **v** A.

18.2.2 Todos os dias, faço jogging / cooper (Br.) de manhã cedo. Aos fins-de-semana, pratico esqui aquático, quando faz bom tempo; e praticaria mais vezes, se tivesse mais tempo.

18.3.2 A Madeira tem plantas raras? E animais? // Sim, tem. A Madeira é praticamente uma reserva natural, sendo dois terços do território Área Protegida onde abunda fauna e flora raras. // Que passeios a pé tem para pessoas que não estão em boa forma? // Tem passeios suaves. Para os que não se querem meter em grandes aventuras, tem belos passeios ao longo das "levadas". // Desculpe. Não compreendo. O que significa "levadas"? // "Levadas" significa pequenos canais de irrigação artificiais. // E que passeios tem para os mais aventureiros? // Para os mais aventureiros tem muitos trilhos, que estão bem assinalados com placas e que levam às montanhas. // O que tem para quem joga golfe? // Para quem joga golfe tem muita coisa, incluindo dois campos para campeonatos. // Pode fazer-se mergulho e vela? // Pode, sim. A Madeira, sendo uma ilha, é rica em desportos aquáticos. // Só mais uma pergunta. Seria possível fazer pesca de alto mar? // É, sim. E é possível pescar espadim azul com mais de 500 kg.

18.4.1 à sombra. ao sol.

18.4.2 **i** Não comprou. **ii** Porque já não havia mais lugares nas bancadas à sombra. **iii** Teria. *ou* Teria, sim.

18.5 **2** O Carnaval. **3** Com muita antecedência. **4** Escolas de samba. **5** Por toda a parte. Na rua. **6** **a** os passistas, **b** a bateria, **c** as fantasias.

18.6.1 trezentos e três (*ou* zero, zero, três, zero, três), sector (Eur.) / setor (Br.) nove, fila C, lugar um (*ou* primeiro *ou* número um *ou* zero zero um).

18.6.2 **i** Votre place est un numéro impair et vous êtes du côté des numéros pairs. **ii** Allez du côté sud, de l'autre côté du boulevard.

18.7 **1** Desculpe. Parece que perdi o bilhete. **2** Achei o bilhete. Aqui tem. *ou* Aqui está.

Chapitre 19

19.1 **1** a. **2** b. **3** c. **4** c. **5** b.

19.2 **1** Faz favor, traga-me a ementa. **2** O cardápio, por favor. **3** Queríamos uma mesa para quatro, longe da porta se possível. **4** Pode trazer mais pão? **5** Queria experimentar um prato típico desta região.

19.3 Traga-me **1** um copo de água, por favor. **2** uma chávena (Eur.) / xícara (Br.) de chá, por favor. **4** uma caneca de cerveja, por favor. **5** um cálice de porto, por favor. **6** uma taça de champanhe, por favor.

19.4.2 Paraty ↔ para ti : Le mois d'août à Paraty, pour vous (para ti), toujours.

19.4.3 Vou ao festival da pinga em Paraty. Lá a terra é propícia ao cultivo da cana-de-açúcar e há séculos que fazem aguardente. Vou beber o que dizem ser uma das melhores pingas do Brasil.

19.4.4 Infelizmente eu não pude ir ao festival. Se tivesse ido, teria bebido o que dizem ser uma das melhores pingas do Brasil.

19.5 A minha / Minha (Br.) cidade natal fica (*ou* é) **1** na margem de um rio. **2** numa região montanhosa. **3** na costa norte do país. A minha / Minha (Br.) cidade natal tem **4** um milhão de habitantes. **5** um clima frio no Inverno. **6** indústria informática.

19.6 **1** Sou gascão. Nasci em Toulouse, no sul da França. Toulouse é uma cidade linda, conhecida como a "cidade cor-de-rosa". **2** Sou suíça. Nasci em Gruyère, no oeste da Suíça. Em Gruyère há um castelo antigo e faz-se um queijo que se chama "gruyère".

19.7.2 **i** Em que consiste o bacalhau à Gomes de Sá? **ii** Em que consiste o bacalhau tropical? **iii** Em que consiste o bacalhau à moda da casa?

19.7.3 **i** Preferia um prato que não tivesse cebola. **ii** Preferia um prato que não tivesse ovo. **iii** Preferia um prato que não tivesse couve. **iv** Preferia um prato que não tivesse leite de coco.

Chapitre 20

20.1 **1**b. **2** b. **3** c. **4** b.

20.2 **1** À ordem de Fernando Costa Machado. **2** Sessenta mil euros. **3** Falta o ano na data.

20.3 **1** Queria descontar este cheque. **2** Onde é que estão as fichas de depósito? **3** Isto é o recibo do depósito? **4** Queria ver o meu saldo. **5** A quanto está o franco suíço hoje? E quanto é a comissão?

20.4.1 *Au guichet 1:* **b**, **e**, **f**. *Au guichet 2: personne. Au guichet 3:* **a**, **c**, **d**.

20.4.2 **a** Que preciso fazer para ter uma posta-restante? **b** Faz favor, queria enviar esta carta registada. **c** Tem algumas cartas para Guillaume Lasé? **d** Tem alguma coisa em nome de Murielle Valet? **e** Quanto custa enviar isto para Canadá, registado? **f** Quanto custa enviar este pacote para França, por via aérea, registrado ?

20.5.2 **i** a, c. **ii** e, d, b, f.

20.6.2 **1** A Torre de Belém. **2** A UNESCO **3** O estilo manuelino é um estilo ornamental arquitectónico (Eur.) / arquitetônico (Br.) português. (Data do fim do século quinze e princípio do século dezasseis (Eur.) / dezesseis (Br.), época de grandeza para Portugal que coincide com o reinado de Dom Manuel; daí o nome "manuelino".) **4** Cabo da Boa Esperança. **5** Vasco da Gama chegou à Índia em 1498 e Álvares Cabral chegou ao Brasil em 1500. **6** *Trois parmi les suivantes* : pilares em espiral, cordame, esferas armilares e a cruz da Ordem de Cristo.

20.7.2 Olá, Sylvie! / Tudo bem? Aqui faz bom tempo, a comida é boa e eu estou bem. Ontem fui à Torre de Belém. Data do século XVI e tem (*ou* apresenta) todas as características individualizantes do estilo manuelino. O estilo manuelino é um estilo ornamental arquitectónico (Eur.) / arquitetônico (Br.) português. Inclui pilares em espiral, cordame, esferas armilares e a cruz da Ordem de Cristo. / Um beijo do Philippe.

Chapitre 21

21.1.2 i Como é que a senhora quer o cabelo? // Eu quero uma franja bem curta, e dos lados e atrás quero cortar só um pouco. **ii** Como é que o senhor quer o cabelo? // Quero bem curto atrás e penteado para trás. **iii** Como é que a senhora quer as unhas? // Quero cortar só um pouco e quero esmalte incolor. **iv** De que cor é que a senhora quer o verniz? // Vermelho escuro.

21.1.3 Quero **ii** cortar só um pouco dos lados e atrás. **iii** penteado para trás. **iv** penteado para o lado direito.

21.2.2 (Você) retira o auscultador (Eur.) / fone (Br.) do gancho e aguarda o sinal de linha (Eur.) / de digitar (Br.); digita primeiro estes números e depois o número do telefone desejado; e aguarda o sinal de chamada (Eur.) / de tocar (Br.).

21.2.3 Retire o auscultador (Eur.) / fone (Br.) do gancho e aguarde o sinal de linha (Eur.) / de digitar (Br.); digite primeiro estes números e depois o número do telefone desejado; e aguarde o sinal de chamada (Eur.) / de tocar (Br.).

21.3.1 A Qual é o indicativo (Eur.) da região? **B** Qual é o código (Br.) da região?

21.3.2 Este sinal quer dizer ocupado?

21.3.3 Penso que a ligação foi cortada.

21.4.1 i "Trenzinho" significa "pequeno trem" *ou* "trem pequeno" *ou* "Trenzinho" quer dizer "pequeno trem" *ou* "trem pequeno". **ii** O Cristo Redentor é o principal ponto turístico do Rio. **iii** Passear no trem é fazer uma viagem pela história do Brasil.

21.4.2 Querido Simão // (Aqui) faz bom tempo, a comida é boa e eu estou bem. Ontem fui ao Corcovado de trenzinho. Este ponto turístico é visitado por mais de 250 mil pessoas por ano. Na viagem aprecia-se (o passageiro aprecia) uma linda vista. / Um beijo do + *votre nom (pour les hommes)* // Um beijo da + *votre nom (pour les femmes)*. *Autre possibilités* : Saudades e beijinhos / Saudades. Um abraço.

21.5 Como é que se diz "point" em português?

21.6.1 i (Eu) tenciono passar uma semana nesse país. Estou especialmente interessado *(pour les hommes)* / interessada *(pour les femmes)* num hotel perto de uma praia. Peço que me façam o favor (*ou* tenham a gentileza) de me enviarem a lista dos hotéis perto de uma praia. Fico aguardando resposta e desde já agradeço. **ii** (Eu) tenciono passar dois meses no país. Estou especialmente interessado *(pour les hommes)* / interessada *(pour les femmes)* num parque de campismo (Eur.) / camping (Br.) com facilidades / instalações para crianças. Peço que me façam o favor (*ou* tenham a gentileza) de me enviarem a lista dos parques de campismo (Eur.) / camping (Br.) com facilidades / instalações para crianças. Fico aguardando resposta e desde já agradeço. **iii** (Eu) tenciono passar um mês no país. Estou especialmente interessado *(pour les hommes)* / interessada *(pour les femmes)* numa pousada da juventude (Eur.) / num albergue da juventude (Br.) com facilidades / instalações para deficientes físicos. Peço que me façam o favor (*ou* tenham a gentileza) de me enviarem a lista das pousadas (Eur.) / dos albergues (Br.) com facilidades / instalações para deficientes físicos. Fico aguardando resposta e desde já agradeço.

21.6.2 i Caros senhores ou Prezados senhores. **ii** Cordialmente *ou* Cumprimentos.

Chapitre 22

22.1.2 reúno; possuo; possam.

22.1.3 Tenho / Possuo **i** um diploma profissional. **ii** bons conhecimentos de informática. **iii** um elevado grau de autonomia e profissionalismo.

22.2 Adresse incomplète, informations insuffisantes.

22.3.2 **i** Em Guimarães. **ii** Ana Isabel Vieira Gama. **iii** Não, sou médica. **iv** Na Universidade de Coimbra. **v** Não, não fiz. **vi** Não, trabalho numa clínica.

22.4 **1** et **4**.

22.5 Tencionamos visitar o país em Junho do ano que vem. Precisamos de um apartamento para casal. Preferíamos a primeira semana do mês. / Se o hotel não tiver vagas nesses dias, pedimos que nos façam o favor de nos informarem para quando podem fazer a reserva em nosso nome, Sandes. Ficamos aguardando resposta (com grande interesse).

22.6.2 O apartamento tem três quartos de dormir, um é de casal. A sala de estar fica à esquerda de quem entra e, a seguir, fica a sala de jantar. A cozinha fica mais ou menos em frente da sala de estar, e tem uma porta perto da sala de jantar. A cozinha tem fogão, microondas, uma máquina de lavar louça..., tudo o que precisamos. A sala de estar tem uma lareira, para os dias frios. Claro que tem sofá, poltrona, mesinha de centro e televisor. Tem também uma estante e aparelhagem de som. O apartamento não é muito grande mas é bom.

22.7.2 convenha; façam; poderei *ou* vou poder *ou* posso.

22.7.3 Uma pessoa que queira comprar.

22.7.4 Em resposta ao anúncio n.º 27036 desse jornal, tenho o prazer de comunicar que estou interessada em comprar uma casa e essa talvez me convenha. Fico aguardando que me façam o favor de me informarem quando a poderei ver (*ou* vou poder *ou* posso).

Chapitre 23

23.1 já não há mais **1, 4, 5** ; ainda **2, 3, 6.**

23.2 É um lugar, um restaurante, onde se canta o fado. // É uma canção portuguesa acerca da experiência da vida. O "amor" é um tema frequente, mas há uma grande variedade de temas. // São os dois instrumentos dedilhados que normalmente acompanham a pessoa que canta o fado, o fadista ou a fadista.

23.3.2 Hoje precisa (de) **i** fazer as camas todas. **ii** limpar a casa de banho (Eur.) / o banheiro (Br.). **iii** arrumar a sala de estar. **iv** passar o aspirador na sala de estar e na sala de jantar. **v** passar a ferro a roupa que foi lavada ontem. **vi** preparar o jantar. **vii** pôr a mesa para o jantar. **viii** depois do jantar, tirar a mesa e lavar a louça. **ix** levar o lixo lá para baixo. **x** dar de comer ao gato.

23.4.1 **1** c, **2** d, **3** e, **4** b, **5** f, **6** a.

23.4.2 Faites bien durcir les œufs. Épluchez-les de leur coquille. À l'aide d'un couteau, coupez-les en deux dans le sens de la longueur. Retirez les jaunes avec une cuiller. Coupez les anchois en petits morceaux. Dans une assiette creuse et au moyen d'une fourchette, mélangez-les avec les jaunes d'œufs et le jus de citron. Remplissez les blancs de cette mixture. Déposez un peu de mayonnaise et une olive sur le dessus (de chaque œuf). Couvrir le fond d'un plat de laitue découpée en lamelles. Placer les œufs farcis sur le lit de laitue.

23.4.3 Descasquei-os. Com uma faca, abri-os ao meio ao comprido. Com uma colher, tirei a gema para fora. Cortei as anchovas aos bocadinhos. Num prato grande, misturei-as com as gemas e o limão, usando um garfo. Enchi as claras com a mistura. Por cima coloquei um pouco de maionese e uma azeitona no meio. Cobri o fundo de uma travessa com a alface cortada em tirinhas. Coloquei os ovos recheados no leito de alface.

23.5 **1** **i** Diverte-te! **ii** se divirtam **2** **i** vê-lo / la / ver você / ver-te **ii** Fiquei **3** **i** podia **ii** si / você / ti **4** Saúde!

23.6 No dia 3 de Dezembro. E o teu? / O meu é hoje. / Então parabéns! Quantos anos é que tu fazes? / Faço vinte anos. / Tenho de ir comprar um presente para ti. / Não, não te incomodes.

Chapitre 24

24.1

- Você sabe falar português muito bem. Onde aprendeu?
- E em Portugal, como estudou?
- Muitos parabéns!
- Então vai voltar?
- E no Brasil, onde vai ficar?
- Brasília? Porquê? (Eur.) / Por quê? (Br.)
- (rindo) Tem razão. O melhor é ver.
- Concordo. Acho que faz muito bem. E irá também a alguns países de África onde se fala português?
- Muito obrigada pela entrevista. E muitos parabéns por saber falar português tão bem, fluentissimamente... e sem erros. Boa sorte para o futuro!

24.2.1 i demander. **ii** part. **iii** crois. **iv** manque. **v** trouvé. **vi** suis.

24.2.2 i tempo. **ii** casa. **iii** perdeu. **iv** tratar. **v** deve. **vi** serve. **vii** faltam. **viii** conhece. **ix** sabe. **x** fica.

24.3 La marmelade de coing a été volée par le chien. Le petit Jean a ôté le couvercle de la boîte. Piloto a renversé la boîte par terre et mangé son contenu. Le distrait Sr. Olavo a remis la boîte sur l'étagère.

24.4 **1** c, **2** e, **3** a, **4** d, **5** b.

24.5.2 i A cultura brasileira. **ii** A Secretaria de Cultura de Niterói. **iii** No Teatro da UFF. **iv** De 3 de Agosto a 10 de Dezembro.

24.5.3 Ilmos Senhores, // Tenciono passar seis meses no Brasil no ano que vem, de Julho a Dezembro. Estou interessado/a num curso de introdução à cultura brasileira; e gostaria de participar no curso da UFF. Venho apresentar a minha candidatura e estou enviando o meu currículo. Fico aguardando resposta (com grande interesse) e espero que possam conceder-me lugar no curso. // Atenciosamente, (signature).

Chapitre d'introduction

C) Dire « au revoir »

1 Boa tarde!
2 Adeus! Até logo!
3 Boa noite! Até breve!
4 Tchau! Bom dia!

Chapitre 1

1.3

i - Faz favor, pode me dizer onde é a recolha de bagagem?
- A recolha de bagagem é à direita, em frente do controlo de passaportes.
- Obrigada.

ii - Onde são as informações, por favor?
- As informações são no andar de cima, à direita.
- Obrigado.

iii - Desculpe, onde são as casas de banho das senhoras?
- As casas de banho das senhoras são à esquerda, a seguir às casas de banho dos homens.
- Muito obrigada.

iv - Se faz favor, pode me dizer onde são as agências de aluguer de carros?
- As agências de aluguer de carros são a seguir às informações e ao ponto de encontro.
- Muito obrigado.

v - Por favor, onde é a praça de táxis?
- A praça de táxis é lá em baixo (Eur.) / lá embaixo (Br.), em frente.
- Muito agradecida.

1.5

i Por favor, onde são as chegadas?
- À direita.

ii Faz favor, pode me dizer onde são as partidas internacionais?

iii Por favor, pode me dizer onde são as partidas domésticas?

1.6 Por favor, pode me dizer onde é a agência de câmbio?

Chapitre 2

2.4

1 Queria dois cafés.
2 Faz favor, queria um mapa.
3 Queria um penso adesivo.
4 Queria um esparadrapo.
5 Por favor, quatro sandes.
6 Por favor, quatro sanduíches.
7 Pode me dar alguma coisa para a indigestão?
8 Pode me dar alguma coisa para as dores de cabeça?
9 Queria alguma coisa para as queimaduras solares.
10 Por favor, queria papel de carta e uma caneta.

2.5

i Queria três bilhetes para Faro.
ii Quatro bilhetes de ida e volta para o Porto, se faz favor.
iii Dez bilhetes de ida e volta para Cacilhas, por favor.
iv Faz favor, oito bilhetes para o Estoril.
v Queria seis passagens de ida e volta para Manaus.
vi Por favor, cinco passagens para Belo Horizonte.
vii Nove passagens para o Rio, ida e volta, por favor.
viii Por favor, queria sete passagens para Salvador, somente ida.

Chapitre 3

3.3

1 Queria um quarto duplo, com banheira, para nove noites.
2 Queria um apartamento para uma pessoa, com chuveiro, para cinco noites.
3 Queria dois apartamentos duplos com chuveiro e banheira, para dez noites.
4 Queria dois quartos individuais, com banheira, para oito noites.
5 Queria um quarto de casal e dois quartos individuais, com chuveiro, para sete noites.

3.6

i Por favor, pode me dizer onde é o supermercado?
ii Faz favor, pode me dizer onde é o restaurante?
iii Faz favor, onde fica o museu?
iv Desculpe, pode me dizer onde é a igreja?
v Por favor, onde é a praia?
vi Por favor, onde ficam as bombas de gasolina?
vii Faz favor, onde é a passagem subterrânea?
viii Faz favor, pode me dizer onde fica o Hotel Sol-Mar?
ix Por favor, onde é a parada de ônibus?
x Faz favor, onde é a paragem de autocarros?

xi Desculpe, onde fica o centro de turismo?
xii Faz favor, onde é a Estrada do Aeroporto?

Chapitre 4

4.4.1 Campo-Mar
para um bom fim de semana e para umas boas férias
aberto os doze meses do ano
Inverno, de sexta-feira a domingo, Verão, sete dias por semana
Tem: chuveiro de água fria e quente, loja, restaurante, piscina
praia perto - 10 minutos a pé
a cidade mais próxima fica a 10 minutos de carro
Tem: tomada de corrente, gás para campistas, lavandaria (Eur.), frigorífico (Eur.), secador de cabelo e sala de televisão

4.4.3 i Tem vaga para um trailer, isto é, um carro de moradia rebocado, e uma barraca?
ii Tem vaga para uma caravana, e duas tendas?
iii Tem vaga para um carro-cama, isto é, um carro de moradia motorizado, um reboque pequeno e uma tenda?
iv Tem vaga para uma auto-caravana, um reboque pequeno, uma rulote, isto é, uma caravana, e uma barraca?

4.5 Queria uma garrafa de vinho. **2** Tem um saca-rolhas? **3** Tem óculos de sol? **4** Queria uma escova de dentes e pasta de dentes.

Chapitre 5

5.4
i Pode me mostrar a lista dos modelos e preços?
ii Quanto é por semana?
iii Quanto é por dia?
iv Quanto é por quilómetro rodado?
v Quanto é por quilômetro rodado?
vi Quanto é a caução?
vii Quanto é o seguro contra todos os riscos?
viii Queria este carro, pagando por semana.
ix Queria este carro, pagando por dia.
x Queria o carro sem motorista.
xi Queria o carro com motorista.
xii Queria o carro para cinco dias.
xiii Pode me dar os documentos do carro?
xiv Pode me dar um recibo?

5.6

1 Faz favor, pode me dizer onde fica a polícia?
2 Desculpe, pode me dizer onde fica a câmara municipal?
3 Onde ficam os bombeiros, por favor?
4 Por favor, onde fica o centro de saúde?

5.7

i De que linha parte o comboio para o Porto?
ii De que linha parte o comboio para Braga?
iii De que plataforma parte o trem para o Rio?
iv De que plataforma parte o trem para Campinas?

5.8

1 Queria um apartamento sem barulho.
2 Queria um apartamento com ar condicionado.
3 Tem televisão?
4 Tem varanda?
5 Tem vista para o mar?

5.10.1

Não há um mecânico perto daqui.

Não há um médico aqui perto, mas há um enfermeiro.

Há um dentista muito perto, na primeira rua à direita.

5.10.2 Pode me chamar um médico?

Chapitre 6

6.4

i O meu nome é José Fontes. Sou de Faro no Algarve. Tenho vinte e dois anos e sou estudante. Não tenho filhos. Sou solteiro.
ii Eu me chamo Glória Fonseca e sou de Natal, no Rio Grande do Norte. Tenho trinta e quatro anos de idade. Sou professora. Não tenho filhos. Não sou casada, mas estou noiva.
iii Me chamo Osvaldo Medeiros e sou de Porto Alegre, no Rio Grande do Sul. Tenho muitos anos, setenta e cinco. Sou homem de negócios aposentado. Sou viúvo, mas tenho um filho e uma neta.
iv Chamo-me Amélia Sarmento. Sou do Funchal, na Madeira. Tenho quarenta e um anos de idade. Sou dona de casa. Sou casada e tenho um filho e uma filha.

Chapitre 7

7.5

1 Tenho cabelo louro, ondulado, comprido, tenho olhos verdes e pele clara.
2 Tenho cabelo loiro, liso, curto, tenho olhos castanhos e pele clara.
3 Tenho cabelo castanho, ondulado, comprido, tenho olhos azuis e pele morena.
4 Tenho cabelo grisalho, frisado, curto, tenho olhos castanhos e pele morena.
5 Tenho cabelo preto, crespo, curto, tenho olhos pretos e pele morena.
6 Tenho cabelo ruivo, liso, comprido, tenho olhos azuis e pele clara.

Chapitre 8

8.4

1 Vou vestir terno marrom claro.
2 Vou estar vestida com uma saia e uma jaqueta cinza e uma blusa vermelha.
3 Vou vestir um casaco laranja escuro, calça verde e uma T-shirt branca.
4 Vou estar vestido com um blusão preto, umas calças de ganga azuis e uma camisa amarela.

Chapitre 9

9.4

i Na minha terra Maio é na Primavera e faz bom tempo.
ii Na terra do meu marido em Junho e Julho é Inverno e faz mau tempo.
iii Na terra da minha esposa Agosto é um mês de Verão e faz muito calor.
iv Na terra dos meus avós é Outono em Março e Abril e chove muito.
v Aquele rapaz é de uma terra onde em Dezembro, Janeiro e Fevereiro é Verão e está muito quente.
vi Estas crianças são de uma terra onde em Setembro, Outubro e Novembro é Primavera e faz sol mas está um pouco frio.

Chapitre 10

10.1

- **i** Fica no norte.
- **ii** É no sul.
- **iii** Fica no este.
- **iv** Fica no leste.
- **v** É no oeste.
- **vi** No nordeste.
- **vii** É no sudeste.
- **viii** Fica no noroeste.
- **ix** No sudoeste.

10.5

Moro na Rua da Bela Vista, número 95.

Moro na Travessa da Aldeia, número 21.

10.6 Pode me levar a este endereço?

10.8.1

- **i** - Qual é a sua filha? - A minha filha é aquela senhora de biquíni cor-de-rosa.
- **ii** - Qual é a sua irmã? - Minha irmã é aquela senhora de maiô laranja e cabelo loiro comprido.
- **iii** - Qual é o seu pai? - O meu pai é aquele senhor de calções de banho pretos e muito moreno.

10.8.2

- **i** - Qual é a sua neta? - A minha neta é aquela senhora que está sentada.
- **ii** - Qual é a sua mãe? - A minha mãe é aquela senhora que está deitada.
- **iii** - Qual é o seu avô? - Meu avô é aquele senhor que está em pé.

Chapitre 12

12.2

- **i** Custa nove mil e oitocentos.
- **ii** Vai custar quarenta e quatro mil, quinhentos e sessenta.
- **iii** Vai custar setecentos mil, cento e vinte e dois.
- **iv** Custará talvez treze milhões, seiscentos e trinta e cinco mil, setecentos e setenta e um.
- **v** Não sei se custará quarenta e oito milhões, quinhentos e sete mil, novecentos e seis.
- **vi** Há-de custar menos de noventa e cinco milhões, trezentos e trinta mil, oitocentos e quarenta e sete.

Chapitre 13

13.2.1 Comprei esta quando estava no Algarve e esta quando estava na Serra da Estrela.

13.2.4 Estive lá no ano passado. Fui em Março, e voltei dois meses depois, em Maio.

13.2.5 Quando é que você esteve lá?

Chapitre 14

14.5

i A sessão da noite começa antes das nove horas?
ii Até que horas é que a farmácia está aberta?
iii No médico, há consultas de manhã?
iv A que horas abre a galeria de arte?

Chapitre 15

15.6

15.6.2

i (Eur.) Carregue para abrir.
ii Tem de carregar para abrir.
iii Quer carregar para abrir?
iv Queira carregar para abrir.
v Faça o favor de carregar para abrir.

15.6.3

i (Eur.) Carregue para obter verde.
ii Tem de carregar para obter verde.
iii Quer carregar para obter verde?
iv Queira carregar para obter verde.
v Faça o favor de carregar para obter verde.

15.6.6

i (Br.) Aperte para abrir.
ii Tem de apertar para abrir.
iii Quer apertar para abrir?
iv Queira apertar para abrir.
v Faça o favor de apertar para abrir.

15.6.7

i (Br.) Aperte para obter verde.
ii Tem de apertar para obter verde.
iii Quer apertar para obter verde?
iv Queira apertar para obter verde.
v Faça o favor de apertar para obter verde.

15.9.1

- Tem um vôo para Brasília amanhã de manhã sem escala?
- Não, o voo faz escala no Rio.

15.9.2

- Tem um voo para Lisboa amanhã de manhã sem escala?
- Não, o vôo faz escala no Rio.

15.12

1 Normalmente vou para o trabalho de metro. Levo vinte minutos.
2 Eu vou para a escola de trem (Br.). Levo meia hora.
3 Vou para a biblioteca de autocarro (Eur.). Levo um quarto de hora.
4 Eu vou para o estádio de comboio (Eur.). Levo três quartos de hora.
5 Eu vou para o cinema de ônibus (Br.). Levo dez minutos.
6 Eu vou para a praia de bicicleta. Levo cinco minutos mais ou menos.

15.14

1 Para a cave.
2 Para o segundo.
3 Para o rés-do-chão.

Chapitre 16

16.6

1 Cuidado!
2 Tem perigo!
3 Depressa!
4 É perigoso!
5 Aqui há perigo!
6 Fogo!
7 Socorro!

Chapitre 17

17.2

- Onde é que o senhor está?
- Precisa de uma ambulância ou de um rebocador?

Chapitre 18

18.3.2

- Sim, tem. A Madeira é praticamente uma reserva natural, sendo dois terços do território Área Protegida onde abunda fauna e flora raras.
- Tem passeios suaves. Para os que não se querem meter em grandes aventuras, tem uns belos passeios ao longo das "levadas".
- "Levadas" significa pequenos canais de irrigação artificiais.
- Para os mais aventureiros tem muitos trilhos, que estão bem assinalados com placas e que levam às montanhas.
- Para quem joga golfe tem muita coisa, incluindo dois campos para campeonatos.
- Pode, sim. A Madeira, sendo uma ilha, é rica em desportos aquáticos.
- É, sim. E é possível pescar espadim azul com mais de 500 kg.

Chapitre 19

19.2

1 Faz favor, traga-me a ementa.
2 O cardápio, por favor.
3 Queríamos uma mesa para quatro, longe da porta se possível.
4 Pode trazer mais pão?
5 Queria experimentar um prato típico desta região.

19.7

i - Consiste em bacalhau desfiado refogado, acompanhado de ovo cozido, batata e azeitonas.
ii - Consiste em bacalhau em pedaços frito, acompanhado de cebola, tomate, batata e leite de coco.
iii - Consiste numa posta de bacalhau cozido, acompanhada de cebola, batata e couve.

Chapitre 20

20.4

a Que preciso fazer para ter uma posta-restante?
b Faz favor, queria enviar esta carta registada.
c Tem algumas cartas para Guillaume Lasé?
d Tem alguma coisa em nome de Murielle Valet?
e Quanto custa enviar isto para o Canadá, registado?
f Quanto custa enviar este pacote para França, por via aérea, registrado?

Chapitre 21

21.1.2

i - Como é que a senhora quer o cabelo?
- Eu quero uma franja bem curta, e dos lados e atrás quero cortar só um pouco.

ii - Como é que o senhor quer o cabelo?
- Quero bem curto atrás e penteado para trás.

iii - Como é que a senhora quer as unhas?
- Quero cortar só um pouco e quero esmalte incolor.

iv - De que cor é que a senhora quer o verniz?
- Vermelho escuro.

Chapitre 22

22.6 O apartamento tem três quartos de dormir, um é de casal. A sala de estar fica à esquerda de quem entra e, a seguir, fica a sala de jantar. A cozinha fica mais ou menos em frente da sala de estar, e tem uma porta perto da sala de jantar. A cozinha tem fogão, microondas, uma máquina de lavar louça..., tudo o que precisamos. A sala de estar tem uma lareira, para os dias frios. Claro que tem sofá, poltrona, mesinha de centro e televisor. Tem também uma estante e aparelhagem de som. O apartamento não é muito grande mas é bom.

Chapitre 23

23.3

i Faça as camas todas.
ii Limpe a casa de banho (Eur.) / o banheiro (Br.).
iii Arrume a sala de estar.
iv Passe o aspirador na sala de estar e na sala de jantar.
v Passe a ferro a roupa que foi lavada ontem.
vi Prepare o jantar.
vii Ponha a mesa para o jantar.
viii Depois do jantar, tire a mesa e lave a louça.
ix Leve o lixo lá para baixo.
x Dê de comer ao gato.

Chapitre 24

24.1

- Você sabe falar português muito bem. Onde aprendeu?
- E em Portugal, como estudou?
- Muitos parabéns!
- Então vai voltar?
- E no Brasil, onde vai ficar?
- Brasília? Porquê? (Eur.) / Por quê? (Br.)
- (rindo) Tem razão. O melhor é ver.
- Concordo. Acho que faz muito bem. E irá também a alguns países de África onde se fala português?
- Muito obrigada pela entrevista. E muitos parabéns por saber falar português tão bem, fluentissimamente... e sem erros. Boa sorte para o futuro!

adjectifs Ils décrivent ou qualifient le nom. L'hôtel est *bien*. **O hotel é *bom*.**

adverbes Ils donnent des informations sur le verbe. Il parle portugais *couramment*. **Ele fala português *fluentemente*** (la terminaison **-mente** portugaise correspondant à la française -ment). Elle est allée *là*. **Ela foi *lá***. Je ne peux pas *maintenant*. **Não posso *agora*.** Il arrive que les adverbes donnent des informations sur les adjectifs. *Très* bien. ***Muito* bem.**

articles définis Le / la / les sont les articles définis en français, on les trouve devant un nom que l'on détermine spécifiquement. *L*'hôtel est bien. ***O* hotel é bom.**

articles indéfinis Un / une sont les articles indéfinis en français, ils précèdent un nom sur lequel rien n'est précisé. Je vais visiter *un* musée. **Eu vou visitar *um* museu.**

conjonctions Ce sont les mots qui rattachent deux propositions. Je téléphonerai *quand* il arrivera. **Telefonarei *quando* ele chegar.**

démonstratifs Ils déterminent de quoi il s'agit (encore plus précisément que le, la, les) et ils peuvent se référer à un nom ou à un pronom. *Cet* hôtel est bien. ***Este* hotel é bom.** *C*'est nouveau. ***Isto* é novo.**

discours direct Lorsque vous répétez exactement les propos de quelqu'un, mot pour mot. Il a dit « *J'ai un pneu crevé* ». **Ele disse : "*Tenho um pneu furado*".**

discours indirect Lorsque vous rapportez les propos de quelqu'un sans utiliser exactement les même mots. Il a dit *qu'il avait un pneu crevé*. **Ele disse *que tinha um pneu furado***.

genre C'est la qualité masculine ou féminine des mots. *Voiture*, ***carro*** est masculin en portugais. Certains mots sont épicènes, à la fois masculins et féminins : *dentiste*, ***dentista***. D'autres sont neutres : *ce*, ***isto*** (bien que la terminaison soit masculine en -o, elle sert de neutre).

indéfinis Ils se rapportent au nom dont vous parlez (de façon plus sélective que *un / une*) et peuvent se référer à un nom ou à un pronom. Je vais visiter *quelques-uns* de ces musées. **Eu vou visitar *alguns* destes museus.**

indicatif C'est un mode verbal qui rassemble les temps verbaux qui parlent de faits. *J'habite* ici. **Eu *moro* aqui**.

infinitif C'est la forme basique du verbe, celle que vous utilisez pour chercher un verbe dans un dictionnaire. Les infinitifs portugais se terminent en **-ar**, **-er**, **-ir** et **-or**.

interrogatifs Ils servent à introduire une question et appartiennent à différentes catégories grammaticales, comme celle des pronoms (*Qui* est-ce ? ***Quem*** **é?**) ou des adverbes (*Où* est-ce ? ***Onde*** **é?**).

locutions Ce sont des groupes de mots qui font partie d'une proposition ou d'une phrase mais qui, seuls, ne veulent rien dire : *par lui*, ***por ele***.

nom Il sert à nommer les choses : *voiture*, ***carro*** ; *plage*, ***praia*** ; *Lisbonne*, ***Lisboa***.

objet C'est ce qui subit l'action exprimée par le verbe. Il a mangé *la pomme*. **Ele comeu *a maçã***.

personne C'est le sujet de l'action ou de l'état. Par exemple, la **1ère personne** est celle qui parle ; la **2ème personne** est la personne à qui l'on s'adresse ; la **3ème personne** est celle dont on parle. *Elle* est sympathique. ***Ela*** **é simpática.** (*elle* / ***ela*** = 3ème personne).

phrase C'est un ensemble de mots qui se suffit à lui-même. La phrase peut consister en une ou plusieurs propositions. *Je téléphonerai*. ***Eu telefonarei***.

possessifs Ils attribuent la propriété. Cette voiture est *la sienne*. **Este carro é *dela***.

prépositions Elles définissent la relation qui existe entre une chose et une autre. Je viens *de* la plage. **Eu venho *da* praia.** Le livre est *sur* la table. **O livro está *em cima da* mesa.**

pronoms Ils remplacent le nom. *Je*, ***eu*** (dit Jean en parlant de lui-même ; le pronom je = le nom Jean).

pronoms personnels Ce sont les mots comme *je*, ***eu*** ; *moi*, ***me*** *ou* ***mim*** ; etc.

pronoms relatifs Ils servent à la fois à remplacer un nom et à rattacher deux phrases ensemble, comme une conjonction. Voici le plat *que* je vais commander. **Este é o prato *que* eu vou pedir** (*que* / ***que*** se rapportent à *plat* / ***prato*** et joignent les deux propositions).

pronominal Lorsque le sujet et l'objet sont identiques. *Je me* lave. ***Eu*** **lavo-*me***.

proposition C'est un ensemble de mots dont un verbe qui a une signification propre. La proposition peut être une phrase ou une partie de phrase. Dans une phrase avec deux propositions, une est souvent plus importante que l'autre. C'est la **proposition principale**. L'autre est la **proposition subordonnée**. Je téléphonerai, *quand il arrivera*. **Eu telefonarei, *quando ele chegar***.

subjonctif C'est un mode verbal relatif à ce qui est irréel ou souhaité. Je voudrais que tu me *dises* la vérité. **Gostaria que me *dissesses* a verdade.**

subordonnée Voir **proposition**

sujet C'est ce qui fait l'action ou ce qui est représenté dans l'état de choses décrit par le verbe. On en parle souvent comme de la **personne**.

syllabe C'est la prononciation ininterrompue d'un petit ensemble de lettres. Le mot **ca-fé** a deux syllabes et le mot **con-cer-to** en a trois.

temps C'est l'expression du verbe dans le temps : au présent, au passé et au futur. J'écris / j'ai écrit / j'écrirai. Eu escrevo / escrevi / escreverei.

verbe C'est le mot qui fait l'action ou qui représente l'état de choses.

voix C'est la relation qui existe entre le sujet et le verbe. Elle est **active** lorsque le sujet fait l'action. Elle est **passive** lorsque le sujet subit l'action. La pomme *a été mangée par lui*. **A maçã *foi comida por ele***.

L'accentuation

En règle générale, les mots portugais sont accentués sur l'avant-dernière syllabe. Cela ne veut pas dire que cette syllabe prend un accent à l'écrit, mais que sa prononciation sera mise en valeur :

passa'porte (passeport)

L'élément principal de la syllabe, son centre, est une voyelle :

passa'porte

Pour les mots qui ne se terminent pas avec une consonne suivie d'un **a,** d'un **e** ou d'un **o**, l'accentuation se fait généralement sur la dernière syllabe :

ho'tel (hotel) **esta'ção** (station ; gare)

Les mots qui font exception à ces deux règles prennent normalement un accent écrit :

al'fândega (douanes)

Au Portugal, le contraste entre les syllabes accentuées et non accentuées est très fort. La tendance est à bien appuyer et allonger la syllabe accentuée, et à survoler les sons intermédiaires. Les voyelles non accentuées se « neutralisent » donc, et le **e** final tend à disparaître. L'accentuation brésilienne est plus régulièrement espacée, et il arrive souvent qu'une deuxième syllabe soit accentuée dans un même mot :

humani'dade (Eur.) (humanité)

hum'ani'dade (Br.)

Phonèmes portugais

CD2 piste 28

Les tableaux **pages 311 à 318** vous donnera une description complète des phonèmes, c'est à dire des sons, portugais. Les différences entre les prononciations européenne et brésilienne sont indiquées par les abréviations (Eur.) et (Br.).

Dans la première colonne se trouve une lettre ou un groupe de lettres tels qu'ils sont normalement orthographiés. Le phonème qui correspond à cette lettre (ou groupe de lettres) est représenté dans la seconde colonne par un symbole phonétique tiré de l'Alphabet Phonétique International. Ne vous inquiétez pas si vous connaissez peu les symboles phonétiques, car la troisième colonne compare les phonèmes portugais avec des sons français similaires. La quatrième colonne vous indique la position du son dans le mot, et dans la dernière colonne vous trouverez des exemples de mots portugais comportant le phonème en question.

Liaison et élision

Comme en français, dans le flux du discours une liaison s'établit entre des mots consécutifs. Plus une personne parle vite, plus il y a de liaisons. Par exemple : **dois endereços** (deux adresses) [doizẽde'resoʃ] (Eur.) / [doizẽde'resos] (Br.). Le son final dans **dois** se trouve à présent entre deux voyelles (voir le tableau des sons, **page 317**).

Un mot commençant par une voyelle a tendance à être prononcé dans la foulée d'un mot se terminant par une voyelle. Par ex. : **De onde é?** (D'où êtes-vous ?) ['dõ'dɛ] (Eur.)/['dõ'dji'ɛ] (Br.). (Un locuteur minutieux, cependant, prononcera les éléments non accentués comme des semi-consonnes.)

L'élision des voyelles se produit souvent dans le discours familier, et parfois à l'écrit dans le langage peu conventionnel. Par ex. : **p'ra** ou **pra** au lieu de **para** (pour) ['prɐ]

Cette tendance est parfois menée à l'extrême.

n'é ou **né** au lieu de **não é?** (n'est-ce pas ?)
t'obrigado ou **tobrigado** au lieu de **muito obrigado** (merci beaucoup)

Orthographes métropolitaine et américaine

La différence orthographique apparaît lorsque l'on compare deux textes portugais, l'un écrit à l'est et l'autre à l'ouest de l'océan Atlantique. Il existe une tendance métropolitaine à conserver l'orthographe étymologique et certaines lettres d'origine latine (ou autre). Les Brésiliens en revanche considèrent qu'il est inutile d'écrire ce que l'on ne prononce pas. Par ex. : **excepto** (Eur.) / **exceto** (Br.) (excepté). Il existe une autre différence significative dans l'utilisation des accents à l'écrit. Par ex. : **quilómetro** (Eur.) / **quilômetro** (Br.). Cela tient à la différence de valeur donnée à la voyelle.

Pour plus de renseignements, veuillez vous référer aux tableaux **page 311 à 318**.

Voyelles

CD2 piste 28 (Eur.) / CD2 piste 31 (Br.)

orthographe	symbole API	sons similaires	position	exemples
a	[a]	comme le *a* de *lac*	accentuée	f**a**lo (*je parle*) ; f**a**la (*il / elle parle*) ; m**a**pa (*plan*) ; m**a**la (*valise*)
a	[ɐ]	*a* tirant vers le *e*	accentuée, précédant une syllabe commençant par **m** ou **n**	c**a**ma (*lit*) ; **a**no (*année*) ; fal**a**mos (*nous parlons*)
a	[ɑ]	*a* très ouvert, prononcé à l'arrière de la bouche, comme le *â* de *âme*	avant un **l** ou un **u** dans la même syllabe	hospit**a**l (*hôpital*) ; m**a**u (*mauvais*) ; carnav**a**l (*carnaval*)
á, à	[a]	comme le *a* de *lac*	accentuée	h**á** (*il y a*) ; l**á** (*là*)
â	[ɐ]	*a* tirant vers le *e*	accentuée	c**â**mara (*chambre, conseil*)
a	[ɐ]	*a* tirant vers le *e*	non accentuée, à la fin d'un mot et ailleurs	mal**a** (*valise*) ; cam**a** (*lit*) ; f**a**lamos (*nous parlons*)
e	[ɛ]	comme le *ai* de *aime* ou *père*	accentuée	z**e**ro (*zéro*) ; **e**la (*elle*)
e	[e]	comme le *é* de *année* ou *penser*	accentuée et non accentuée selon l'origine du mot et / ou les sons qui l'entourent	m**e**sa (*table*) ; can**e**ta (*stylo*) ; est**e**ve (*c'était*) ; **e**le (*il*) ; com**e**r (*manger*)
é	[ɛ]	comme le *ai* de *aime* ou *père*	accentuée	caf**é** (*café*) ; p**é** (*pied*)
ê	[e]	comme le *é* de *année* ou *penser*	accentuée	voc**ê** (*vous*) ; m**ê**s (*mois*)
e	[ɪ]	*i* bref, tirant vers le *é*	non accentuée, en particulier précédant une voyelle ou au début d'une syllabe	compr**e**endo (*je comprends*) ; **e**stá (*c'est*) ; **e**xame (*examen*)
e	[ə]	comme le *e* de *le* ou *je*	à la fin d'un mot	noit**e** (*nuit*) ; vint**e** (*vingt*) ; nom**e** (*nom*) ; m**e** (*me*) ; envelop**e** (*enveloppe*)

i	[i]	comme le *i* de *fille* ou *île*	accentuée	d**i**zer (*dire*) ; aqu**i** (*ici*)
i	[ɪ̣]	*i* bref, tirant vers le *é*	non accentuée	c**i**garro (*cigarette*)
i	[ɪ]	*i* bref, tirant vers le *é*	avant un **l** ou un **u** dans la même syllabe	m**i**l (*mille*) ; part**i**u (*il / elle est parti(e)*)
í	[i]	comme le *i* de *fille* ou *île*	accentuée	sa**í** (*je suis sortie*) ; faz**i**a (*je faisais*)
o	[ɔ]	comme le *o* de *homme, botte*	accentuée	**o**vos (*œufs*) ; c**o**me (*il / elle mange*)
o	[o]	comme le *au* de *chaud, aube* ou le *ô* de *drôle*	accentuée ou non selon l'origine du mot et/ou les sons qui l'entourent	**o**vo (*œuf*) ; b**o**lo (*gâteau*) ; f**o**go (*feu*); p**o**rto (*port*) ; c**o**mo (*je mange*) ; c**o**mo (*comme, comment*) ; t**o**do (*tout*)
ó	[ɔ]	comme le *o* de *homme, botte*	accentuée	av**ó** (*grand-mère*) ; pr**ó**ximo (*prochain*)
ô	[o]	comme le *au* de *chaud, aube* ou le *ô* de *drôle*	accentuée	av**ô** (*grand-père*) ; p**ô**r (*mettre*)
o	[u]	comme le *ou* de *outil, goût*	non accentuée, à la fin d'un mot	ov**o**, ov**o**s (*œuf/s*)
u	[u]	comme le *ou* de *outil, goût*	accentuée	t**u**do (*tout*) ; **u**va (*raisin*) ; al**u**no (*élève*)
ú	[u]	comme le *ou* de *outil, goût*	accentuée	n**ú**mero (*numéro*)
u	[ᵒu]	*ou* prononcé dans le fond de la bouche	avant un **l** dans la même syllabe	az**u**l (*bleu*) ; s**u**l (*sud*)
u	[w]	comme le *ou* de *ouest, oui*	après **g** ou **q** et avant **a** ou **o**	q**u**ando (*quand*) ; q**u**anto (*combien*) ; ág**u**a (*eau*)
u	[ ]	silencieux	dans la plupart des cas, après **g** ou **q** et avant **e** ou **i**	aq**u**i (*ici*) ; q**u**ero (*je veux*) ; seg**u**ir (*suivre*)
u	[w]	comme le *ou* de *ouest, oui*	après **g** ou **q** et avant **e** ou **i**, dans certains cas particuliers (Eur.)	cinq**u**enta (*cinquante*) (Eur.) ; ag**u**entar (*supporter*) (Eur.)

ü	[w]	comme le *ou* de *ouest*, *oui*	après **g** ou **q** et avant **e** ou **i**, dans certains cas particuliers (Br.)	cinq**ü**enta (*cinquante*) (Br.) ; ag**ü**entar (*supporter*) (Br.)
ai	[aj]	sonne comme « *aille* »	toute position	p**ai** (*père*) ; m**ai**s (*plus*)
au	[au]	sonne comme « *àou* »	toute position	m**au** (*mauvais*)
ei	[ɐj] [ej]	comme le *ay* de *payer* (Eur.) sonne comme « *éï* », avec *ï* léger	toute position	dir**ei**ta (*droite*) ; l**ei**te (*lait*) ; s**ei** (*je sais*)
eu	[eu]	sonne comme « *éou* »	toute position	**eu** (*je*) ; m**eu** (*mon*) ; s**eu** (*votre*) ; **Eu**ropa (*Europe*)
oi	[oj]	sonne comme « *oï* »	toute position	c**oi**sa (*chose*) ; d**oi**s (*deux*)
ou	[o] [ou]	comme le *au* de *chaud*, *aube* ou le *ô* de *drôle* (Eur.) *o* de *aube* tirant légèrement sur *ou* (Br.)	toute position	s**ou** (*je suis*) ; v**ou** (*je vais*) ; **ou**tro (*autre*)
ui	[uj]	sonne comme « *ouille* » dans la plupart des cas, mais dans le mot muito (*beaucoup*, *très*) souvent prononcé comme le mot *oui*	toute position	f**ui** (*je suis allé/e*)

Voyelles nasalisées

CD2 piste 29 (Eur.) / CD2 piste 32 (Br.)

orthographe	symbole API	sons similaires	position	exemples
ã, am, an	[ɐ̃]	comme le *ain* de *pain*	toute position en tant que syllabe propre (s'écrit **am** devant **p** ou **b**)	aman**hã** (*demain*) ; **am**bos (*les deux*) ; b**an**co (*banque*)
am, ão	[ɐ̃ũ]	son *an* tirant sur *on*	toute position (s'écrit **am** dans les terminaisons verbales non accentuées de la troisième personne du pluriel)	fal**am** (*ils parlent*) ; n**ão** (*non*) ; p**ão** (*pain*) ; irm**ão** (*frère*)
em, ãe	[ɐ̃j̃] [ẽj̃]	son *ain* suivi de *ï* (Eur.) son *ain* suivi de *ï* très léger (Br.)	fin d'un mot	**em** (*en, dans*) ; b**em** (*bien*) ; hom**em** (*homme*) ; m**ãe** (*mère*) ; p**ães** (*pains*)
êm	[ɐ̃j̃]	(Eur.) même prononciation que ci-dessus, mais en redoublant le son	fin d'un mot	t**êm** (*ils ont*)
	[ẽj̃]	(Br.)		
em, en	[ẽ]	son *é* nasalisé	toute position	**em**prego (*emploi*) ; **en**tre (*entre*)
im, in	[ĩ]	son *i* nasalisé	toute position	s**im** (*oui*) ; c**in**co (*cinq*)
om, on	[õ]	son *on*	toute position	b**om** (*bon*) ; c**on**ta (*addition*)
õe	[õj̃]	son *on* suivi de *ï*	toute position	liç**õe**s (*leçons*) ; p**õe** (*il/elle met*)
um, un	[ũ]	son *ou* nasalisé	toute position	**um** (*un*) ; j**un**tos (*ensemble*)

Consonnes

CD2 piste 30 (Eur.) / CD2 piste 33 (Br.)

orthographe	symbole API	sons similaires	position	exemples
b	[b]	comme le *b* de *bateau, abeille*	toute position	**b**elo (*beau*)
c	[s]	comme le *c* de *cela* ou le *s* de *savant*	quand il précède **e** ou **i**	**c**em (*cent*) ; **c**inco (*cinq*)
c	[ ]	silencieux	dans les mots qui contiennent -ct- (Eur.)	a**c**to (*acte*)
c	[k]	comme le *k* de *képi* ou le *q* de *coq*	dans les autres cas	**c**arro (*voiture*) ; **c**om (*avec*)
ç	[s]	comme le *c* de *cela* ou le *s* de savant	toute position	informa**ç**ão (*information*)
ch	[ʃ]	comme le *ch* de *charrue* ou le *sch* de *schéma*	toute position	**ch**ave (*clé*) ; a**ch**ar (*trouver*)
d	[d]	comme le *d* de *ronde, dalle*	toute position (Eur.)	**d**ar (*donner*) ; tar**d**e (*tard*) ; universi**d**a**d**e (*université*)
d	[dʒ]	son *dj* dans la plupart des cas (Br.)	avant le son [i], dans certaines régions du Brésil	tar**d**e (*tard*) ; universi**d**a**d**e (*université*)
f	[f]	comme le *f* de *fort* ou le *ph* de *physique*	toute position	**f**ácil (*facile*)
g	[ʒ]	comme le *j* de *jeune* ou le *g* de *rouge*	avant **e** ou **i**	**g**ente (*les gens*)
g	[g]	comme le *g* de *garder* ou le *gu* de *digue*	dans les autres cas	**g**rande (*grand*) ; **g**arrafa (*bouteille*)
h	[ ]	silencieux	dans la plupart des cas	**h**otel (*hôtel*) ; **h**omem (*homme*)

j	[ʒ]	comme le *j* de *jeune* ou le *g* de *rouge*	toute position	lo**j**a (*magasin*) ; ho**j**e (*aujourd'hui*)
l	[ɫ]	son *l* en ramenant la langue vers l'arrière	à la fin d'une syllabe	so**l** (*soleil*) ; mi**l** (*mille*) ; a**l**moço (*déjeuner*)
l	[l]	comme le *l* de *lit* ou le *ll* de *halle*	dans les autres cas	**l**anche (*snack*) ; fa**l**ar (*parler*)
lh	[ʎ]	similaire au *ll* de *million*	toute position	fi**lh**o (*fils*) ; traba**lh**o (*travail*)
m	[m]	comme le *m* de *drame*, *mât*	au début d'une syllabe	**m**ãe (*mère*) ; **m**esa (*table*)
n	[n]	comme le *n* de *nager*, *tonne*	au début d'une syllabe	**n**ome (*nom*) ; **n**ada (*rien*)
nh	[ɲ]	similaire au *gn* d'*oignon*	toute position	vi**nh**o (*vin*) ; se**nh**ora (*dame*)
p	[p]	comme le *p* de *prendre*	toute position	**p**ai (*père*) ; **p**erto (*près*)
p	[ ]	silencieux	dans les mots qui contiennent -pt- (Eur.)	exce**p**to (*excepté*)
q	[k]	comme le *k* de *képi* ou le *q* de *coq*	toute position	**q**uatro (*quatre*) ; **q**uente (*chaud*)
r	[rr] ou [ɹɹ]	comme le *rr* de *arracher* ou le *r* de *sabre* ou *r* très roulé	au début d'un mot et généralement au début d'une syllabe	**r**ua (*rue*) ; **r**io (*fleuve*) ; **r**efeição (*repas*) ; **r**epetir (*répéter*)
r	[r] ou [ɹ]	*r* roulé	à la fin d'un mot et généralement à la fin d'une syllabe	janta**r** (*dîner*) ; faze**r** (*faire*) ; po**r**ta (*porte*) ; no**r**te (*nord*)
r	[r]	*r* roulé	dans les autres cas	ca**r**o (*cher*) ; ba**r**ato (*bon marché*)

rr	[rr] ou [ɹɪ]	comme expliqué ci-dessus pour r au début d'un mot et généralement au début d'une syllabe	entre les voyelles	ca**rr**o (*voiture*)
s	[s]	comme le *c* de *cela* ou le *s* de *savant*	au début d'un mot ou après une consonne.	**s**ol (*soleil*) ; **s**emana (*semaine*) ; ob**s**ervar (*observer*)
s	[ʃ]	comme le *ch* de *charrue* ou le *sch* de *schéma* ; (Eur.) et (Br.) Rio de Janeiro	à la fin d'un mot ou d'une syllabe	doi**s** (deux) ; homen**s** (*hommes*) ; e**s**querda (*gauche*) ; na**s**cer (*naître*)
	[s]	comme le *c* de *cela* ou le *s* de *savant* ; (Br.) sauf à Rio de Janeiro		
s	[ʒ]	comme le *j* de *jeune* ou le *g* de *rouge* ; (Eur.) et (Br.) Rio de Janeiro	avant une consonne sonore	me**s**mo (*même*) ; de**s**de (*depuis*) ; de**s**fazer (*défaire*)
	[z]	comme le *z* de *zéro* ou le *s* de *fraise* ; (Br.) sauf à Rio de Janeiro		
s	[z]	comme le *z* de *zéro* ou le *s* de *fraise*	entre des voyelles	ca**s**a (*maison*)
ss	[s]	comme le *c* de *cela* ou le *s* de *savant*	entre des voyelles	pa**ss**aporte (*passeport*)
t	[t]	comme le *t* de *temps* ou le *th* de *théâtre*	dans la plupart des cas	**t**udo (*tout*) ; **t**ive (*j'ai eu*) ; noi**t**e (*nuit*)
t	[tʃ]	sonne comme « *tch* »	avant un son [i], dans certaines régions du Brésil	**t**ive (*j'ai eu*) ; noi**t**e (*nuit*)

v	[v]	comme le *v* de *vague* ou le *w* de *wagon*	toute position	**v**ago (*vacant*)
x	[ʃ]	comme le *ch* de *charrue* ou le *sch* de *schéma*	au début d'un mot ou d'une syllabe, et parfois entre des voyelles	**x**arope (*sirop*) ; **x**ícara (*tasse*) ; **x**adrez (*échecs*) ; cai**x**a (*caisse*) ; pu**x**ar (*tirer*)
x	[z]	comme le *z* de *zéro* ou le *s* de *fraise*	lorsque **ex** précède un voyelle	e**x**ame (*examen*)
x	[ks]	sonne comme « *ks* »	dans certains mots	tá**x**i (*taxi*) ; fi**x**o (*fixé*)
x	[s]	comme le *c* de *cela* ou le *s* de *savant*	entre des voyelles, dans les autres cas	pró**x**imo (*prochain*) ; trou**x**e (*j'ai apporté*)
x	[ʃ]	comme le *ch* de *charrue* ou le *sch* de *schéma* ; (Eur.) et (Br.) à Rio de Janeiro		e**x**tra (*en plus*) ; se**x**ta-feira (*vendredi*)
	[s]	comme le *c* de *cela* ou le *s* de *savant* ; (Br.) sauf à Rio de Janeiro	devant une consonne	
z	[z]	comme le *z* de *zéro* ou le *s* de *fraise*	au début d'un mot et entre des voyelles	**z**ero (*zéro*) ; fa**z**er (*faire*)
z	[ʃ]	comme le *ch* de *charrue* ou le *sch* de *schéma*	à la fin d'un mot	lu**z** (*lumière*) ; feli**z** (*heureux*)
z	[ʒ]	comme le *j* de *jeune* ou le *g* de *rouge*	avant une consonne sonore	Feli**z** Natal (*Joyeux Noël*)
	[z]	comme le *z* de *zéro* ou le *s* de *fraise* ; (Br.) sauf à Rio de Janeiro		

Les verbes suivent des modèles de conjugaison généraux pour le présent, le passé et le futur ainsi que pour tous les temps qu'ils expriment. Parfois cependant, un ensemble de changements peuvent se produire dans la forme du verbe par rapport à son modèle général, et cette rubrique a pour objectif d'expliquer en quoi ces changements consistent. Vous y trouverez un petit tableau de référence des terminaisons verbales régulières (pour davantage d'informations, référez-vous à **conjugaison** dans l'index des points grammaticaux **page 382**) et un tableau des verbes irréguliers.

Verbes réguliers

Les verbes réguliers suivent tout simplement le modèle standard qui correspond à leur conjugaison, comme les trois verbes utilisés tout au long de ce cours, à savoir **comprar**, **vender** et **partir**.

Les cas particuliers

i **Verbes à changements orthographiques :** ce sont les verbes dont l'orthographe change afin que leur prononciation se maintienne.

- Conhe**ce** o Rio? *Connaissez-vous Rio ?*
- Sim, conhe**ço**. *Oui, je connais.*(verbe **conhecer**)

ii **Verbes à changement de radical :** ce sont ceux qui changent la voyelle de leur radical sous certaines conditions, comme, par exemple, lorsque l'accentuation est faite sur le radical, ou si celui-ci subit l'influence d'une autre voyelle.

- Pref**e**re chá ou café? *Préférez-vous du thé ou du café ?*
- Pref**i**ro chá. *Je préfère du thé.* (verbe **preferir**)

iii **Verbes irréguliers :** ce sont ceux qui ne se soumettent aux modèles de terminaisons verbales pour aucune des trois conjugaisons **-ar**, **-er**, **-ir**.

- Onde é o hotel? *Où est l'hôtel ?* (verbe **ser**)
- **Vou** amanhã. *Je pars demain.* (verbe **ir**)

Il peut arriver qu'un seul et même verbe soit soumis à plusieurs de ces caractéristiques (**i / ii / iii**).

Quando eu **segu**ia pela estrada. *Quand j'allais le long de la route.*
Siga em frente. *Allez tout droit.*
(verbe **seguir i + ii**)

Verbes réguliers (terminaisons uniquement)

Infinitif	Présent indicatif	Passé simple indicatif	Imparfait indicatif	Plus que parfait indicatif	Futur indicatif	Impératif
-ar	-o -as -a -amos (-ais) -am	-ei -aste -ou -ámos (-astes) -aram	-ava -avas -ava -ávamos (-áveis) -avam	-ara -aras -ara -áramos (-áreis) -aram	-arei -arás -ará -aremos (-areis) -arão	------- -a -e -emos (-ai) -em
-er	-o -es -e -emos (-eis) -em	-i -este -eu -emos (-estes) -eram	-ia -ias -ia -íamos (-íeis) -iam	-era -eras -era -êramos (-êreis) -eram	-erei -erás -erá -eremos (-ereis) -erão	------ -e -a -amos (-ei) -am
-ir	-o -es -e -imos (-is) -em	-i -iste -iu -imos (-istes) -iram	-ia -ias -ia -íamos (-íeis) -iam	-ira -iras -ira -íramos (-íreis) -iram	-irei -irás -irá -iremos (-ireis) -irão	------- -e -a -amos (-i) -am

Présent subjonctif	Imparfait subjonctif	Futur subjonctif	Conditionnel	Infinitif personnel	Participe présent	Participe passé
-e	-asse	-ar	-aria	-ar	-ando	-ado
-es	-asses	-ares	-arias	-ares		
-e	-asse	-ar	-aria	-ar		
-emos	-ássemos	-armos	-aríamos	-armos		
(-eis)	(-ásseis)	(-ardes)	(-aríeis)	(-ardes)		
-em	-assem	-arem	-ariam	-arem		
-a	-esse	-er	-eria	-er	-endo	-ido
-as	-esses	-eres	-erias	-eres		
-a	-esse	-er	-eria	-er		
-amos	-êssemos	-ermos	-eríamos	-ermos		
(-ais)	(-êsseis)	(-erdes)	(-eríeis)	(-erdes)		
-am	-essem	-erem	-eriam	-erem		
-a	-isse	-ir	-iria	-ir	-indo	-ido
-as	-isses	-ires	-irias	-ires		
-a	-isse	-ir	-iria	-ir		
-amos	-íssemos	-irmos	-iríamos	-irmos		
(-ais)	(-ísseis)	(-irdes)	(-iríeis)	(-irdes)		
-am	-issem	-irem	-iriam	-irem		

Remarque : Les formes verbales correspondant au pronom « vós » ont été mises entre parenthèses en raison de leur usage limité.

Les verbes à changements orthographiques

Le tableau suivant répertorie les changements à effectuer.

-**c**ar	-**ç**ar	-**g**ar	-**c**er	-**g**er -**g**ir	-**gu**er -**gu**ir
↓	↓	↓	↓	↓	↓
-qu	**-c**	**-gu**	**-ç**	**-j**	**-g**
avant *e*			avant *a* ou *o*		

fi**c**ar (*rester*)	→	fi**qu**ei ; fi**qu**e
come**ç**ar (*commencer*)	→	come**c**ei ; come**c**e
pa**g**ar (*payer*)	→	pa**gu**ei ; pa**gu**e
conhe**c**er (*connaître*)	→	conhe**ço** ; conhe**ça**
prote**g**er (*protéger*)	→	prote**j**o ; prote**j**a
diri**g**ir (*conduire*)	→	diri**j**o ; diri**j**am
er**gu**er (*lever*)	→	er**g**o ; er**g**a
se**gu**ir (*suivre, aller*)	→	si**g**o ; si**g**am

Les verbes dont l'infinitif se termine en **o** + **er** changent leur orthographe à la troisième personne du singulier (il / elle) du présent de l'indicatif, et se terminent en -**i**. Comme vous pouvez le remarquer dans l'exemple ci-dessous, ils prennent également un accent écrit.

d**o**er – d**ói** aqui (*cela fait mal ici*)

Les verbes qui changent de radical

Le tableau ci-dessous répertorie les changements à effectuer.

e	o	u
↓	↓	↓
i	u	o
* 1ère personne du singulier du présent del'indicatif (**eu**) * Présent du subjonctif * Impératif « emprunté » au subjonctif		* 2e et 3e personnes (singulier et pluriel, sauf **vós**) du présent de l'indicatif * 2e personne de l'impératif (**tu**)

rep**e**tir (répéter)

Prés. indic. : rep**i**to, repetes, etc.

Prés. subj. : rep**i**ta, rep**i**tas, rep**i**ta, rep**i**tamos, (repitais), rep**i**tam

Impératif : rep**i**ta, rep**i**tam

d**o**rmir (*dormir*)

Prés. indic. : d**u**rmo, dormes, etc

Prés. subj. : d**u**rma, d**u**rmas, d**u**rma, d**u**rmamos, (d**u**rmais), d**u**rmam

Impératif : d**u**rma, d**u**rmam

s**u**bir (*monter*)

Prés. ind. : subo, s**o**bes, s**o**be, subimos, (subis), s**o**bem

Impératif : s**o**be (tu)

Les changements qui concernent la qualité de la voyelle du radical ne sont pas toujours visibles à l'écrit. (Voir le tableau des voyelles dans la section **Guide de prononciation**.)

- F**a**lam português?	*Parlez-vous portugais ?*	
- Sim, f**a**lamos.	*Oui.*	(verbe **falar**)
- C**o**me carne?	*Mangez-vous de la viande ?*	
- Não, não c**o**mo; sou vegetariano.	*Non, je suis végétarien.*	(verbe **comer**)

Pour éviter de confondre les formes verbales entre elles, ou le verbe pour un autre mot de sens complètement différent, on peut parfois mettre un accent écrit sur la voyelle. C'est le cas de **pode** (*vous pouvez / il (elle) peut*) et **pôde** (*vous pourriez / il (elle) pourrait*), et de **pára** (*arrête*), du verbe **parar**, et **para**, la préposition *pour*. Cependant, les locuteurs natifs n'ont pas besoin de cette aide et ils « oublient » souvent d'utiliser l'accent écrit.

Les autres changements

Les verbes dont l'infinitif est en **a + ir** conservent leur **i** à toutes les formes sauf à la troisième personne du pluriel (*ils / elles*) de l'indicatif présent. Lorsque ce **i** se trouve dans une syllabe accentuée, il porte un accent écrit.

s**a**ir (*sortir*)

Prés. indic. : sa**i**o, sa**i**s, sa**i**, sa**í**mos, (sa**í**s), saem

Les verbes dont l'infinitif est en **e + ar** prennent un **i** après un **e** accentué. Cela n'affecte que le présent de l'indicatif, le présent du subjonctif et l'impératif.

pass**e**ar (*se promener, faire un tour*)

Prés. indic. : passe**i**o, passe**i**as, passe**i**a, passeamos, (passeais), passe**i**am

Le verbe **odiar** (*haïr*) se conjugue de la même manière.

Les participes passés irréguliers

abrir (*ouvrir*)	-aberto	**escrever** (*écrire*)	-escrito
aceitar (*accepter*)	-aceito *ou* aceite	**ganhar** (*gagner*)	-ganho
acender (*allumer*)	-aceso	**gastar** (*dépenser*)	-gasto
entregar (*livrer*)	-entregue	**pagar** (*payer*)	-pago

Lorsqu'il existe à la fois un participe passé régulier et irrégulier, le premier tend à être utilisé dans les temps parfaits composés et le second est utilisé comme adjectif.

Eu tinha acendido a luz. A luz estava acesa.
J'avais allumé la lumière. La lumière était allumée.

Il arrive également parfois que l'on utilise un participe passé comme si c'était un nom.

Não tenho trocado.	*Je n'ai pas de monnaie.*
Perdidos e achados	*Objets trouvés*
Chegadas	*Arrivées*

Les verbes irréguliers

Infinitif	Présent indicatif	Passé simple indicatif	Imparfait indicatif	Plus que parfait indicatif	Futur indicatif
crer *croire*	creio crês crê cremos (credes) crêem	*Régulier*	*Régulier*	*Régulier*	*Régulier*
dar *donner*	dou dás dá damos (dais) dão	dei deste deu demos (destes) deram	*Régulier*	dera deras dera déramos (déreis) deram	*Régulier*
dizer *dire*	digo dizes diz dizemos (dizeis) dizem	disse disseste disse dissemos (dissestes) disseram	*Régulier*	dissera disseras dissera disséramos (disséreis) disseram	direi dirás dirá diremos (direis) dirão
estar *être*	estou estás está estamos (estais) estão	estive estiveste esteve estivemos (estivestes) estiveram	*Régulier*	estivera estiveras estivera estivéramos (estivéreis) estiveram	*Régulier*
fazer *faire*	faço fazes faz fazemos (fazeis) fazem	fiz fizeste fez fizemos (fizestes) fizeram	*Régulier*	fizera fizeras fizera fizéramos (fizéreis) fizeram	farei farás fará faremos (fareis) farão
haver *avoir,* *exister*	hei hás há havemos (haveis) hão	houve houveste houve houvemos (houvestes) houveram	*Régulier*	houvera houveras houvera houvéramos (houvéreis) houveram	*Régulier*

Remarque : Les formes verbales correspondant au pronom « vós » ont été mises entre parenthèses en raison de leur usage limité.

Impératif	Présent subjonctif	Imparfait subjonctif	Futur subjonctif	Conditionnel	Participes
-------- crê creia creiamos (crede) creiam	creia creias creia creiamos (creiais) creiam	*Régulier*	*Régulier*	*Régulier*	*Prés.* crendo *Passé* crido
-------- dá dê dêmos (dai) dêem	dê dês dê dêmos (deis) dêem	desse desses desse déssemos (désseis) dessem	der deres der dermos (derdes) derem	*Régulier*	*Prés.* dando *Passé* dado
------- diz(e) diga digamos (dizei) digam	diga digas diga digamos (digais) digam	dissesse dissesses dissesse disséssemos (dissésseis) dissessem	disser disseres disser dissermos (disserdes) disserem	diria dirias diria diríamos (diríeis) diriam	*Prés.* dizendo *Passé* dito
------- está esteja estejamos (estai) estejam	esteja estejas esteja estejamos (estejais) estejam	estivesse estivesses estivesse estivéssemos (estivésseis) estivessem	estiver estiveres estiver estivermos (estiverdes) estiverem	*Régulier*	*Prés.* estando *Passé* estado
-------- faz(e) faça façamos (fazei) façam	faça faças faça façamos (façais) façam	fizesse fizesses fizesse fizéssemos (fizésseis) fizessem	fizer fizeres fizer fizermos (fizerdes) fizerem	faria farias faria faríamos (faríeis) fariam	*Prés.* fazendo *Passé* feito
--------- há haja hajamos (havei) hajam	haja hajas haja hajamos (hajais) hajam	houvesse houvesses houvesse houvéssemos (houvésseis) houvessem	houver houveres houver houvermos (houverdes) houverem	*Régulier*	*Prés.* havendo *Passé* havido

Infinitif	Présent indicatif	Passé simple indicatif	Imparfait indicatif	Plus que parfait indicatif	Futur indicatif
ir *aller*	vou vais vai vamos (ides) vão	fui foste foi fomos (fostes) foram	*Régulier* (ia, etc.)	fora foras fora fôramos (fôreis) foram	*Régulier*
ler *lire*	leio lês lê lemos (ledes) lêem	*Régulier*	*Régulier*	*Régulier*	*Régulier*
ouvir *entendre*	ouço ouves ouve ouvimos (ouvis) ouvem	*Régulier*	*Régulier*	*Régulier*	*Régulier*
pedir *demander*	peço pedes pede pedimos (pedis) pedem	*Régulier*	*Régulier*	*Régulier*	*Régulier*
perder *perdre*	perco perdes perde perdemos (perdeis) perdem	*Régulier*	*Régulier*	*Régulier*	*Régulier*
poder *pouvoir*	posso podes pode podemos (podeis) podem	pude pudeste pôde pudemos (pudestes) puderam	*Régulier*	pudera puderas pudera pudéramos (pudéreis) puderam	*Régulier*
pôr *mettre*	ponho pões põe pomos (pondes) põem	pus puseste pôs pusemos (puseste) puseram	punha punhas punha púnhamos (púnheis) punham	pusera puseras pusera puséramos (puséreis) puseram	*Régulier* (pas d'accent ^)

Impératif	Présent subjonctif	Imparfait subjonctif	Futur subjonctif	Conditionnel	Participes
------- vai vá vamos (ide) vão	vá vás vá vamos (vades) vão	fosse fosses fosse fôssemos (fôsseis) fossem	for fores for formos (fordes) forem	*Régulier*	*Prés.* indo *Passé* ido
-------- lê leia leiamos (lede) leiam	leia leias leia leiamos (leiais) leiam	*Régulier*	*Régulier*	*Régulier*	*Prés.* lendo *Passé* lido
-------- ouve ouça ouçamos (ouvi) ouçam	ouça ouças ouça ouçamos (ouçais) ouçam	*Régulier*	*Régulier*	*Régulier*	*Prés.* ouvindo *Passé* ouvido
-------- pede peça peçamos (pedi) peçam	peça peças peça peçamos (peçais) peçam	*Régulier*	*Régulier*	*Régulier*	*Prés.* pedindo *Passé* pedido
-------- perde perca percamos (perdei) percam	perca percas perca percamos (percais) percam	*Régulier*	*Régulier*	*Régulier*	*Prés.* perdendo *Passé* perdido
-------- pode possa possamos (podei) possam	possa possas possa possamos (possais) possam	pudesse pudesses pudesse pudéssemos (pudésseis) pudessem	puder puderes puder pudermos (puderdes) puderem	*Régulier*	*Prés.* podendo *Passé* podido
--------- põe ponha ponhamos (ponde) ponham	ponha ponhas ponha ponhamos (ponhais) ponham	pusesse pusesses pusesse puséssemos (pusésseis) pusessem	puser puseres puser pusermos (puserdes) puserem	*Régulier* (pas d'accent ^)	*Prés.* pondo *Passé* posto

Infinitif	Présent indicatif	Passé simple indicatif	Imparfait indicatif	Plus que parfait indicatif	Futur indicatif
querer *vouloir*	quero queres quer queremos (quereis) querem	quis quiseste quis quisemos (quisestes) quiseram	*Régulier*	quisera quiseras quisera quiséramos (quiséreis) quiseram	*Régulier*
saber *savoir*	sei sabes sabe sabemos (sabeis) sabem	soube soubeste soube soubemos (soubestes) souberam	*Régulier*	soubera souberas soubera soubéramos (soubéreis) souberam	*Régulier*
ser *être*	sou és é somos (sois) são	fui foste foi fomos (fostes) foram	era eras era éramos (éreis) eram	fora foras fora fôramos (fôreis) foram	*Régulier*
ter *avoir*	tenho tens tem temos (tendes) têm	tive tiveste teve tivemos (tivestes) tiveram	tinha tinhas tinha tínhamos (tínheis) tinham	tivera tiveras tivera tivéramos (tivéreis) tiveram	*Régulier*
trazer *apporter*	trago trazes traz trazemos (trazeis) trazem	trouxe trouxeste trouxe trouxemos (trouxestes) trouxeram	*Régulier*	trouxera trouxeras trouxera trouxéramos (trouxéreis) trouxeram	trarei trarás trará traremos (trareis) trarão
ver *voir*	vejo vês vê vemos (vedes) vêem	vi viste viu vimos (vistes) viram	*Régulier*	vira viras vira víramos (víreis) viram	*Régulier*
vir *venir*	venho vens vem vimos (vindes) vêm	vim vieste veio viemos (viestes) vieram	vinha vinhas vinha vínhamos (vínheis) vinham	viera vieras viera viéramos (viéreis) vieram	*Régulier*

Impératif	Présent subjonctif	Imparfait subjonctif	Futur subjonctif	Conditionnel	Participes
----------- quer(e) queira queiramos (querei) queiram	queira queiras queira queiramos (queirais) queiram	quisesse quisesses quisesse quiséssemos (quisésseis) quisessem	quiser quiseres quiser quisermos (quiserdes) quiserem	*Régulier*	*Prés.* querendo *Passé* querido
---------- sabe saiba saibamos (sabei) saibam	saiba saibas saiba saibamos (saibais) saibam	soubesse soubesses soubesse soubéssemos (soubésseis) soubessem	souber souberes souber soubermos (souberdes) souberem	*Régulier*	*Prés.* sabendo *Passé* sabido
----------- sê seja sejamos (sede) sejam	seja sejas seja sejamos (sejais) sejam	fosse fosses fosse fôssemos fôsseis fossem	for fores for formos (fordes) forem	*Régulier*	*Prés.* sendo *Passé* sido
---------- tem tenha tenhamos (tende) tenham	tenha tenhas tenha tenhamos (tenhais) tenham	tivesse tivesses tivesse tivéssemos (tivésseis) tivessem	tiver tiveres tiver tivermos (tiverdes) tiverem	*Régulier*	*Prés.* tendo *Passé* tido
---------- traz(e) traga tragamos (trazei) tragam	traga tragas traga tragamos (tragais) tragam	trouxesse trouxesses trouxesse trouxéssemos (trouxésseis) trouxessem	trouxer trouxeres trouxer trouxermos (trouxerdes) trouxerem	traria trarias traria traríamos (traríeis) trariam	*Prés.* trazendo *Passé* trazido
---------- vê veja vejamos (vede) vejam	veja vejas veja vejamos (vejais) vejam	visse visses visse víssemos (vísseis) vissem	vir vires vir virmos (virdes) virem	*Régulier*	*Prés.* vendo *Passé* visto
---------- vem venha venhamos (vinde) venham	venha venhas venha venhamos (venhais) venham	viesse viesses viesse viéssemos (viésseis) viessem	vier vieres vier viermos (vierdes) vierem	*Régulier*	*Prés.* vindo *Passé* vindo

Les verbes dérivés

N'oubliez pas que les dérivés des verbes de la catégorie des cas particuliers présentent souvent les mêmes caractéristiques.

	dérivé de :

i Verbes à changement orthographique

conseguir (*réussir*)	**seguir**
reconhecer (*reconnaître*)	**conhecer**

ii Verbes à changement de radical

conseguir (*réussir*)	**seguir**
consentir (*consentir*)	**sentir**
descobrir (*découvrir*)	**cobrir**
preferir (*préférer*)	**ferir**
referir (*se référer*)	**ferir**

iii Verbes irréguliers

compor (*composer*)	**pôr**
condizer (*assortir*)	**dizer**
conter (*contenir*)	**ter**
contradizer (*contredire*)	**dizer**
convir (*convenir*)	**vir**
desfazer (*défaire*)	**fazer**
manter (*maintenir*)	**ter**
satisfazer (*satisfaire*)	**fazer**
supor (*supposer*)	**pôr**

Les verbes, les noms et les traits d'union

L'usage du trait d'union est sujet à des changements continuels au fil du temps. Tout comme son omission, il reflète l'évolution des mots composés dans la langue et la mesure dans laquelle leurs éléments sont considérés comme une unité indivisible. Voici les différentes situations de son utilisation en portugais :

A Les noms

i Dans **o depósito de bagagem** (*la consigne à bagages*), personne ne ressentira peut-être le besoin d'utiliser des traits d'union entre les trois éléments. Ils seront sûrement perçus comme trois éléments indépendants.

ii Dans des cas comme **segunda-feira** (*lundi*) et **guarda-chuva** (*parapluie*), les éléments ont dans une certaine mesure perdu leur signification individuelle au profit de la signification du mot composé. Le trait d'union sert à indiquer cette situation.

iii Des mots comme **fim de semana** (*week-end*) et **pequeno almoço** (*petit déjeuner*) (Eur.) sont dans une situation intermédiaire. On les voit orthographiés aussi bien sans trait d'union, comme ci-dessus, qu'avec : **fim-de-semana** et **pequeno-almoço**.

Voir également **pages 24, 34 et 47**.

B Les pronoms compléments d'objet (y compris les pronoms réfléchis)

Pour les mots tels que les équivalents de *moi, me*, l'ordre des mots est important. En règle générale, on utilise un trait d'union lorsque le pronom suit le verbe : **Pode dizer-me onde é a saída?** (*Pouvez-vous me dire où est la sortie ?*) Cependant, la construction suivante est plus répandue : **Pode me dizer onde é a saída?**

Dans cette construction, le pronom complément d'objet (**me**) vient avant, et non après, le verbe auquel il se rapporte (**dizer**). Certaines personnes néanmoins défendent l'argument selon lequel le pronom d'objet devrait être relié par un trait d'union au verbe qui, à présent, le précède (**Pode**) : **Pode-me dizer onde é a saída?**

Voir également les **pages 90 à 91, 227 à 228, 241 à 243**.

C Le verbe *haver*

Il existe deux orthographes différentes pour ce verbe au présent de l'indicatif : avec ou sans trait d'union. Alors que celui-ci peut être omis au Brésil, au Portugal il est obligatoire de l'utiliser :

hei-de, hás-de, há-de, hão-de ou **hei de, hás de, há de, hão de**

Voir également **pages 133 à 134**.

Le vocabulaire de ce lexique est dans l'ensemble commun au portugais du Portugal et du Brésil. Les indications respectives (Eur.) et (Br.) sont données lorsque ce n'est pas le cas.

a *la* ; *vous* ; *à* ; *en*

à (= a + a)

abaixo *au-dessous* ; abaixo de *en dessous de* ; mais abaixo *plus bas*

aberto *ouvert*

abertura (f) *ouverture*

Abril (m) *avril*

abrir *ouvrir*

acabar *terminer* ; acabar de... *venir de...*

acampar *camper*

aceitar *accepter*

acender *allumer*

acerca de *au sujet de*

aceso *allumé*

achar *trouver* ; que tal acha...? *que pensez-vous de... ?*

acidente (m) *accident*

acima *au-dessus* ; acima de *au-dessus de* ; mais acima *plus haut*

acompanhar *accompagner*

aconselhável *recommandable*

acontecer *avoir lieu* ; *(se produire) arriver*

acordo (m) *accord* ; de acordo com *selon*

açoriano *originaire des Açores* ; (m) *Açoréen*

acreditar *croire*

actividade (Eur.) (f) *activité*

actual (Eur.) *actuel*

açúcar (m) *sucre*

adequado *adéquat*

adeus *au revoir* ; *adieu*

adiantado *en avance*

adoecer *tomber malade*

adorar *adorer*

adquirir *acquérir*

adulto (m) *adulte*

aeromoço/a (m/f) (Br.) *steward/hôtesse de l'air*

aeroporto (m) *aéroport*

afastar *éloigner*

agência (f) *agence* ; *bureau* ; agência de câmbio (Eur.) *bureau de change* ; agência de correios (Br.) *bureau de poste* ; agência de viagens *agence de voyages*

agora *maintenant*

Agosto (m) *août*

agradável *agréable*

agradecer *remercier*

água (f) *eau* ; água mineral *eau minérale* ; água potável *eau potable* ; água tónica (Eur.) / tônica (Br.) *tonic*

aguaceiro (m) *averse*

aguardar *patienter* ; *attendre*

aí *là*

ainda *encore* ; ainda não *pas encore*

ajudar *aider*

albergue (m) *auberge* ; albergue de juventude (Br.) *auberge de jeunesse*

álcool (m) *alcool*

aldeia (f) *village*

além de *en plus de, au-delà de*

alface (f) *laitue*

alfândega (f) *douanes*

algodão (m) *coton*

alguém *quelqu'un*

algum *quelque*

ali *là* ; *là-bas* (*voir également* lá)

aliança (de casamento) (f) *alliance (nuptiale)*

alimentação (f) *alimentation*

alimento (m) *aliment*

almoçar *déjeuner*

almoço (m) *déjeuner*

almofada (f) *coussin* ; *oreiller*

alojamento (m) *logement*

altitude (f) *altitude*

alto *grand* ; *haut* ; *(son, voix) fort* ; alto mar *haute mer*

alugar *louer*

aluguel (Br.) / aluguer (Eur.) (m) *location* ; *loyer*

amanhã *demain*

amar *aimer*

amarelo *jaune*

amável *aimable*

ambiente (m) *environnement* ; *ambiance*

ambos *les deux*

ambulância (f) *ambulance*

amigo (m) *ami*

amor (m) *amour*

andar *marcher* ; *aller*

andar (m) *étage* ; andar térreo (Br.) *rez-de-chaussée*

anel (m) *anneau*

angolano *angolais* ; (m) *Angolais*

animal (m) *animal*

aniversário (m) *anniversaire*

ano (m) *année* ; tenho 40 anos *j'ai 40 ans* ; faço 35 anos *j'ai 35 ans (aujourd'hui)* ; faço anos hoje *aujourd'hui c'est mon anniversaire* ; Ano Novo *Nouvel An*

antededência (f) : com antecedência *à l'avance*

anterior *précédent*

antes *avant*

antigo *ancien*

anúncio (m) *annonce*

ao (= a + o)

apagar *éteindre* ; *effacer*

aparelhagem (de som) (f) *chaîne (hi-fi)*

aparelho (m) *machine, appareil*

apartamento (m) *appartement* ; *studio* ; (Br.) *chambre d'hôtel équipée*

apelido (m) (Eur.) *nom de famille*

apenas *seulement* ; *juste*

aperitivo (m) *apéritif*

apertado *serré*

apertar *serrer* ; *(manteau) fermer*

apontar *désigner* ; *montrer du doigt* ; *(écrire) noter*

após *après*

aposentado *retraité*

apreciar *apprécier*

aprender *apprendre*

apresentar *présenter* ; *faire les présentations*

aproveitar *profiter de*

aproximadamente *à peu près*

aproximar *rapprocher* ; aproximar-se *s'approcher*

aquático *aquatique*

aquecimento (m) *chauffage*

aquele/a *ce / cette* ; *celui-là / celle-là* (*voir également* esse)

aqui *ici*

aquilo *cela* (*voir également* isso)

ar (m) *air* ; ar condicionado *climatisation*

área (f) *zone* ; *surface*

armário (m) *armoire, placard*

armazém (m) *magasin* ; *entrepôt*

arquibancada (f) (Br.) *gradins*

arquitectura (Eur.), arquitetura (Br.) (f) *architecture*

arrumar *ranger*

arte (f) *art*

artesanal *artisanal*

artificial *artificiel*

artigo (m) *article* ; artigos regionais (m pl) *artisanat régional*

assim *ainsi, comme ceci* ; assim assim *comme ci, comme ça*

assinalar *signaler*

assinar *signer*

assinatura (f) *signature*

até *jusque*

atender *servir* ; *s'occuper de* ; *(téléphone) répondre*

atendimento (m) *accueil* ; horário de atendimento *heures d'ouverture*

atividade (Br.) (f) *activité*

atracção (Eur.) / atração (Br.) (f) *attraction* ; *attrait*

atrás *derrière* ; atrás de *derrière, après*

atrasado *tard* ; *en retard*

atrasar *retarder* ; atrasar-se *être en retard*

atravessar *traverser*

atropelado *(heurté) renversé* ; ser atropelado *se faire renverser*

atual (Br.) *actuel*

atum (m) *thon*

aula (f) *leçon* ; *classe*

auscultador (m) (Eur.) *combiné (téléphonique)*

autocarro (m) (Eur.) *bus, car*

autoclismo (m) *chasse d'eau* ; puxar o autoclismo *tirer la chasse*

autodidacta (Eur.) / autodidata (Br.) (mf) *autodidacte*

auto-estrada (f) *autoroute*

autolocadora (f) (Br.) *agence de location de voitures*

automóvel (m) *automobile*

autonomia (f) *autonomie*

auto-serviço (m) *self-service*

avariado *en panne*

ave (f) *oiseau* ; aves *volaille*

avenida (f) *avenue*

aventura (f) *aventure*

avião (m) *avion*

avô/avó (m/f) *grand-père/grand-mère*

azeitona (f) *olive*

azul *bleu*

bacalhau (m) *morue* ; *morue salée*

bacon (m) (Br.) *jambon sec*

bagageira (f) *coffre*

bagagem (f) *bagages*

baile (m) *danse* ; *soirée dansante*

bairro (m) *quartier*

baixo *bas* ; *petit* ; em baixo *en bas* ; lá/aqui em baixo *en bas, dessous* ; por baixo de (Eur.), embaixo de (Br.) *sous* ; mais baixo *plus bas* ; *plus petit* ; *moins fort*

balcão (m) *comptoir* ; *balcon*

banca de jornais (f) (Br.) *kiosque à journaux*

bancada (f) *plan de travail* ; (Eur.) *gradins*

banco (m) *banque* ; *tabouret* ; (Eur. : d'hôpital) *urgences* ; banco de jardim *banc*

banheira (f) *baignoire*

banheiro (m) (Br.) *salle de bain* ; *toilettes*

banho (m) *bain* ; tomar banho *se laver, prendre un bain/une douche* ; *(à la plage) aller se baigner*

bar (m) *bar*

barato *bon marché*

barba (f) *barbe* ; fazer a barba *se raser*

barbeiro (m) *barbier*

barco (m) *bateau*

barraca (f) *tente* ; *pavillon* ; barraca de praia *cabine de plage*

barro (m) *argile*

barulhento *bruyant*

barulho (m) *bruit*

bastante *assez (de)* ; *beaucoup (de)*

batata (f) *pomme de terre* ; batatas fritas *frites* ; *chips*

bater *battre* ; *frapper*

baunilha (f) *vanille*

bebé (Eur.) / bebê (Br.) (mf) *bébé*

beber *boire*

bebida (f) *boisson*

beijo (m) *baiser* ; dar um beijo a *embrasser*

beira-mar : à beira-mar *au bord de la mer*

belga *belge* ; (mf) *Belge*

belo *beau*

bem *bien* ; está bem! *ça va !, d'accord !*

bem-vindo *bienvenu*

biblioteca (f) *bibliothèque*

bica (f) (Eur.) *expresso* ; bica cheia/curta *café allongé/serré*

bicha (f) (Eur.) *file d'attente, queue*

bife (m) *steak*

bilhete (m) *billet* ; bilhete de identidade (m) (Eur.) *carte d'identité* ; bilhete postal (m) (Eur.) *carte postale* (*voir* postal)

bilheteira (Eur.), bilheteria (Br.) (f) *guichet*

biquíni (m) *bikini*

bisnaga (f) *tube*

blusa (f) *chemisier, chemise*

boa *bonne* ; *bien*

boate (f) (Br.) *boîte de nuit*

boca (f) *bouche*

bocadinho (m) *un petit peu*

bola (f) *balle* ; *ballon* ; *boule* ; *bulle*

boletim meteorológico (m) *bulletin météorologique*

bolo (m) *gâteau*

bolsa (f) *sac à main*

bolso (m) *poche*

bom *bon* ; *bien*

bomba (f) *bombe* ; *pompe* ; bombas de gasolina *station service*

bombeiro (m) *pompier*

bonde (m) (Br.) *tramway*

bonito *joli, beau*

botão (m) *bouton*

branco *blanc*

brasileiro *brésilien* ; (m) *Brésilien*

breve *bref* ; até breve! *à bientôt !* ; em breve *bientôt*

brinquedo (m) *jouet*

buscar *chercher*

cá *ici*

cabeça (f) *tête*

cabeleireiro (m) *coiffeur*

cabelo (m) *cheveux*

cabo-verdiano *capverdien* ; (m) *Capverdien*

caça (f) *chasse*

cachorro (m) *chiot* ; *chien* (Br.)

cada *chaque* ; cada um(a) *chacun(e)* ; cada três dias *tous les trois jours*

cadeira (f) *chaise* ; cadeira de rodas *fauteuil roulant*

café (m) *café* ; café da manhã (Br.) *petit-déjeuner*

cair *tomber, faire une chute*

cais (m) *quai*

caixa (f) *caisse* ; *boîte* ; caixa automática *distributeur automatique de billets* ; caixa do correio *boîte à lettres*

caixote do lixo (m) *poubelle*

calça(s) (f) *pantalon* ; calças de ganga (Eur.) *jeans*

calção de banho (m) *caleçon de bain*

calçar *chausser* ; *mettre (gants, chaussures)*

calmo *calme*

calor (m) *chaleur*

cama (f) *lit* ; cama de casal *lit double* ; cama de solteiro *lit simple*

câmara municipal (f) (Eur.) *mairie*

câmbio (m) *change*

caminhar *marcher*

caminho (m) *chemin*

camioneta (f) *camionette* ; (Eur.) *bus*

campeonato (m) *championnat*

campismo (m) *camping*

campista (mf) *campeur/se*

campo (m) *champ* ; *campagne* ; *terrain*

canadiano (Eur.) ; canadense (Br) *canadien* ; (m) *Canadien*

canal (m) *canal* ; canal de irrigação *canal d'irrigation*

canção (f) *chanson*

candidato (m) *candidat*

candidatura (f) *candidature*

canela (f) *cannelle*

caneta (f) *stylo*

cansado *fatigué*

cantar *chanter*

canto (m) *coin*

cão (m) *chien*

capacete (m) *casque*

capital (f) *capitale*

cara (f) *visage*

característica (f) *caractéristique, trait*

caravana (f) *caravane*

cardápio (m) (Br.) *menu*

cargo (m) *(fonction) poste*

carnaval (m) *carnaval*

carne (f) *viande*

caro *cher*

carro (m) *voiture* ; de carro *en voiture*

carta (f) *lettre* ; carta de condução (Eur.) *permis de conduire*

cartão (m) *carte* ; cartão de crédito *carte de crédit* ; cartão de visita *carte de visite* ; cartão postal (Br.) *carte postal* (*voir* postal)

carteira (f) *portefeuille* ; *sac à main* ; carteira de identidade (Br.) *carte d'identité* ; carteira de motorista/de habilitação (Br.) *permis de conduire*

casa (f) *maison* ; em casa de *chez* ; em nossa casa *chez nous* ; casa de banho *salle de bain* ; *toilettes* ; casa de câmbio (Br.) *bureau de change*

casaco (m) *manteau* ; *veste* ; *gilet*

casado *marié*

casal (m) *couple*

casamento (m) *mariage*

casar-se *se marier*

casca (f) *peau* ; *écorce* ; *coquille*

caso (m) *cas* ; em caso de *en cas de* ; no caso de *au cas où*

castanho *marron* ; *châtain*

castelo (m) *château*

católico *catholique*

catorze *quatorze*

causa (f) *cause* ; por causa de *à cause de*

cavalheiro (m) *gentleman*

cebola (f) *oignon*

cedo *tôt* ; *en avance*

cem *cent*

cemitério (m) *cimetière*

cenoura (f) *carotte*

cêntimo (m) *cent*

cento *cent* ; por cento *pour cent*

central *central*

centro (m) *centre* ; centro comercial (Eur.) *centre commercial* ; centro de turismo *office de tourisme* ; centro de saúde *centre médical*

cerca de *environ*

cereal (m) *céréale*

certeza (f) *certitude* ; ter (a) certeza *être certain*

certo *juste* ; *sûr* ; certo! *ok !*

cerveja (f) *bière*

chá (m) *thé*

chamar *appeler*

chamar-se *s'appeler*

chão (m) *sol* ; no chão *par terre*

chave (f) *clé*

chávena (f) (Eur.) *tasse (à café)*
chegada (f) *arrivée*
chegar *arriver* ; *suffire*
cheio *plein, complet*
cheirar *sentir*
cheiro (m) *odeur*
cheque (m) *chèque* ; cheque de viagem *traveller's cheque*
chorar *pleurer*
chuva (f) *pluie*
chuveiro (m) *douche*
cidade (f) *ville*
cima : de cima *d'en haut* ; *du dessus* ; lá / aqui em cima *en haut* ; em cima de *sur* ; por cima de *par dessus*
cimo (m) *haut*
cinco *cinq*
cinema (m) *cinéma*
cinquenta (Eur.), cinqüenta (Br.) *cinquante*
cinto (m) *ceinture*
cinza (f) *cendre* ; (Br.) *gris*
cinzeiro (m) *cendrier*
cinzento (Eur.) *gris*
circundar *entourer*
clara (f) *blanc d'œuf*
claro *clair* ; *bien sûr* ; *évidemment*
classe (f) *classe*
clima (m) *climat*
clube (m) *club*
cobertor (m) *couverture*
cobrar *(percevoir de l'argent)* *toucher*
cobrir *couvrir*
coisa (f) *chose* ; alguma coisa *quelque chose*
colcha (f) *couvre-lit*
colchão (m) *matelas*
colega (mf) *collègue* ; *(de classe)* *camarade*
colégio (m) *collège* (Eur.) ; *école* (Br.)
colher (f) *cuiller*
colocar *placer* ; *(emplacement)* *mettre*
com *avec*
combinação (f) *combinaison* ; *(sous-vêtement)* *slip*
combinar *organiser, combiner*
comboio (m) (Eur.) *train*
combustível (m) *combustible*
começar *commencer*
começo (m) *commencement, début*
comer *manger*
comerciante (mf) *commerçant(e)*
comida (f) *nourriture*
comigo *avec moi*
como *comment* ; *comme*
companhia (f) *compagnie*
comparecer *comparaître*
completamente *complètement*
completo *complet*
compra (f) *achat* ; fazer compras *faire des courses*
comprar *acheter*
compreender *comprendre*
comprido *long* ; ao comprido *en long* ; *dans la longueur*
comprimento (m) *longueur*
computador (m) *ordinateur*
comunicar *communiquer, informer*
conceder *concéder*
concerto (m) *concert*
concordar *être d'accord*
conduzir (Eur.) *(un véhicule)* *conduire*
conhecer *connaître* ; *reconnaître*
conhecido (m) *(personne)* *connaissance*
conhecimento (m) *(savoir)* *connaissance*
conjunto (m) *groupe* ; *rassemblement* ; *(vêtements)* *ensemble*
connosco (Eur.) / conosco (Br.) *avec nous*
consertar *réparer*
considerar *considérer*

consigo (Eur.) *avec lui* ; *avec elle* ; *avec vous* ; *avec eux* ; *avec elles*

consistir em *consister en*

constipação (f) (Eur.) *rhume*

constipado : estar constipado (Eur.) *être enrhumé*

construir *construire*

consulado (m) *consulat*

consulta (f) *consultation*

consultório (m) *cabinet médical*

conta (f) *addition* ; *compte*

contar *compter* ; *conter*

contente *content, heureux*

contigo (Eur.) *avec toi*

contínuo *continu*

conto (m) *conte*

contra *contre*

controlo (m) *contrôle*

conversa (f) *conversation*

conversar *parler*

convidar *inviter*

convir *convenir*

convite (m) *invitation*

convosco (Eur.) *avec vous*

copo (m) *verre*

cor (f) *couleur*

corredor (m) *couloir*

correio (m) *courrier* ; *facteur* ; os correios *le bureau de poste* ; pelo correio *par la poste*

correr *courir*

correspondência (f) *correspondance, courrier*

corrigir *corriger*

cortar *couper*

costa (f) *côte*

costumar *avoir l'habitude de*

couro (m) *cuir*

couve (f) *chou*

cozer *cuire, bouillir*

cozinha (f) *cuisine*

creme (m) *crème* ; creme dental (Br.) *dentifrice* (*voir également* pasta de dentes)

crer *croire*

criança (f) *enfant*

cruzamento (m) *croisement* ; *carrefour*

cuidado (m) *soin* ; cuidado! *attention !* ; ter cuidado *faire attention*

cujo/a *dont*

cultivo (m) *culture (agriculture)*

cultura (f) *culture (connaissances)*

cumprimentos (m) *salutations*

curso (m) *cours* ; tirar um curso de *faire des études de*

curto *court*

custar *coûter*

da (= de + a)

daí (= de + aí)

dali (= de + ali)

dançar *danser*

daquele/a (= de + aquele/a)

daqui (= de + aqui)

daquilo (= de + aquilo)

dar *donner* ; dar para *donner sur* ; *servir pour* ; dar prazer *faire plaisir*

das (= de + as)

data (f) *date*

de *de* ; *en* ; *à* ; de Portugal/França *du Portugal/de France* ; de ouro/prata *en or/argent* ; de carro *en voiture* ; de manga curta *à manches courtes* ; de dois em dois dias *tous les deux jours*

debaixo *dessous* ; debaixo de *sous*

décimo *dixième*

declarar *déclarer*

dedo (m) *doigt*

defeito (m) *défaut* ; com defeito (Br.) *en panne*

deficiente (mf) *handicapé(e)*

degrau (m) *marche*

deitar-se *s'allonger* ; *se coucher*

deixar *laisser* ; deixar de *arrêter de*

dele/a (= de + ele/ela)

delegacia (f) (Br.) *commissariat*

demais *trop*

demorar *tarder* ; *prendre du temps*

dentista (mf) *dentiste*

dentro *dedans* ; *à l'intérieur* ; dentro de *(temporel) dans*

depois *après, ensuite, puis*

depositar *déposer*

depressa *vite* ; depressa! *vite !*

desafio (m) *défi* ; (Eur.) *match*

desaparecer *disparaître*

desarranjado (Br.) *en panne*

descalçar *déchausser* ; *(gants, chaussures) retirer*

descansar *se reposer*

descascar *décortiquer* ; *éplucher*

descer *descendre*

descobrir *découvrir*

desconhecido *inconnu*

descontar *décompter* ; *déduire*

desculpar *excuser*

desculpe *excusez-moi, pardon*

desde *depuis* ; desde já *à partir de maintenant*

desejar *désirer, souhaiter*

desfile (m) *défilé*

desligar *débrancher* ; *raccrocher* ; *éteindre*

desodorante (Br.) / desodorizante (Eur.) (m) *désodorisant*

despesa (f) *dépense* ; despesas *charges (locatives)*

despir *(vêtements) retirer* ; despir-se *se déshabiller*

desporto (m) (Eur.) *sport*

desse/a (= de + esse/a)

deste/a (=de + este/a)

destinatário (m) *destinataire*

destino (m) *destination*

detestar *détester*

devagar *lentement*

dever *devoir*

dez *dix*

dezanove (Eur.) / dezenove (Br.) *dix-neuf*

dezasseis (Eur.) / dezesseis (Br.) *seize*

dezassete (Eur.) / dezessete (Br.) *dix-sept*

Dezembro (m) *décembre*

dezoito *dix-huit*

dia (m) *jour* ; bom dia *bonjour, bonne journée* ; dia de anos (Eur.) *anniversaire* ; dia útil *jour ouvrable* ; no dia seguinte *le lendemain*

dia-a-dia (m) *routine quotidienne*

diálogo (m) *dialogue*

diante de *avant* ; *devant*

diária (f) *prix quotidien (d'un séjour à l'hôtel)*

diário *quotidien*

diarreia (Eur.) / diarréia (Br.) (f) *diarrhée*

dicionário (m) *dictionnaire*

dieta (f) *régime*

diferente *différent*

dinheiro (m) *argent* ; dinheiro miúdo/ trocado *monnaie*

diploma (m) *diplôme*

direcção (Eur.) / direção (Br.) (f) *direction* ; (Eur.) *adresse*

directo (Eur.) / direto (Br.) *direct*

direita (f) *droite* ; à direita *à droite*

direito *droit* ; (Br.) *correctement*

dirigir *diriger* ; (Br. : *véhicule*) *conduire*

discoteca (f) *discothèque, boîte de nuit*

disso (= de + isso)

distinção (f) *distinction*

disto (= de + isto)

divertir-se *s'amuser*

divorciado *divorcé*

dizer *dire*

do (= de + o)

doce *sucré* ; *doux*

doce (m) *dessert* ; *sucrerie* ; *confiture*

documento (m) *document* ; documento de identificação *pièce d'identité*

doença (f) *maladie*

doente *malade*

doer *faire mal*

dois (m) *deux*

dólar (m) *dollar*

domicílio (m) *domicile, résidence*

domingo (m) *dimanche*

domínio (m) *maîtrise*

dona de casa (f) *maîtresse de maison*

dor (f) *douleur, mal* ; dor de cabeça *mal de tête*

dormir *dormir*

dos (= de + os)

doze *douze*

duas (f) *deux*

ducha (f) (Br.) / duche (m) (Eur.) *douche*

duplo *double*

duração (f) *durée*

durante *pendant*

duzentos *deux cents*

dúzia (f) *douzaine*

e *et*

edifício (m) *immeuble*

efeito (m) *effet*

ele / ela *il / elle*

eléctrico (m) (Eur.) *tramway*

elevado *haut, élevé*

elevador (m) *ascenseur*

em *dans* ; *en* ; *à* ; *sur*

embaixada (f) *ambassade*

embarcar *embarquer*

embora *bien que* (*voir également* ir)

embrulhar *emballer*

ementa (f) (Eur.) *menu*

emergência (f) *urgence*

emitir *émettre*

empregado (m) *employé*

emprego (m) *emploi*

empurrar *pousser*

encerrar *fermer*

encher *remplir*

encomenda (f) *colis, commande*

encontrar *trouver* ; *rencontrer*

encontro (m) *rendez-vous* ; *rencontre* ; marcar encontro *se donner rendez-vous*

endereço (m) *adresse*

engenheiro (m) *ingénieur*

enorme *énorme*

enquanto *tandis que* ; *pendant que*

ensinar *enseigner*

então *alors*

entender *comprendre*

entrada (f) *entrée*

entrar *entrer*

entre *entre*

entregar *livrer, remettre*

entrevista (f) *entretien*

enumerar *énumérer*

envelope (m) *enveloppe*

enviar *envoyer*

equipado *équipé*

errado *faux* ; *mauvais*

erro (m) *erreur* ; *faute*

escada (f) *escalier* ; *échelle* ; escada rolante *escalator*

escala (f) *changement (d'avion)*

escola (f) *école*

escolher *choisir*

escova (f) *brosse* ; escova de dentes *brosse à dents*

escrito *écrit*

escritório (m) *bureau*

escudo (m) *ancienne monnaie portugaise*

escuro *foncé*

escutar *écouter*

esforço (m) *effort*

esgotado (vendu) *épuisé*

esparadrapo (m) (Br.) *pansement*

especial *spécial*

especialidade (f) *spécialité*

espécie (f) *espèce* ; *genre*

esperar *attendre*

esplanada (f) (Eur.) *terrasse*

esporte (m) (Br.) *sport*

esquadra (f) (Eur.) *commissariat*

esquecer(-se) *oublier*

esquentador (m) *chauffe-eau*

esquerda (f) *gauche* ; à esquerda *à gauche*

esquina (f) *coin* (angle extérieur)

esquisito *étrange, bizarre*

esse/a *ce, cette* ; *celui-là, celle-là* (*voir également* aquele)

esta *cette* ; *celle-ci*

estação (f) *gare* ; *saison* ; estação de correios (Eur.) *bureau de poste*

estacionamento (m) *stationnement*

estacionar (*se*) *garer*

estada, estadia (f) *séjour*

estádio (m) *stade*

estado (m) *état* ; estado civil *état civil*

estar *être* ; está bem *c'est bon*

este *ce, cet, celui-ci*

este (m) *est* ; no este *à l'est* (*voir également* leste)

estimar *estimer* ; estimo as suas (rápidas) melhoras *bon rétablissement*

estômago (m) *estomac*

estrada (f) *route*

estrangeiro *étranger*

estreito *étroit*

estrela (f) *étoile*

estudante (mf) *étudiant(e)*

estudar *étudier*

eu *je* ; *moi*

euro (m) *euro*

europeu *européen*

exame (m) *examen*

excelente *excellent*

excepto (Eur.) / exceto (Br.) *sauf, excepté*

excursão (f) *excursion*

exemplo (m) *exemple* ; por exemplo *par exemple*

exercício (m) *exercice*

êxito (m) *succès*

experiência (f) *expérience*

experimentar *expérimenter*

expressão (f) *expression*

exterior (m) *extérieur*

faca (f) *couteau*

fácil *facile* ; fácil de *facile à*

facilidade (f) *facilité*

facto (Eur.) / fato (Br.) (m) *fait*

factor (Eur.) / fator (Br.) (m) *facteur (élément)*

fadista (mf) *chanteur/se de « fado »*

fado (m) *chant traditionnel portugais* ; casa de fado(s) *cabaret de fado*

falar *parler*

falta (f) *manque*

faltar *manquer*

família (f) *famille*

farmácia (f) *pharmacie* ; farmácia de serviço *pharmacie de garde*

fatia (f) *tranche*

fato (m) (Eur.) *costume* ; *tailleur* ; fato de banho *maillot de bain* (*voir également* facto)

fauna (f) *faune*

favor (m) *faveur* ; (se) faz favor/por favor *s'il vous plaît, excusez-moi* ; *je vous en prie*

favorito *préféré, favori*

fazer *faire*

fechar *fermer*

federal *fédéral*

feira (f) *marché* ; *foire*

felicidade (f) *bonheur* ; (muitas) felicidades! *félicitations !*

feliz *heureux*

feminino *féminin*

feriado (m) *jour férié* ; feriado nacional *fête nationale*

férias (f) *vacances*

ferir *blesser*

ferro (m) *fer* ; *fer à repasser*

festa (f) *fête, soirée*

Fevereiro (m) *février*

fiambre (m) (Eur.) *jambon*

fiança (f) *caution*

ficar *être* ; *se trouver* ; *rester* ; *devenir* ; ficar com *garder, prendre*

ficha (f) *fiche* ; *jeton*

fila (f) *file* ; *queue*

filha (f) *fille*

filho (m) *fils* ; filhos *enfants*

fim (f) *fin* ; fim de semana *week-end* ; no fim de *au bout de, à la fin de*

finalidade (f) *objectif, but*

finalmente *finalement, enfin*

fingir *faire semblant*

flexibilidade (f) *flexibilité* ; flexibilidade horária *flexibilité des horaires*

flor (f) *fleur*

flora (f) *flore*

fluentemente *couramment*

fogo (m) *feu*

folheto (m) *brochure*

fone (m) (Br.) *combiné (téléphonique)*

fora *dehors* ; *à l'étranger* ; deitar fora (Eur.) *jeter*

forma (f) *forme* ; em boa forma *en forme*

formação (f) *formation*

formar-se *faire ses études (supérieures)*

formulário (m) *formulaire*

fotografia (f) *photographie*

francês *français* ; (m) *Français*

freguês (m) *client*

frente (f) *face* ; à frente *devant, avant* ; em frente *tout droit* ; em frente de/a *en face de*

frequentar (Eur.) / freqüentar (Br.) *suivre (un cours)*

frequente (Eur.) / freqüente (Br.) *fréquent*

frequentemente (Eur.) / freqüentemente (Br.) *souvent*

frigorífico (m) (Eur.) *réfrigérateur*

frio *froid* ; está/faz frio *il fait froid*

frito *frit*

fronteira (f) *frontière*

fruta (f) *fruits*

fruto (m) *fruit*

fumador (Eur.) / fumante (Br.) *fumeur*

fumar *fumer*

função (f) *fonction*

funcionar *fonctionner, marcher*

fundo (m) *fond*

futebol (m) *football*

futuro (m) *futur* ; *avenir*

galeria (f) *galerie* ; galeria de arte *galerie d'art*

ganhar *gagner*

garagem (f) *garage*

garantir *garantir*

garfo (m) *fourchette*

garrafa (f) *bouteille*

gás (m) *gaz* ; com gás *gazeux* ; sem gás *non gazeuse* ; *(eau) plate* gasóleo (m) *gasole*

gasolina (f) *essence*

gastar *dépenser* ; *consommer*

gato (m) *chat*

geladeira (f) (Br.) *réfrigérateur*

gelado *gelé* ; *glacé* ; (Eur. : *sorbet*) *glace*

geleia (Eur.), geléia (Br.) (f) *gelée de fruits*

gelo (m) *glace* ; *glaçon* ; *verglas*

gema (f) *jaune d'œuf*

gémeo *jumeau*

genro (m) *gendre*

gente (f) *gens* ; toda a gente *tout le monde* ; a gente (Br.) *nous*

gentil *gentil* ; *courtois*

geral *général*

gerente (mf) *gérant(e)*

golfe (m) *golf*

gordo *gros* ; *gras*

gostar de *aimer* ; gostava muito de... *j'aimerais bien…*

governo (m) *gouvernement*

grama (m) *gramme*

grande *grand*

grátis, gratuito *gratuit*

grau (m) *degré*

grave *grave*

grávida *enceinte*

grisalho *gris (cheveux)*

grupo (m) *groupe*

guarda (f) *garde* ; *policier* ; *gendarme*

guarda-chuva (m) *parapluie*

guardanapo (m) *serviette de table*

guardar *garder* ; *ranger*

guarda-sol (m) *parasol* ; *pare-soleil*

guichê (m) *guichet*

guineense *guinéen/enne* ; (mf) *Guinéen/enne*

guitarra (f) *guitare* ; guitarra portuguesa *guitare portugaise*

há *il y a* (*voir également* haver)

habitante (mf) *habitant(e)*

habitualmente *d'habitude*

haver *avoir*

hei-de *il faut que je, je dois* (*voir également* haver)

hipermercado (m) *hypermarché*

história (f) *histoire*

hoje *aujourd'hui*

homem (m) *homme*

hora (f) *heure* ; meia (hora) *une demi-heure* ; hora e meia *une heure et demie* ; a que horas? *à quelle heure ?* ; que horas são? *quelle heure est-il ?*

horário (m) *horaire* ; horário de abertura/ de atendimento *heures d'ouverture*

hospedeiro/a (de bordo) (m/f) (Eur.) *steward/hôtesse de l'air*

hospital (m) *hôpital*

hotel (m) *hôtel*

ida (f) *aller* ; *allée* ; (um bilhete de) ida e volta *(un) aller-retour*

idade (f) *âge*

ideia (Eur.) / idéia (Br.) (f) *idée*

identidade (f) *identité*

identificação (f) *identification*

igreja (f) *église*

igual a *pareil à* ; *(calcul) égaler*

igualmente *de même, également*

ilha (f) *île*

ímpar *impair*

importância (f) *importance* ; não tem importância *ce n'est pas grave, ça n'a pas d'importance*

importar-se : importa-se de…? *ça ne vous dérange pas de… ?*

imposto (m) *impôt*

impressão digital (f) *empreinte digitale*

impresso (m) *imprimé, formulaire*

incluir *inclure*

incomodar *déranger*

incómodo (Eur.) / incômodo (Br.) (m) *dérangement*

indigestão (f) *indigestion*

individual *individuel*

indivíduo (m) *individu*

indústria (f) *industrie*

inesquecível *inoubliable*

infelizmente *malheureusement*

informação (f) *information*

informar *informer*

informática (f) *informatique*

infracção (Eur.) / infração (Br.) (f) *infraction*

inglês *anglais* ; (m) *Anglais*

inicial *initial*

instalação (f) *installation*

instalar *installer*

instrução (f) *instruction, éducation*

insuficiente *insuffisant*

integrado (em) *intégré à*

interessado *intéressé*

interessante *intéressant*

interesse (m) *intérêt*

interior *intérieur*

internacional *international*

intérprete (mf) *interprète*

interurbano *interurbain*

intervalo (m) *intervalle* ; *mi-temps* ; *pause* ; *entracte*

introdução (f) *introduction*

introduzir *introduire*

Inverno (m) *hiver*

iogurte (m) *yaourt*

ir *aller* ; ir(-se) embora *s'en aller* ; ir para casa *rentrer chez soi*

irmã (f) *sœur*

irmão (m) *frère*

irrigação (f) *irrigation*

isso *cela, ça* (*voir également* aquilo)

isto *ceci*

já *immédiatement* ; *tout de suite* ; *déjà* ; até já *à tout de suite* ; já está! *voilà ! c'est fait !* ; já não *ne... plus*

Janeiro (m) *janvier*

janela (f) *fenêtre*

jantar *dîner*

jardim (m) *jardin*

jogar *jouer (un jeu)*

jóia (f) *bijou*

jornal (m) *journal*

jovem *jeune*

Julho (m) *juillet*

Junho (m) *juin*

juntamente com *avec*

junto *ensemble* ; junto com *avec* ; junto de/a *près de, auprès de*

-la *la* ; *vous*

lá *là-bas* ; lá está ele *le voilà* ; sei lá! *je n'en sais rien !* ; eu vou lá *j'y vais* ; para lá de *au-delà de* (*voir également* ali)

lã (f) *laine*

lado (m) *côté* ; ao lado de *à côté de* ; por todo(s) o(s) lado(s) *partout*

lanche (m) *goûter* ; *en-cas*

lápis (m) *crayon*

laranja *orange*

largo *large*

largo (m) *place* ; ao largo *au large*

lata (f) *boîte* ; *cannette*

lavagem de roupa (f) *pressing* ; *service de laverie*

lavandaria (Eur.) / lavenderia (Br.) (f) *laverie automatique* ; *pressing*

lavar(-se) *(se) laver* ; lavar a louça *faire la vaisselle*

lazer (m) *loisir*

leite (m) *lait*

leito (m) *lit*

lembrança (f) *souvenir*

lembrar *rappeler* ; lembrar-se *se souvenir*

lençol (m) *drap*

lente de contacto (Eur.) / contato (Br.) (f) *lentille de contact*

ler *lire*

leste (m) *est* ; no leste *à l'est* (*voir également* este)

levantar(-se) *(se) lever*

levar *emporter* ; *porter* ; *emmener* ; *prendre* ; levar tempo *prendre du temps*

leve *léger*

lha(s) (= lhe + a(s) *et* lhes + a(s))

lhe *vous* ; *lui*

lhes *vous* ; *leur*

lho(s) (= lhe + o(s) *et* lhes + o(s))

lição (f) *leçon*

licença (f) *permission* ; com licença *excusez-moi*

ligar *allumer* ; *brancher* ; ligar (para) *appeler* (au téléphone)

limão (m) *citron*

limpar *nettoyer*

limpeza (f) *nettoyage, propreté* ; fazer a limpeza (Eur.) *faire le ménage*

limpo *propre*

lindo *beau*

língua (f) *langue*

linha (f) *fil* ; *ligne* ; *voie*

linho (m) *lin*

liso *lisse* ; *raide* ; *uni*

lista (f) *liste* ; lista de telefones / telefónica (Eur.) / telefônica (Br.) *annuaire téléphonique*

literatura (f) *littérature*

litoral (m) *littoral*

litro (m) *litre*

livraria (f) *librairie*

livre *libre* ; *à louer* ; *gratuit*

livro (m) *livre*

lixo (m) *ordures* ; *poubelle* ; pôr no lixo *jeter à la poubelle*

-lo *le* ; *vous*

local (m) *local*

localização (f) *emplacement* ; *localisation*

logo *tout de suite* ; *tout à l'heure* ; mais logo *plus tard* ; até logo *à plus tard*

loiro *blond*

loja (f) *boutique, magasin*

longe *loin*

longo *long* ; ao longo de *le long de*

louro *blond* ; (m) *laurier*

lua-de-mel (f) *lune de miel*

lugar (m) *endroit* ; *place*

lusófono *lusophone*

luva (f) *gant*

luxemburguês *luxembourgeois* ; (m) *Luxembourgeois*

luz (f) *lumière*

ma (= me + a)

má *mauvaise*

maçã (f) *pomme*

maçaneta (f) *poignée*

madeira (f) *bois*

madeirense *originaire de Madère* ; (mf) *Madérien/enne*

madrugada (f) *aube* ; à uma da madrugada *à une heure du matin*

mãe (f) *mère*

magro *maigre* ; (lait) *écrémé*

Maio (m) *mai*

maiô (m) (Br.) *maillot de bain*

maior *plus grand*

mais *plus* ; mais (do) que *plus que* ; até mais *à plus tard*

mal *mal* ; cheirar mal *sentir mauvais* ; não faz mal *ce n'est pas grave, ce n'est rien* (en réponse à des excuses)

mala (f) *valise* ; *sac* ; mala do carro (Eur.) *coffre*

mandar *commander* ; *envoyer* ; mandar consertar... *faire réparer...* ; mandar vir *commander*

manhã (f) *matin* ; *matinée*

manteiga (f) *beurre*

manter(-se) *(se) maintenir* ; *(se) tenir*

mão (f) *main* ; *(de circulation) voie, sens*

mapa (f) *carte*

máquina (f) *machine* ; máquina fotográfica *appareil photo* ; máquina de filmar *caméra*

mar (m) *mer*

maravilhoso *merveilleux*

marcar *réserver* ; *marquer* ; *fixer* ; *prendre*

Março (m) *mars*

maré (f) *marée*

marido (m) *mari, époux*

marisco (m) *fruits de mer*

marmelada (f) *marmelade de coing*

marrom (Br.) *marron*

mas (= me + as)

mas *mais*

masculino *masculin*

mau *mauvais* ; *méchant*

máximo *maximum*

me *me* ; *moi*

medicamento (m) *médicament*

médico (m) *médecin*

meia (f) *chaussette, bas* ; (Br.) *six*

meia dúzia *demi-douzaine*

meia-noite (f) *minuit*

meio (m) *moitié* ; *moyen* ; partir ao meio *couper en deux* ; no meio *au milieu* ; meio ambiente *environnement*

meio-dia (m) *midi*

melhor *meilleur* ; *mieux*

menino/a (m/f) *petit garçon / petite fille*

menor *plus petit* ; (m) *mineur*

menos *moins* ; a menos *en/de moins* ; pelo menos *au moins*

mensalmente *par mois*

mercearia (f) *épicerie*

mês (m) *mois*

mesa (f) *table*

mesmo *même* ; *vraiment* ; mesmo que/se *même si*

meter *mettre* ; meter-se em *se mêler de*

metro (Eur.), metrô (Br.) (m) *métro*

meu *mon* ; *mien* ; o meu pai *mon père*

mil *mille*

milhão (m) *million*

milhar (m) *millier*

mim *moi* ; *me*

minha *ma* ; *mienne* ; a minha irmã *ma sœur*

mínimo *minimum*

minuto (m) *minute*

missa (f) *messe*

misturar *mélanger*

mo (= me + o)

mobilado *meublé*

moçambicano *mozambicain* ; (m) *Mozambicain*

moço/a (m/f) *jeune homme / jeune femme*

moderno *moderne*

moeda (f) *pièce* ; *monnaie*

momento (m) *moment*

montanha (f) *montagne*

montra (f) (Eur.) *vitrine*

morada (f) *adresse*

morango (m) *fraise*

morar *habiter*

moreno *bronzé* ; *brun* ; *(le teint) mat*

morrer *mourir*

mos (= me + os)

mostrar *montrer*

motorista (mf) *chauffeur, conducteur*

mudar *changer* ; mudar-se *déménager* ; mudar de roupa *se changer* muito *beaucoup (de)* ; *très* ; muitas coisas *beaucoup de choses* ; muitas vezes *souvent* ; muito tempo *longtemps*

mulher (f) *femme*

multa (f) *amende*

mundo (m) *monde* ; todo (o) mundo (Br.) *tout le monde*

museu (m) *musée*

música (f) *musique*

na (= em + a)

-na *la* ; *vous*

nacional *national*

nacionalidade (f) *nationalité*

nada *rien* ; de nada *de rien* ; não foi nada *ce n'est rien, ce n'est pas grave*

nadar *nager*

não *non* ; *ne... pas* ; não sei *je ne sais pas* ; não é? *n'est-ce pas ?*

nascer *naître*

nascimento (m) *naissance*

natal *natal(e)*

Natal (m) *Noël*

natural *naturel* ; *originaire*

natureza (f) *nature*

navegador (m) *navigateur*

necessário *nécessaire*

negócio (m) *affaire*

negro *noir*

nele/a (= em + ele/ela)

nem *non plus* ; nem... nem *ni... ni*

nenhum *aucun*

nesse/a (= em + esse/a)

neste/a (= em + este/a)

neto/a (m/f) *petit-fils / petite-fille*

ninguém *personne*

nisso (= em + isso)

nisto (= em + isto)

nível (m) *niveau*

no (= em + o)

-no *le* ; *vous*

noite (f) *nuit* ; *soir* ; boa noite *bonsoir / bonne nuit*

noivado (m) *fiançailles*

noivo *fiancé* ; os noivos *les mariés*

no-la(s) (= nos + a(s))

no-lo(s) (= nos + o(s))

nome (m) *nom* ; nome de baptismo *prénom* ; nome completo *nom et prénom*

nomeadamente *à savoir*

nono *neuvième*

nora (f) *belle-fille*

norte (m) *nord* ; no norte *au nord*

nos (= em + os)

nos *nous (pronom)*

-nos *les* ; *vous*

nós *nous (sujet)*

nosso *notre* ; *nôtre*

nota (f) *billet* ; *note*

notar *remarquer*

notícia (f) *nouvelle*

noticiário (m) *informations* ; *journal*

novamente *de nouveau*

nove *neuf*

novecentos *neuf cents*

Novembro (m) *novembre*

noventa *quatre-vingt-dix*

novo *nouveau* ; *jeune*

nublado *nuageux*

num(a) (= em + um(a))

número (m) *numéro*

nunca *jamais* ; nunca mais *(plus) jamais*

nuns (= em + uns)

nuvem (f) *nuage*

o *le* ; *vous* ; *lui* ; *le*

obrigado/a *merci*

obrigatório *obligatoire*

observação (f) *observation*

obter *obtenir*

oceano (m) *océan*

oculista (mf) *opticien*

óculos (m) *lunettes* ; óculos de sol *lunettes de soleil*

ocupação (f) *métier* ; *occupation*

ocupar *occuper*

oeste (m) *ouest* ; no oeste *à l'ouest*

oferecer *offrir*

oficial *officiel*

oi! (Br) *salut !*

oitavo *huitième*

oitenta *quatre-vingt*

oito *huit*

oitocentos *huit cents*

olá! *salut !*

óleo (m) *huile*

olhar *regarder*

olho (m) *œil*

onde *où*

ônibus (m) (Br.) *bus* ; *car*

ontem *hier* ; antes de ontem *avant-hier*

onze *onze*

opcional *optionnel*

opinião (f) *opinion*

oportunidade (f) *opportunité*

óptimo (Eur.) / ótimo (Br.) *génial, excellent*

ordem (f) *ordre* ; à ordem de *(chèque) à l'ordre de*

organização (f) *organisation*

organizador (m) *organisateur*

ou *ou* ; ou... ou... *soit... ou*

ouro (m) *or*

Outono (m) *automne*

outro *autre* ; *un autre*

Outubro (m) *octobre*

ouvido (m) *oreille*

ouvir *entendre*

ovo (m) *œuf*

pacote (m) *paquet* ; *carton*

padaria (f) *boulangerie*

pagamento (m) *paiement*

pagar *payer*

pai (m) *père*

pais (m) *parents*

país (m) *pays*

paisagem (f) *paysage*

palácio (m) *palais*

palavra (f) *mot*

pão (m) *pain*

papel (m) *papier* ; papel higiénico (Eur.) / higiênico (Br.) *papier hygiénique*

par *pair(e)*

para *pour*

parabéns (m) *félicitations* ; *bon anniversaire*

parada (Br.) / paragem (Eur.) (f) *arrêt* ; paragem de autocarros (Eur.) / parada de ônibus (Br.) *arrêt de bus / car*

paraíso (m) *paradis*

parar *arrêter*

parecer *paraître, sembler* ; *ressembler* ; parece que *on dirait que*

parede (f) *mur*

parente (m) *parent (proche)*

parque (m) *parc* ; parque de campismo *camping* ; parque infantil *terrain de jeux* ; *square*

parquímetro (m) *parcomètre*

parte (f) *partie* ; parte de trás *arrière* ; parte da frente *avant* ; outra parte *ailleurs* ; por toda(s) a(s) parte(s) *partout*

participar *participer*

partida (f) *départ*

partir *casser* ; *partir* ; a partir de *à partir de*

Páscoa (f) *Pâques* ; feliz Páscoa! *joyeuses Pâques !*

passado *dernier* ; *passé*

passado : bem / mal passado *bien / mal cuit*

passageiro (m) *passager*

passagem (f) *passage* ; *billet*

passaporte (m) *passeport*

passar *passer* ; *(un examen) réussir* ; *(vêtements) repasser*

passatempo (m) *passe-temps*

passe (m) *carte* ; fotografia tipo passe *photo d'identité*

passear *se promener*

passeio (m) *promenade*

pasta de dentes (f) *dentifrice*

pastelaria (f) *pâtisserie*

património (Eur.) / patrimônio (Br.) (m) *patrimoine*

pé (m) *pied* ; a pé *à pied* ; de / em pé *debout*

peão (Eur.) / pedestre (Br.) (m) *piéton*

pedaço (m) *morceau*

pedir *demander* ; *commander*

pegar *attraper* ; *prendre* ; *démarrer (moteur)*

peixe (f) *poisson*

pele (f) *peau* ; *cuir*

pêlo (m) *poil*

pelo/a (= por + o/a)

pena (f) *plume* ; *peine* ; que pena! *quel dommage !* ; ter pena de… *regretter de…*, *avoir pitié de…* ; tenho imensa pena *je suis désolé*

penalidade (f) *pénalité*

pendurar *accrocher*

pensão (f) *pension* ; meia pensão *demi-pension* ; pensão completa *pension complète*

pensar *penser* ; pensar em *penser à* ; nem pensar! *pas question !*

penso (m) (Eur.) *pansement*

penúltimo *avant-dernier*

pequeno *petit*

pequeno-almoço (m) (Eur.) *petit-déjeuner*

perceber *comprendre*

perdão *pardon* ; *excusez-moi*

perder *perdre* ; *manquer (bus, train)*

perfil (m) *profil*

pergunta (f) *question* ; fazer uma pergunta *poser une question*

perguntar *demander*

perigo (m) *danger*

permitir *permettre*

perna (f) *jambe*

pertencer a *appartenir à*

perto *près* ; *proche* ; perto de *près de* ; *(temporel) vers le* ; perto daqui, aqui perto *près d'ici, tout proche*

pesca (f) *pêche*

pessoa (f) *personne* ; as pessoas *les gens*

pessoal (m) *personnel*

picolé (m) (Br.) *(sorbet) glace*

pimenta (f) *poivre*

pior *pire*

piorar *empirer*

piscina (f) *piscine*

piso (m) *étage* ; *chaussée*

placa (f) *panneau* ; placa da matrícula (Eur.) / de licença (Br.) *plaque d'immatriculation*, *plaque minéralogique*

plano (m) *plan*

plástico *plastique*

plataforma (f) *plateforme*

pneu (m) *pneu*

pó (m) *poudre* ; *poussière*

poder *pouvoir*

pois *car* ; pois! *oui !* ; pois não (Br.) *je vous en prie*

polícia (f) *police*

ponte (f) *pont*

ponto (m) *point* ; ponto de táxi (Br.) *station de taxis* ; ponto de ônibus (Br.) *arrêt de bus* ; ponto de encontro *point rencontre*

popular *populaire*

por *pour* ; *par* ; por aqui *par ici* ; por causa de *à cause de* ; por que...? *pourquoi... ?*

pôr *mettre*

porque *parce que*

porquê? *pourquoi ?*

porta (f) *porte* ; *portière*

porto (m) *port* ; (vin) *porto*

português *portugais* ; (m) *Portugais*

possível *possible*

possuir *posséder, avoir*

postal (m) *carte postale*

pouco *peu (de)* ; poucas coisas *peu de choses* ; um pouco *un petit peu*

pousada (f) *hôtel à caractère historique* ; pousada da juventude (Br.) *auberge de jeunesse*

praça (f) *place* ; *marché* ; praça de táxis (Eur.) *station de taxis*

praia (f) *plage*

prata (f) *argent*

prateleira (f) *étagère*

praticar *pratiquer*

prato (m) *plat* ; *assiette*

prazer (m) *plaisir* ; muito prazer! *enchanté(e) !*

prazo (m) *délai*

precisar (de) *avoir besoin de*

preço (m) *prix*

predilecto (Eur.) / predileto (Br.) *préféré*

preencher *remplir*

prefeitura (f) (Br.) *mairie*

preferir *préférer*

preocupado *préoccupé*

preocupar-se *se préoccuper, s'inquiéter*

preparar *préparer*

presente (m) *présent* ; *cadeau*

pressa (f) *hâte* ; estar com pressa/ter pressa *être pressé*

pressionar *presser* ; *appuyer sur* ; *faire pression sur*

presunto (m) *jambon sec* ; presunto cozido (Br.) *jambon*

pretender *avoir l'intention de* ; *demander*

preto *noir*

Primavera (f) *printemps*

primeiro *premier*

principal *principal*

prioridade (f) *priorité*

prisão de ventre (f) *constipation*

privado *privé*

procurar *chercher*

produzir *produire*

professor (m) *professeur*

profissão (f) *profession*

profissional *professionnel*

profissionalismo (m) *professionnalisme*

proibição (f) *interdiction*

proibir *interdire*

pronto *prêt* ; pronto! *ça y est !*

pronunciar *prononcer*

propício *propice*

próprio *propre* (à soi) ; eu próprio *moi-même*

proteger *protéger*

prova (f) *preuve* ; *épreuve* (examen)

provar *essayer* ; *goûter* ; *prouver*

próximo *prochain* ; até à próxima (Eur.) / até a próxima (Br.) *à la prochaine*

publicação (f) *publication*

publicar *publier*

puxar *tirer*

qual *quel* ; *quelle* ; o / a qual *lequel, laquelle*

qualidade (f) *qualité*

qualquer *n'importe quel / quelle, quelconque*

quando *quand*

quantia (f) *somme, montant*

quantidade (f) *quantité*

quanto *combien* ; uns quantos *quelques(-uns)*

quarenta *quarante*

quarta-feira (f) *mercredi*

quarto *quatrième*

quarto (m) *quart*

quarto (m) *chambre*

quase *quasi, presque*

quatro *quatre*

quatrocentos *quatre cents*

que *qui* ; *que* ; *quoi* ; *quel* ; *quelle*

quê *quoi* ; para quê? *pourquoi ?* ; não tem de quê *il n'y a pas de quoi*

quebrar *casser*

queijo (m) *fromage*

queimadura (f) *brûlure* ; queimadura solar *coup de soleil*

quem *qui* ; quem quer que *quiconque*

quente *chaud*

querer *vouloir*

quilo, quilograma (m) *kilogramme*

quilómetro (Eur.) / quilômetro (Br.) (m) *kilomètre*

quinhentos *cinq cents*

quinta-feira (f) *jeudi*

quinto *cinquième*

quinze *quinze*

rádio (m) *poste de radio* ; (f) *station de radio*

rapariga (f) (Eur.) *jeune fille*

rapaz (m) *jeune homme* ; *garçon*

rápido *rapidement, vite ; rapide*

raro *rare*

razão (f) *raison*

real (m) *unité de la monnaie brésilienne*

realizar-se *se réaliser*

receber *recevoir*

receita (f) *recette*

recepção (f) *réception*

recibo (m) *reçu*

recomendar *recommander*

reconhecer *reconnaître*

refeição (f) *repas*

refogar *faire mijoter* ; *faire revenir*

reformado (Eur.) *retraité*

refrigerante (m) *soda*

região (f) *région*

regra (f) *règle*

regularmente *régulièrement*

reinado (m) *règne*

relógio (m) *montre*

remédio (m) *médicament* ; *remède*

remetente (mf) *expéditeur/trice*

remoto *éloigné*

remuneração (f) *rémunération*

renda (f) *loyer*

repetir *répéter*

repor *remettre*

repouso (m) *repos*

reputação (f) *réputation*

requisito (m) *condition requise*

rés-do-chão (m) (Eur.) *rez-de-chaussée*

reserva (f) *réservation* ; reserva natural *réserve naturelle*

reservar *réserver*

resfriado (m) (Br.) *rhume*

resfriado : estar resfriado (Br.) *être enrhumé*

residência (f) *résidence*

residencial (f) *pension de famille*

resolver *résoudre* ; *décider*

respeitar *respecter*

responder *répondre*

resposta (f) *réponse*

ressalva (f) *(en document)* *erreur corrigée*

restaurante (m) *restaurant*

resultado (m) *résultat*

retrete (f) (Eur.) *toilettes*

reunião (f) *réunion*

reunir *réunir*

revista (f) *magazine*

rico *riche*

rio (m) *fleuve* ; *rivière*

roda (f) *roue*

rolha (f) *bouchon*

rolo (m) *rouleau* ; *pellicule*

roubar *voler*

roupa (f) *vêtements* ; *linge* ; roupa interior/de baixo *sous-vêtements*

roupão (m) *robe de chambre*

rua (f) *rue* ; rua! *dehors !*

ruim *mauvais*

ruivo *roux*

sábado (m) *samedi*

saber *savoir* ; saber a *avoir un goût de*

sabonete (m) *savonnette*

sabor (m) *saveur, goût*

saca-rolhas (m) *tire-bouchon*

saco (m) *sac, sachet* ; saco de dormir *sac de couchage*

saco-cama (m) (Eur.) *sac de couchage*

saia (f) *jupe*

saída (f) *sortie*

sair *sortir*

sal (m) *sel*

sala (f) *salle* ; *salon*

salada (f) *salade*

saldo (m) *solde*

salsicha (f) *saucisse*

sande(s) (f) (Eur.), sanduíche (f) (Eur.) / (m) (Br.) *sandwich*

sanitários (mpl) *toilettes*

são-tomense *santoméen* ; (m) *Santoméen*

sapato (m) *chaussure*

satisfeito *satisfait*

saudade (f) *nostalgie, mal (du pays ou de quelqu'un)*

saúde (f) *santé* ; saúde! *santé !*

se *se* ; *vous* ; *on* ; *soi-même* ; *si*

secador (de cabelo) (m) *sèche-cheveux*

século (m) *siècle*

sede (f) *soif* ; estar com / ter sede *avoir soif*

seguinte *suivant*

seguir *suivre*

segunda-feira (f) *lundi*

segundo *deuxième* ; *second*

segundo (m) *seconde*

segurança (f) *sécurité*

seguro (m) *assurance*

seis *six*

seiscentos *six cents*

selo (m) *timbre*

sem *sans*

semáforo (m) *feux de circulation*

semana (f) *semaine*

sempre *toujours*

senhor (m) *monsieur* ; *vous* ; *gentleman*

senhora (f) *madame* ; *vous*

sensível *sensible*

sentar(-se) *(s')asseoir*

sentir *sentir, ressentir* ; sentir (a) falta de *manquer*

ser *être*

serviço (m) *service* ; de serviço *en service*

servir *servir* ; *bien aller (vêtement)*

sessão (f) *séance*

sessenta *soixante*

sete *sept*

setecentos *sept cents*

Setembro (m) *septembre*

setenta *soixante-dix*

sétimo *septième*

seu *votre* ; *vôtre*; (aussi surtout Eur. *son* ; *leur*)

seus *vos* ; *vôtres* ; (aussi surtout Eur. *ses* ; *leurs*)

sexo (m) *sexe*

sexta-feira (f) *vendredi*

sexto *sixième*

si *lui* ; *elle* ; *vous* ; *eux* ; *elles* ; *soi*

significar *signifier*

sim *oui*

simpático *sympathique*

simples *simple*

sinal (m) *signe* ; *signal*

só *seul*

só, somente *seulement* ; não só... mas também... *non seulement... mais aussi...*

sob *sous*

sobre *sur*

sobremesa (f) *dessert*

sobrenome (m) (Br.) *nom de famille*

sobrinha (f) *nièce*

sobrinho (m) *neveu*

socorro (m) *secours* ; *aide* ; socorro! *au secours !*

sofrer *souffrir* ; *endurer*

sogra (f) *belle-mère*

sogro (m) *beau-père*

sol (m) *soleil*

solteiro *célibataire*

sonho (m) *rêve*

sopa (f) *soupe*

sorriso (m) *sourire*

sorte (f) *chance* ; boa sorte! *bonne chance !*

sorvete (m) *sorbet* ; *glace*

sotaque (m) (langue) *accent*

sozinho *seul*

sua *votre* ; *vôtre* ; (aussi surtout Eur. *sa* ; *leur*)

suas *votres* ; *vôtres* ; (aussi surtout Eur. *ses* ; *leurs*)

suave *doux* ; *léger*

subir *monter*

suco (m) (Br.) *jus* ; suco de laranja *jus d'orange*

sugerir *suggérer*

suíço *suisse* ; (m) *Suisse*

sujo *sale*

sul (m) *sud* ; no sul *au sud*

sumo (m) (Eur.) *jus* ; sumo de laranja *jus d'orange*

superfície (f) *surface*

supermercado (m) *supermarché*

suspensão (f) *suspension*

ta (= te + a)

tal *tel* ; *telle*

talvez *peut-être*

tamanho (m) *taille*

também *aussi* ; também não *non plus*

tanto *tant (de)* ; *autant (de)* ; tanto... quanto / como... *autant... que...*

tão *si* ; tão... quanto / como... *aussi... que...*

tarde *tard*

tarde (f) *après-midi* ; *soir* ; *soirée* ; boa tarde *bonjour* ; *bon après-midi* ; *bonsoir*

tarifa (f) *tarif* ; *prix*

tas (= te + as)

táxi (m) *taxi*

te *te* ; *toi*

teatro (m) *théâtre*

tecla (f) *touche*

tecto (Eur.) / teto (Br.) (m) *toit*

telefonar *téléphoner*

telefone (m) *téléphone*

telefonista (mf) *opérateur/trice téléphonique*

telemóvel (m) *téléphone portable*

televisão (f) *télévision*

televisor (m) *poste de télévision*

tema (m) *thème*

temperatura (f) *température*

tempo (m) *temps*

tencionar *avoir l'intention de*

tenda (f) *tente*

ter *avoir* ; ter de *devoir*

terça-feira (f) *mardi*

terceiro *troisième*

terço (m) *tiers*

terno (m) (Br.) *costume*

terra (f) *terre* ; *région (natale)* ; terra natal *terre natale*

território (m) *territoire*

teu *ton* ; *tien*

ti *toi*

tio / tia (m/f) *oncle / tante*

típico *typique*

tirar *retirer*

tirinha (f) *petite bande* ; em/às tirinhas *en lamelles*

to (= te + o)

toalete (Br.) (m) *toilettes*

toalha (f) *serviette de toilette* ; *nappe*

tocar *toucher* ; *sonner* ; *jouer (d'un instrument)*

todo *tout*

toldo (m) *store*

tomada (f) *prise de courant*

tomar *prendre*

tomate (m) *tomate*

torcer *tordre*

torre (f) *tour*

tos (= te + os)

trabalhar *travailler*

trabalho (m) *travail*

tradição (f) *tradition*

tradutor (m) *traducteur*

transbordo (m) *changement (d'avion)*

transeunte (mf) *passant*

transportar *transporter*

transporte público (m) *transport public*

transversal *(rue, route)* *transversal*

tratar *soigner* ; *traiter* ; tratar de *s'occuper de* ; tratar por *traiter de* (*tu* ou *vous*) ; tratar-se de *s'agir de*

travessa (f) *desserte* ; *allée*

travesseiro (m) (Eur.) *traversin* ; (Br.) *oreiller*

trazer *apporter* ; *amener*

treino (m) *entraînement*

trem (m) (Br.) *train*

três *trois*

treze *treize*

trezentos *trois cents*

trilho (m) *sentier*

trinta *trente*

trocar *changer* ; *échanger*

troco (m) *monnaie*

tu *tu* ; *toi*

tua *ta* ; *tienne*

tubo (m) *(conteneur)* *tube*

tudo *tout*

turismo (m) *tourisme*

turista (mf) *touriste*

ultimamente *dernièrement*

último *dernier* ; nos últimos dias *ces derniers jours*

ultrapassar *doubler*

um(a) *un(e)* ; uns / umas*… environ…* ; *quelques…*

universidade (f) *université*

urgência (f) *urgence*

urgente *urgent*

usar *utiliser* ; *porter*

útil *utile*

uva (f) *raisin*

vacina (f) *vaccin*

vaga (f) *chambre libre* ; *emplacement libre* ; *poste libre*

vago *libre*

válido *valide*

valor (m) *valeur*

varanda (f) *balcon*

variedade (f) *variété*

vários *plusieurs*

vazio *vide*

vela (f) *bougie* ; *voile*

velho *vieux*

velocidade (f) *vitesse*

venda (f) *vente*

vendedor (m) *vendeur*

vender *vendre*

vento (m) *vent*

ver *voir* ; *regarder*

Verão (m) *été*

verde *vert*

verificar *vérifier*

vermelho *rouge*

vestido (m) *robe*

vestir *(vêtements)* *mettre*

vestir-se *s'habiller*

vez (f) *fois* ; *tour* ; *occasion* ; às vezes *parfois* ; muitas vezes *souvent* ; outra vez *encore* ; poucas vezes *rarement* ; em vez de *au lieu de*

viagem (f) *voyage* ; boa viagem! *bon voyage !*

vida (f) *vie*

vídeo (m) *cassette vidéo*

vidro (m) *verre* ; *bocal* ; (Br.) *bouteille*

vigilância (f) *vigilance*

vinho (m) *vin* ; lista / carta de vinhos *carte des vins* ; vinho branco *vin blanc* ; vinho tinto *vin rouge* ; vinho verde *vin vert* *(spécialité du Portugal)*

vinte *vingt*

viola (f), violão (m) (Br.) *guitare*

vir *venir* ; *arriver*

virar *tourner* ; *retourner* ; *renverser*

visita (f) *visite* ; fazer uma visita *visiter, rendre visite*

visitar *visiter*

vista (f) *vue*

visto (m) *visa*

vitrine (f) *vitrine*

viúvo/a (m/f) *veuf/veuve*

viver *vivre*

você *vous* ; (Br.) *tu*

vo-la(s) (= vos + a(s))

vo-lo(s) (= vos + o(s))

volta (f) *tour* ; *retour* ; dar uma volta *faire un tour* ; estar de volta *être de retour* ; por volta de *vers le*

voltar *retourner* ; *tourner* ; *revenir* ; voltar a... *recommencer à...*

vontade (f) *envie* ; *volonté* ; *souhait* ; à vontade *à l'aise* ; ter vontade de *avoir envie de*

voo (Eur.) / vôo (Br.) (m) *vol*

vos (Eur.) *vous*

vós (Eur.) *vous*

vosso/a *votre* ; *vôtre*

vossos/as *vos*

voz (f) *voix*

xadrez (m) *échecs* ; de xadrez *(tissu)* *écossais*

xarope (m) *sirop*

xícara (f) *tasse (à café)*

zangado *fâché*

zero *zéro* ; *nul*

zona (f) *zone*

Le vocabulaire portugais ci-dessous est dans l'ensemble commun au portugais du Portugal et du Brésil. Les indications respectives (Eur.) et (Br.) sont données lorsque ce n'est pas le cas.

à a ; em

accent (façon de parler) sotaque (m)

accepter aceitar

accident acidente (m)

accompagner acompanhar

accord acordo (m) ; *être d'accord* concordar

achat compra (f)

accrocher pendurar

acheter comprar

acquérir adquirir

activité actividade *(Eur.)*, atividade *(Br.)* (f)

actuel actual *(Eur.)*, atual *(Br.)*

addition conta (f)

adieu adeus

adorer adorar

adresse endereço (m), morada (f) *(Eur.)*, direcção *(Eur.)*, direção *(Br.)* (f)

adulte adulto (m)

aéroport aeroporto (m)

affaire (commerce) negócio (m)

âge idade (f)

agence agência (f) ; *agence de location de voitures* agência de aluguer de automóveis (f) *(Eur.)*, autolocadora (f) *(Br.)* ; *agence de voyages* agência de viagens

agréable agradável

aider ajudar

ailleurs noutra parte

aimable amável

aimer amar, gostar de

ainsi assim

air ar (m)

alcool álcool (m)

aliment alimento (m)

alimentation alimentação (f)

allée travessa (f)

aller ir ; *(vêtements)* servir ; *s'en aller* ir-se embora

aller-retour bilhete de ida e volta (m) *(Eur.)*, passagem de ida e volta (f) *(Br.)*

alliance (nuptiale) aliança (de casamento) (f)

allumé aceso, ligado

allumer acender, ligar

alors então

altitude altitude (f)

ambulance ambulância (f)

ambassade embaixada (f)

amende multa (f)

ami amigo (m)

amour amor (m)

amuser : s'amuser divertir-se

an ano (m) ; *j'ai 40 ans* tenho 40 anos

ancien antigo

anglais ; *Anglais* inglês

angolais ; *Angolais* angolano

animal animal (m)

anneau anel (m)

anniversaire aniversário (m), dia de anos (m) *(Eur.)*

annonce anúncio (m)

annuaire téléphonique lista de telefones / telefónica *(Eur.)* / telefônica *(Br.)* (f)

août Agosto (m)

apéritif aperitivo (m)

appareil photo máquina fotográfica (f)

appartement apartamento (m)

appartenir (à) pertencer (a)

appeler chamar ; *s'appeler* chamar-se

apporter trazer

apprécier apreciar

apprendre aprender ; *(nouvelle)* ficar a saber

approcher : s'approcher aproximar-se

approprié adequado

appuyer pressionar ; *appuyer sur* carregar em

après após, depois

après-midi tarde (f)

aquatique aquático

architecture arquitectura *(Eur.)*, arquitetura *(Br.)* (f)

argent dinheiro (m) ; *(métal)* prata (f)

argile barro (m)

armoire armário (m)

arrêt paragem (f) *(Eur.)*, parada (f) *(Br.)* ; *arrêt de bus* paragem de autocarro *(Eur.)*, ponto de ônibus (m) *(Br.)*

arrêter parar

arrière atrás ; parte de trás *(f)* ; *à l'arrière de* atrás de

arrivée chegada (f)

arriver chegar

art arte (f)

article artigo (m)

artificiel artificial

artisanal artesanal

artisanat artesanato (m)

ascenseur elevador (m)

asseoir sentar ; *s'asseoir* sentar-se

assez bastante

assiette prato (m)

assurance seguro (m)

attendre esperar, aguardar

attention atenção (f) ; *attention !* cuidado! ; *faire attention* ter cuidado

attraction atracção *(Eur.)*, atração *(Br.)* (f)

attraper pegar, apanhar

aube madrugada (f)

auberge albergue (m) ; pousada (f) *(Eur.)* ; *auberge de jeunesse* pousada da juventude *(Eur.)*, albergue de juventude *(Br.)*

aucun nenhum

au-dessous abaixo, por baixo

au-dessus acima, cima ; *au-dessus de* acima de

aujourd'hui hoje

auprès (de) junto (de/a)

aussi também ; *aussi... que...* tão... como/quanto...

autant tanto ; *autant... que...* tanto... quanto/como...

autodidacte autodidacta *(Eur.)*, autodidata *(Br.)* (mf)

automne Outono (m)

automobile automóvel (m)

autonomie autonomia (f)

autoroute auto-estrada (f)

autre outro, outra

avance : à l'avance com antecedência ; *en avance* adiantado, cedo

avant frente (f); *(temporel)* antes ; *l'avant* a parte da frente

avant-dernier penúltimo

avant-hier antes de ontem

avec com ; *avec moi* comigo ; *avec nous* connosco *(Eur.)*, conosco *(Br.)* ; *avec toi* contigo ; *avec vous (pl)* convosco *(Eur.)*, com vocês *(Br.)*

avenir futuro (m)

aventure aventura (f)

avenue avenida (f)

averse aguaceiro (m)

avion avião (m)

avoir haver ; *(posséder)* ter ; *il y a* há ; *avoir lieu* acontecer

avril Abril (m)

bagages bagagem (f)

baignoire banheira (f)

bain banho (m)

baiser beijo (m)

balcon varanda (f) ; *(au théâtre)* balcão (m)

ballon bola (f) ; *(gonflable)* balão (m)

banc banco de jardim (m)

bande tira (f)

banque banco (m)

bar bar (m)

barbe barba (f)

barbier barbeiro (m)

bas baixo ; *en bas* em baixo *(Eur.)*, embaixo *(Br.)* ; *plus bas* mais baixo ; *(dans l'espace)* mais abaixo

bateau barco (m)

battre bater

beau lindo, belo

beaucoup muito ; *beaucoup de* muito(s), muita(s)

beau-père sogro (m)

bébé bebé *(Eur.)*, bebê *(Br.)* (mf)

belge ; *Belge* belga

belle-fille nora (f)

belle-mère sogra (f)

besoin necessidade (f) ; *avoir besoin de* precisar (de)

beurre manteiga (f)

bibliothèque biblioteca (f)

bien bem ; *(très)* muito ; *bien que* embora ; *bien sûr !* claro!

bientôt em breve ; *à bientôt !* até breve!

bienvenu bem-vindo

bière cerveja (f)

bijou jóia (f)

bikini biquíni (m)

billet (argent) nota (f) ; *(ticket)* bilhete (m), passagem (f) *(Br.)*

blanc branco ; *blanc d'œuf* clara (f)

blesser ferir

bleu azul

blond louro, loiro

bocal frasco (m) *(Eur.)*, vidro (m) *(Br.)*

boire beber

bois madeira (f)

boisson bebida (f)

boîte caixa (f) ; *boîte à lettres* caixa de correio ; *boîte de nuit* boate (f) ; *boîte de conserve* lata (f)

bombe bomba (f)

bon bom ; *(correct)* certo ; *bon marché* barato

bonheur felicidade (f)

bonjour bom dia

bonsoir boa noite

bouche boca (f)

bouchon rolha (f)

bougie vela (f)

boulangerie padaria (f)

bout (d'objet) ponta (f) ; *(de rue)* fundo (m) ; *au bout de* no fim de

bouteille garrafa (f)

bouton botão (m)

brancher ligar

bref breve

brésilien ; *Brésilien* brasileiro

brochure folheto (m), brochura (f)

bronzé moreno, bronzeado

brosse escova (f) ; *brosse à dents* escova de dentes

brun moreno

bruit barulho (m)

brûlure queimadura (f)

bruyant barulhento

bulletin météorologique boletim meteorológico (m)

bureau escritório (m) ; *bureau de change* agência de câmbio (f) *(Eur.)*, casa de câmbio (f) *(Br.)* ; *bureau de poste* estação de correios (f) *(Eur.)*, agência de correios (f) *(Br.)*

bus autocarro (m) *(Eur.)*, ônibus (m) *(Br.)*

ça isso

cabinet médical consultório (m)

cadeau presente (m)

café café (m)

caisse caixa (f)

caleçon boxer (m) *(Eur.),* cueca (f) *(Br.)*

calme calmo

caméra máquina de filmar (f)

campagne campo (m)

camper acampar

campeur/se campista (mf)

camping campismo (m)

canadien ; *Canadien* canadiano *(Eur.)*, canadense *(Br.)*

canal canal (m)

candidat candidato (m)

candidature candidatura (f)

cannette lata (f)

capitale capital (f)

capverdien ; *Capverdien* cabo-verdiano

car pois ; *(bus)* autocarro (m) *(Eur.),* ônibus (m) *(Br.)*

caractéristique característica (f)

caravane caravana (f)

carnaval carnaval (m)

carotte cenoura (f)

carte cartão (m) ; *(plan)* mapa (f) ; *carte d'identité* bilhete de identidade (m) *(Eur.)*, carteira de identidade (f) *(Br.)* ; *carte de crédit* cartão de crédito (m) ; *carte de visite* cartão de visita (m) ; *carte postale* postal (m)

carton pacote (m), embalagem (f)

cas caso (m) ; *en cas de* em caso de ; *au cas où* no caso de

casque capacete (m)

casser quebrar, partir

cassette vidéo vídeo (m)

catholique católico

cause causa (f) ; *à cause de* por causa de

caution fiança (f)

ce este ; esse ; aquele

ceci isto

ceinture cinto (m)

cela isso ; aquilo

célibataire solteiro

celle essa ; aquela

celle-ci esta

celle-là essa ; aquela

celui esse ; aquele

celui-ci este

celui-là esse ; aquele

cendre cinza (f)

cendrier cinzeiro (m)

cent cem ; cento ; *pour cent* por cento ; cêntimo (m)

central central

centre centro (m) ; *centre médical* centro de saúde (m)

céréale cereal (m)

certain certo ; *être certain* ter (a) certeza

certitude certeza (f)

ces (voir *ce, cette)*

cette esta ; essa

ceux (voir *celui, celle)*

chacun cada um

chaîne (hi-fi) aparelhagem (de som) (f)

chaise cadeira (f)

chaleur calor (m)

chambre quarto (m)

champ campo (m)

championnat campeonato (m)

chance sorte (f) ; *bonne chance !* boa sorte!

change câmbio (m)

changement mudança (f) ; *(train)* transbordo (m)

changer mudar ; *(monnaie)* trocar ; *se changer* mudar de roupa

chanson canção (f)

chanter cantar

chanteur cantor (m)

chaque cada

charges despesas (f pl)

chasse caça (f) ; *chasse d'eau* autoclismo (m)

chat gato (m)

château castelo (m)

chaud quente

chauffage aquecimento (m) ; *chauffage central* aquecimento central

chauffe-eau esquentador (m)

chauffeur motorista (mf)

chaussée piso (m), pavimento (m)

chausser calçar

chaussette meia (f)

chaussure sapato (m)

chemin caminho (m)

chemisier blusa (f)

chèque cheque (m)

cher caro

chercher procurar ; *aller chercher* ir buscar

cheveux cabelo (m)

chez em casa (de)

chien cão (m), cachorro (m) *(Br.)*

chiot cachorro (m)

chips batatas fritas (f pl)

choisir escolher

chose coisa (f) ; *quelque chose* alguma coisa

chou couve (f)

cimetière cemitério (m)

cinéma cinema (m)

cinq cinco ; *cinq cents* quinhentos

cinquante cinquenta *(Eur.)*, cinqüenta *(Br.)*

cinquième quinto

citron limão (m)

classe classe (f)

clair claro

clé chave (f)

client cliente (mf)

climat clima (m)

climatisation ar condicionado (m)

club clube (m)

coffre bagageira (f), mala do carro (f) *(Eur.)*

coiffeur cabeleireiro (m)

coin (angle extérieur) esquina (f) ; *(angle interne)* canto (m)

collègue colega (mf)

combien quanto

combinaison combinação (f)

combiné (téléphonique) auscultador (m) *(Eur.)*, fone (m) *(Br.)*

combustible combustível (m)

commande encomenda (f) ; *(au restaurant)* pedido (m)

commander mandar ; *(au restaurant)* pedir

comme como ; *comme ci, comme ça* assim assim

commencer começar

comment como

commerçant(e) comerciante (mf)

commissariat esquadra (f) *(Eur.)*, delegacia (f) *(Br.)*

communiquer comunicar

compagnie companhia (f)

comparaître comparecer

complet completo, cheio

complètement completamente

comprendre compreender

compte conta (f)

compter contar

comptoir balcão (m)

concéder conceder

concert concerto (m)

conduire conduzir *(Eur.)*, dirigir *(Br.)*

confiture doce (m)

congelé congelado

connaissance (savoir) conhecimento (m) ; *(personne)* conhecido (m)

connaître conhecer

considérer considerar

consister en consistir em

constipation prisão de ventre (f)

construire construir

consulat consulado (m)

consultation consulta (f)
conte conto (m)
content contente
continu contínuo
contre contra
contrôle controlo (m)
conversation conversa (f)
correspondance correspondência (f)
corriger corrigir
costume fato (m) *(Eur.)*, terno (m) *(Br.)*
côte costa (f)
côté lado (m) ; *à côté de* ao lado de
coton algodão (m)
coucher : se coucher deitar-se
couleur cor (f)
couloir corredor (m)
coup golpe (m) ; *coup de soleil* queimadura solar (f)
couper cortar
couple casal (m)
couramment fluentemente
courir correr
courrier correio (m)
cours curso (m)
courses compras (f pl) ; *faire des courses* fazer compras
court curto
coussin almofada (f)
couteau faca (f)
coûter custar
couverture cobertor (m)
couvre-lit colcha (f)
couvrir cobrir
crayon lápis (m)
crème creme (m)
croire acreditar (em), crer (em)
croisement cruzamento (m)
cuiller colher (f)
cuir couro (m), pele (f)
cuire cozer
cuisine cozinha (f)
cuit cozido ; *bien/mal cuit* bem/mal passado
culture (agriculture) cultivo (m) ; *(connaissances)* cultura (f)

danger perigo (m)
dans em
danse dança (f) ; *(événement)* baile (m)
danser dançar
date data (f)
de de
debout em pé
débrancher desligar
début começo (m)
décembre Dezembro (m)
déchausser descalçar
déclarer declarar
décompter descontar
décortiquer descascar
découvrir descobrir
dedans dentro
défaut defeito (m)
défi desafio (m)
défilé desfile (m)
degré grau (m)
dehors fora ; *dehors !* fora!, rua!
déjà já
déjeuner almoçar ; almoço (m) ; *petit déjeuner* pequeno almoço (m) *(Eur.)*, café da manhã (m) *(Br.)*
délai prazo (m)
demain amanhã
demander perguntar ; *(exiger)* pedir
démarrer (moteur) pegar, arrancar
déménager mudar-se
demi meio ; *une demi-heure* meia hora ; *une heure et demie* hora e meia ; *une demi-douzaine* meia dúzia
dentifrice pasta de dentes (f), creme dental (m) *(Br.)*
dentiste dentista (mf)

départ partida (f)

dépense despesa (f)

dépenser gastar

déposer depositar

depuis desde

dérangement incómodo *(Eur.)*, incômodo *(Br.)* (m)

déranger incomodar ; *ça ne vous dérange pas de… ?* importa-se de… ?

dernier último ; *(passé)* passado ; *ces derniers jours* nos últimos dias

dernièrement ultimamente

derrière atrás (de)

descendre descer

déshabiller : se déshabiller despir-se

désirer desejar

désodorisant desodorizante *(Eur.)*, desodorante *(Br.)* (m)

dessert sobremesa (f), doce (m)

desserte travessa (f)

dessous por baixo ; *en dessous de* abaixo de

dessus por cima ; *au dessus de* em cima de ; *du dessus* de cima ; *par dessus* por cima (de)

destinataire destinatário (m)

destination destino (m)

détester detestar

deux dois (m), duas (f) ; *couper en deux* cortar ao meio ; *deux cents* duzentos ; *les deux* ambos/as

deuxième segundo

devant diante (de), à frente (de)

devenir tornar-se ; *(rouge, gros)* ficar

devoir dever

dialogue diálogo (m)

diarrhée diarreia *(Eur.)*, diarréia *(Br.)* (f)

dictionnaire dicionário (m)

différent diferente

dimanche domingo (m)

dîner jantar

diplôme diploma (m)

dire dizer

direct directo *(Eur.)*, direto *(Br.)*

direction direcção *(Eur.)*, direção *(Br.)* (f)

diriger dirigir

discothèque discoteca (f)

disparaître desaparecer

distinction distinção (f)

divorcé divorciado

dix dez

dix-huit dezoito

dixième décimo

dix-neuf dezanove *(Eur.)*, dezenove *(Br.)*

dix-sept dezassete *(Eur.)*, dezessete *(Br.)*

document documento (m)

dollar dólar (m)

doigt dedo (m) ; *montrer du doigt* apontar

domicile domicílio (m)

donner dar ; *donner sur* dar para

dommage : quel dommage ! que pena!

dont cujo, cuja

dormir dormir

douanes alfândega (f)

double duplo

doubler ultrapassar

douche duche (m) *(Eur.)*, ducha (f) *(Br.)*, chuveiro (m)

douleur dor (f)

doux suave ; *(sucré)* doce

douzaine dúzia (f)

douze doze

drap lençol (m)

droit direito ; *tout droit* (sempre) em frente

droite direita (f) ; *à droite* à direita

durée duração (f)

eau água (f) ; *eau minérale* água mineral ; *eau potable* água potável

échanger trocar

échecs xadrez (m)
échelle escada (f)
école escola (f)
écorce casca (f)
écouter escutar
écrit escrito
effet efeito (m)
effort esforço (m)
égaler (calcul) igual a
église igreja (f)
élevé elevado
elle ela
elles elas
éloigné remoto, distante
éloigner afastar
emballer embrulhar
embarquer embarcar
émettre emitir
empirer piorar
emplacement localização (f)
emploi emprego (m)
employé empregado (m)
emporter levar
empreinte digitale impressão digital (f)
en em ; *(matière, moyen)* de
en-cas lanche (m)
enceinte grávida
enchanté encantado ; *enchanté !* muito prazer!
encore outra vez ; *pas encore* ainda não
endroit lugar (m)
enfant criança (f) ; *ses enfants* os seus filhos
énorme enorme
enrhumé constipado *(Eur.)*, resfriado *(Br.)*
enseigner ensinar
ensemble junto(s) ; *(vêtements)* conjunto (m)
entendre ouvir
entourer circundar
entraînement treino (m)
entre entre
entrée entrada (f)
entrepôt armazém (m)
entrer entrar
entretien entrevista (f)
énumérer enumerar
enveloppe envelope (m)
envie vontade (f)
environ cerca de
environnement ambiente (m)
envoyer enviar
épice especiaria (f)
épicerie mercearia (f)
épuisé (vendu) esgotado
épreuve prova (f)
équipé equipado
erreur erro (m)
escalator escada rolante (f)
escale escala (f)
escalier escada (f)
essayer provar
essence gasolina (f)
est leste (m), este (m) ; *à l'est* no leste, no este
estimer estimar
estomac estômago (m)
et e
étage andar (m)
étagère prateleira (f)
état estado (m) ; *état civil* estado civil
été Verão (m)
éteindre apagar
étoile estrela (f)
étrange estranho, esquisito
étranger estrangeiro ; *à l'étranger* no estrangeiro, (lá) fora
être ser ; *(état)* estar ; *(situation)* ficar
étroit estreito
étude estudo (m) ; *faire des études de* tirar um curso de

étudiant(e) estudante (mf)

étudier estudar

euro euro (m)

européen europeu

exact certo, exacto

examen exame (m)

excellent excelente

excepté excepto *(Eur.)*, exceto *(Br.)*

excursion excursão (f)

excuser desculpar ; *excusez-moi* desculpe ; *(en demandant permission)* com licença

exemple exemplo (m)

exercice exercício (m)

expéditeur remetente (mf)

expérience experiência (f)

expérimenter experimentar

expression expressão (f)

extérieur exterior (m) ; *à l'extérieur* fora

face frente (f) ; *en face* em frente de

fâché zangado

facile fácil ; *facile à* fácil de

facilité facilidade (f)

facteur (élément) factor *(Eur.)*, fator *(Br.)* (m) ; *(employé de poste)* carteiro (m), correio (m)

faire fazer ; *faire semblant* fingir

fait facto *(Eur.)*, fato *(Br.)* (m)

famille família (f)

fatigué cansado

faune fauna (f)

faute erro (m)

fauteuil poltrona (f) ; *fauteuil roulant* cadeira de rodas (f)

faveur favor (m)

favori favorito

fédéral federal

félicitations felicidades (f pl), parabéns (m pl)

féminin feminino

femme mulher (f) ; *jeune femme* moça (f), rapariga (f) *(Eur.)*

fenêtre janela (f)

fer ferro (m) ; *fer à repasser* ferro de passar/de engomar

fermer encerrar, fechar ; *(manteau)* apertar

fête festa (f) ; *fête nationale* feriado nacional (m)

feu fogo (m)

feux de circulation semáforo (m)

février Fevereiro (m)

fiançailles noivado (m)

fiancé noivo (m)

fiche ficha (f)

fil linha (f)

file bicha (f) *(Eur.)*, fila (f)

fille (descendante) filha (f) ; *(petit enfant)* menina (f) ; *(femme)* rapariga (f) *(Eur.)*, moça (f)

fils filho (m)

fin fim (m) ; *à la fin de* no fim de

finalement finalmente

fleur flor (f)

fleuve rio (m)

flexibilité flexibilidade (f)

flore flora (f)

fois vez (f)

fonction função (f)

fonctionner funcionar

fond fundo (m)

football futebol (m)

formation formação (f)

forme forma (f)

formulaire formulário (m)

fort (son, voix) alto ; *moins fort* mais baixo

fourchette garfo (m)

fraise morango (m)

français ; *Français* francês

frapper bater

fréquent frequente *(Eur.)*, freqüente *(Br.)*

frère irmão (m)

frit frito

frites batatas fritas (f pl)

froid frio

fromage queijo (m)

frontière fronteira (f)

fruit fruto (m) ; *fruits* fruta (f) ; *fruits de mer* marisco (m)

fumer fumar

fumeur fumador *(Eur.)*, fumante *(Br.)*

futur futuro (m)

gagner ganhar

galerie galeria (f) ; *galerie d'art* galeria de arte

gant luva (f)

garage garagem (f)

garantir garantir

garçon menino (m)

garde guarda (m)

garder ficar com ; *(ranger)* guardar

gare estação (f)

garer : se garer estacionar

gâteau bolo (m)

gauche esquerda (f); *à gauche* à esquerda

gaz gás (m)

gazeux com gás ; *non gazeux* sem gás

gazole gasóleo (m)

gelée geleia *(Eur.)*, geléia *(Br.)* (f)

gênant incómodo *(Eur.)*, incômodo *(Br.)*

gendarme guarda (m), polícia (m)

gendre genro (m)

général geral

génial óptimo *(Eur.)*, ótimo *(Br.)*

gens gente (f) ; *les gens* as pessoas

gentil gentil

gentleman cavalheiro (m)

gérant(e) gerente (mf)

gilet casaco (m)

glace (eau gelée) gelo (m) ; *(sorbet)* gelado (m) *(Eur.)*, picolé (m) *(Br.)*

glaçon (cubo de) gelo (m)

golf golfe (m)

goût gosto (m) ; *avoir un goût de* saber a

goûter provar

gouvernement governo (m)

gradins bancada (f) *(Eur.)*, arquibancada (f) *(Br.)*

gramme grama (m)

grand grande ; *(en taille)* alto

grand-mère, grand-père avó (f), avô (m)

gratuit gratuito, grátis

grave grave ; *ce n'est pas grave* não faz mal

gras gordo

gris cinzento (m) *(Eur.)*, cinza (m) *(Br.)* ; *(cheveux)* grisalho

gros gordo

groupe grupo (m)

guichet bilheteira *(Eur.)*, bilheteria *(Br.)* (f), guichê (m)

guinéen ; Guinéen guineense

guitare guitarra (f), viola (f), violão (m) *(Br.)*

habiller : s'habiller vestir-se

habitant habitante (mf)

habiter morar

habitude costume (m) ; *avoir l'habitude de* costumar ; *d'habitude* habitualmente

handicapé deficiente (mf)

hâte pressa (f)

haut cimo (m) ; *d'en haut* de cima ; *en haut* em cima ; *plus haut* mais acima

haut(e) alto/a ; *haute mer* mar alto

heure hora (f) ; *quelle heure est-il ?* que horas são? ; *heures d'ouverture* horário de abertura ; *(services)* horário de atendimento

heureusement felizmente

heureux feliz

hier ontem

histoire história (f)

hiver Inverno (m)

homme homem (m)

hôpital hospital (m)

hôtel hotel (m)

hôtesse de l'air hospedeira (f) *(Eur.)*, aeromoça (f) *(Br.)*

huile óleo (m) ; *(d'olive)* azeite (m)

huit oito ; *huit cents* oitocentos

huitième oitavo

hypermarché hipermercado (m)

ici aqui, cá ; *par ici* por aqui

idée ideia *(Eur.)*, idéia *(Br.)* (f)

identification identificação (f)

identité identidade (f) ; *pièce d'identité* documento de identificação (m)

il ele

île ilha (f)

ils eles

immédiatement já, imediatamente

immeuble edifício (m)

impair ímpar

importance importância (f) ; *ça n'a pas d'importance* não tem importância

importer importar ; *n'importe quel* qualquer

impôt imposto (m)

imprimé impresso (m)

inclure incluir

inconnu desconhecido

indigestion indigestão (f)

individu indivíduo (m)

individuel individual

industrie indústria (f)

inexact errado, incorrecto

information informação (f) ; *les informations* o noticiário (m)

informatique informática (f)

informer informar

infraction infracção *(Eur.)*, infração *(Br.)* (f)

ingénieur engenheiro (m)

initial inicial

inoubliable inesquecível

inquiéter : s'inquiéter preocupar-se

installation instalação (f)

installer instalar

instruction instrução (f)

insuffisant insuficiente

intention intenção (f) ; *avoir l'intention de* tencionar, pretender

interdiction proibição (f)

interdire proibir

intéressant interessante

intéressé interessado

intérêt interesse (m)

intérieur interior ; *à l'intérieur* dentro

international internacional

interprète intérprete (mf)

interurbain interurbano

intervalle intervalo (m)

introduction introdução (f)

introduire introduzir

invitation convite (m)

inviter convidar

irrigation irrigação (f)

jamais nunca

jambe perna (f)

jambon fiambre (m) *(Eur.)*, presunto cozido (m) *(Br.)* ; *jambon sec* presunto (m)

janvier Janeiro (m)

jardin jardim (m)

jaune amarelo ; *jaune d'œuf* gema (f)

je eu

jeter atirar fora, deitar fora *(Eur.)*

jeudi quinta-feira (f)

jeune novo ; *(personne)* jovem ; *jeune fille* moça (f), rapariga (f) *(Eur.)* ; *jeune homme* moço (m), rapaz (m) *joli* bonito

jouer (un jeu) jogar ; *(instrument)* tocar ; *(plaisanter)* brincar

jouet brinquedo (m)

jour dia (m) ; *jour férié* feriado (m) ; *jour ouvrable* dia útil

journal jornal (m)

juillet Julho (m)

juin Junho (m)

jumeau gêmeo

jupe saia (f)

jus sumo (m) *(Eur.)*, suco (m) *(Br.)* ; *jus d'orange* sumo/suco de laranja

jusque até

juste (seulement) apenas ; *(exact)* certo

kilogramme quilo (m), quilograma (m)

kilomètre quilómetro *(Eur.)*, quilômetro *(Br.)* (m)

kiosque à journaux quiosque (de jornais) (m) *(Eur.)*, banca de jornais (f) *(Br.)*

la a

là ali, aí, lá

là-bas ali

laine lã (f)

laisser deixar

lait leite (m)

laitue alface (f)

lendemain dia seguinte (m) ; *le lendemain* no dia seguinte

langue língua (f)

laquelle (a) qual

large largo

laver lavar ; *se laver* lavar-se

laverie automatique lavandaria *(Eur.)*, lavenderia *(Br.)* (f)

le o

leçon lição (f) ; *(cours)* aula (f);

léger leve

lentement devagar

lentille de contact lente de contacto *(Eur.)* / contato *(Br.)* (f)

lequel (o) qual

les os, as

lettre carta (f)

leur (possessif) dele(s) ; dela(s) ; *(objet indirect)* lhes

lever levantar ; *se lever* levantar-se

librairie livraria (f)

libre livre, vago

lieu lugar (m), local (m) ; *au lieu de* em vez de

ligne linha (f)

lin linho (m)

linge roupa (f)

lire ler

liste lista (f)

lit leito (m) ; *(pour dormir)* cama (f) ; *lit double* cama de casal ; *lit simple* cama de solteiro

litre litro (m)

littérature literatura (f)

littoral litoral (m)

livre livro (m)

local local (m)

location aluguer *(Eur.)*, aluguel *(Br.)* (m)

logement alojamento (m)

loin longe

loisir lazer (m)

long comprido, longo ; *en long* ao comprido ; *le long de* ao longo de

longtemps muito tempo

longueur comprimento (m) ; *dans la longueur* ao comprido

louer alugar

loyer aluguer *(Eur.)*, aluguel *(Br.)* (m) ; *(de maison)* renda (f)

lui ele, ela ; *(objet indirect)* lhe

lumière luz (f)

lundi segunda-feira (f)

lune de miel lua-de-mel (f)

lunettes óculos (m pl) ; *lunettes de soleil* óculos de sol *lusophone* lusófono

luxembourgois ; *Luxembourgois* luxemburguês

ma minha

machine máquina (f)

madame senhora (f)

magasin loja (f)

magazine revista (f)

mai Maio (m)

maigre magro

maillot de bain fato de banho (m) *(Eur.)*, maiô (m) *(Br.)*

main mão (f)

maintenant agora

maintenir : se maintenir manter-se

mairie câmara municipal (f) *(Eur.)*, prefeitura (f) *(Br.)*

mais mas

maison casa (f)

maîtresse de maison dona de casa (f)

maîtrise domínio (m)

mal mal ; *mal de tête* dor de cabeça (f)

malade doente ; *tomber malade* adoecer

maladie doença (f)

malheureusement infelizmente

manger comer

manque falta (f)

manquer (quelqu'un, quelque chose) sentir (a) falta de, ter saudades de

manteau casaco (m)

marche degrau (m)

marché mercado (m) ; *marché aux puces* feira da ladra (f)

marcher andar, caminhar ; *(fonctionner)* funcionar

mardi terça-feira (f)

marée maré (f)

mari marido (m)

mariage casamento (m)

marié casado ; *les mariés* os noivos

marier : se marier casar-se

marron castanho, marrom *(Br.)*

mars Março (m)

masculin masculino

matelas colchão (m)

matin manhã (f)

mauvais mau, ruim *(Br.)* ; *(faux)* errado

mauvaise má

maximum máximo

me me

médecin médico (m)

médicament medicamento (m)

meilleur melhor

mélanger misturar

mêler : se mêler de meter-se em

même mesmo ; *même si* mesmo que / se ; *de même* igualmente ; *(moi-) même* (eu) próprio

ménage limpeza (f) ; *faire le ménage* fazer a limpeza

menu ementa (f) *(Eur.)*, cardápio (m) *(Br.)*

mer mar (m)

merci obrigado *(dit par un homme)*, obrigada *(dit par une femme)*

mercredi quarta-feira (f)

mère mãe (f)

merveilleux maravilhoso

messe missa (f)

métro metro *(Eur.)*, metrô *(Br.)* (m)

mettre pôr, meter ; *(vêtements)* vestir ; *se mettre dans (situation)* meter-se em

meublé mobilado

midi meio-dia (m)

mien meu

mienne minha

mieux melhor

mille mil

millier milhar (m)

million milhão (m)

mineur menor (m)

minimum mínimo

minuit meia-noite (f)

minute minuto (m)

moderne moderno

moi eu ; me ; mim

moins menos ; *au moins* pelo menos

mois mês (m)

moitié metade (f)

moment momento (m)

mon meu

monde mundo (m) ; *tout le monde* toda a gente *(Eur.),* todo (o) mundo *(Br.)*

monnaie moeda (f) ; *(pièces)* dinheiro trocado (m), trocos (m pl)

monsieur senhor (m)

montagne montanha (f)

montant quantia (f)

monter subir

montre relógio (m)

montrer mostrar

morceau pedaço (m)

morue bacalhau (m)

mot palavra (f)

mourir morrer

mozambicain ; *Mozambicain* moçambicano

mur parede (f)

musée museu (m)

musique música (f)

nager nadar

naissance nascimento (m)

naître nascer

natal natal

national nacional

nationalité nacionalidade (f)

nature natureza (f)

navigateur navegador (m)

nécessaire necessário

nettoyage limpeza (f)

nettoyer limpar

neuf nove ; *neuf cents* novecentos

neuvième nono

neveu sobrinho (m)

ni nem

nièce sobrinha (f)

niveau nível (m)

Noël Natal (m)

noir negro, preto

nom nome (m) ; *nom de famille* apelido (m), *(Eur.)*, sobrenome (m) *(Br.),* nome de família

non não; *ne...plus…* já não… ; *non plus* também não ; *je n'habite plus là* já não moro lá ; *il n'y en a plus* já não há mais

nord norte (m) ; *au nord* no norte

notre ; *nôtre* nosso/a

nourriture comida (f)

nous (pronom sujet) nós ; *(pronom objet)* nos ; *chez nous* em nossa casa

Nouvel An Ano Novo (m)

nouveau novo

nouvelle notícia (f)

novembre Novembro (m)

nuage nuvem (f)

nuageux nublado

nuit noite (f) ; *bonne nuit* boa noite

numéro número (m)

objectif objectivo *(Eur.),* objetivo *(Br.)* (m)

obligatoire obrigatório

observation observação (f)

obtenir obter

occupation ocupação (f)

occuper ocupar

occuper : s'occuper de tratar de

océan oceano (m)

octobre Outubro (m)

odeur cheiro (m), odor (m)

œil olho (m)

œuf ovo (m)

office de tourisme centro de turismo (m)
officiel oficial
offrir oferecer
oignon cebola (f)
oiseau pássaro (m)
olive azeitona (f)
oncle tio (m)
onze onze
opérateur téléphonique telefonista (mf)
opinion opinião (f)
opportunité oportunidade (f)
optionnel opcional
opticien oculista (mf)
or ouro (m)
orange laranja (f)
ordinateur computador (m)
ordre ordem (f) ; *à l'ordre de (chèque)* à ordem de
ordures lixo (m)
oreille orelha (f) ; *(sens)* ouvido (m)
oreiller almofada (f) *(Eur.)*, travesseiro (m) *(Br.)*
organisateur organizador (m)
organisation organização (f)
organiser organizar
originaire natural
ou ou
où onde
oublier esquecer(-se)
ouest oeste (m) ; *à l'ouest* no oeste
oui sim
ouvert aberto
ouverture abertura (f)
ouvrir abrir

paiement pagamento (m)
pain pão (m)
paire par
palais palácio (m)
panne avaria (f), pane (f) *(Br.)*
panne : en panne avariado, desarranjado *(Br.)*
panneau placa (f)
pansement penso adesivo (m) *(Eur.)*, esparadrapo (m) *(Br.)*
pantalon calças (f pl) *(Eur.)*, calça (f) *(Br.)*
papier papel (m) ; *papier hygiénique* papel higiénico *(Eur.)*, papel higiênico *(Br.)*
Pâques Páscoa (f)
paquet pacote (m) ; *(colis)* embrulho (m)
par por
paradis paraíso (m)
paraître parecer
parapluie guarda-chuva (m), chapéu de chuva (m)
parasol guarda-sol (m)
parc parque (m)
parce que porque
parcomètre parquímetro (m)
pardon perdão
parent (proche) parente (mf)
parents pais (m)
parfois às vezes
parler falar
participer participar
partie parte (f)
partir partir ; *à partir de* a partir de
partout por/em toda parte, por todos os lados
passage passagem (f)
passager passageiro (m)
passant transeunte (mf)
passeport passaporte (m)
passé passado
passer passar
passe-temps passatempo (m)
patienter aguardar
pâtisserie pastelaria (f)
patrimoine património *(Eur.)*, patrimônio *(Br.)* (m)

pavillon barraca (f)

payer pagar

pays país (m)

paysage paisagem (f)

peau pele (f) ; *(de fruit)* casca (f)

pêche pesca (f)

peine pena ; *ce n'est pas la peine (de)* não vale a pena

pellicule (photographique) rolo (m)

pénalité penalidade (f)

pendant durante

pendre pendurar

penser pensar ; *penser à* pensar em ; *que pensez-vous de...?* que tal acha... ?

pension pensão (f) ; *demi-pension* meia pensão ; *pension complète* pensão completa

perdre perder

père pai (m)

permettre permitir

permis licença (f) ; *permis de conduire* carta de condução (f) *(Eur.)*, carteira de motorista (f) *(Br.)*

permission autorização (f)

personne pessoa (f) ; *(pronom)* ninguém

personnel pessoal (m)

petit pequeno

petit-fils, petite-fille neto (m), neta (f)

peu pouco ; *un petit peu* um pouco, um bocadinho ; *à peu près* aproximadamente

peur medo (m) ; *faire peur* meter medo

peut-être talvez

pharmacie farmácia (f) ; *pharmacie de garde* farmácia de serviço

photographie fotografia (f)

pièce (monnaie) moeda (f) ; *(salle)* divisão (f)

pied pé (m) ; *à pied* a pé

piéton peão (m) *(Eur.)*, pedestre *(Br.)* (m)

pire pior

piscine piscina (f)

place lugar (m) ; *(d'une ville)* praça (f), largo (m)

placer colocar

plage praia (f)

plaire agradar ; *s'il vous plaît (*se) faz favor, por favor

plaisir prazer (m) ; *faire plaisir* dar prazer

plan plano (m) ; *(carte)* mapa (m) ; *plan de travail* bancada (f)

plastique plástico (m)

plat prato (m)

plateforme plataforma (f)

pleurer chorar

pluie chuva (f)

plus mais ; *en plus* a mais ; *plus tard* mais tarde ; *à plus tard !* até logo! ; *de plus* além disso

plusieurs vários/as

pneu pneu (m)

poche bolso (m)

poignée maçaneta (f)

point ponto (m) ; *point de rencontre* ponto de encontro

poisson peixe (f)

poivre pimenta (f)

police polícia (f)

pomme maçã (f)

pomme de terre batata (f)

pompe bomba (f)

pompier bombeiro (m)

pont ponte (f)

populaire popular

port porto (m)

porte porta (f)

portefeuille carteira (f)

portière porta (f)

portugais ; *Portugais* português

posséder possuir

possible possível

poste (fonction) cargo (m) ; *poste de télévision* televisor (m), televisão (f)

poubelle lixo (m) ; *jeter à la poubelle* pôr no lixo

pour para ; por ; *pour quoi ?* para quê ?

poudre pó (m)

pourquoi ? por que... ?, porquê?

pousser empurrar

poussière pó (m), poeira (f)

pouvoir poder

pratiquer praticar

précédent anterior

préférer preferir

premier primeiro

prendre levar ; *(boisson, repas)* tomar ; *prendre du temps* levar tempo

prénom nome próprio (m)

préoccupé preocupado

préoccuper : se préoccuper preocupar-se

préparer preparar

présent presente (m)

présenter apresentar

pressé ter pressa, estar com pressa

presser pressionar ; *(bouton)* carregar em

pressing lavandaria *(Eur.),* lavanderia *(Br.)* (f)

prêt pronto

preuve prova (f)

prier rezar ; *je vous en prie (politesse)* se faz favor *(Eur.)*, pois não *(Br.)*

principal principal

printemps Primavera (f)

priorité prioridade (f)

prise de courant tomada (de corrente) (f)

privé privado

prix preço (m) ; *prix quotidien (hôtel)* diária (f)

prochain próximo

proche próximo, perto ; *tout proche* perto daqui

produire produzir

professeur professor (m)

profession profissão (f)

professionnalisme profissionalismo (m)

professionnel profissional

profil perfil (m)

profiter aproveitar

promenade passeio (m)

promener : se promener passear

prononcer pronunciar

propice propício

propre limpo ; *(à soi)* próprio

protéger proteger

publication publicação (f)

puis depois

quai cais (m)

qualité qualidade (f)

quand quando

quantité quantidade (f)

quarante quarenta

quart quarto (m)

quartier bairro (m)

quasi quase

quatorze catorze

quatre quatro ; *quatre cents* quatrocentos

quatre-vingt oitenta

quatre-vingt-dix noventa

quatrième quarto

que que

quel, quelle qual ; que

quelconque qualquer

quelque algum(a) ; *quelque... que* qualquer... que ; *quelques* alguns, uns quantos

quelques-uns, quelques-unes alguns, algumas

quelqu'un alguém

question pergunta (f) ; *poser une question* fazer uma pergunta ; *pas question !* nem pensar!

qui quem ; que

quiconque quem quer que

quinze quinze

quoi quê ; que ; *il n'y a pas de quoi* não tem de quê ; *je ne sais quoi dire* não sei o que dizer

quotidien diário, quotidiano

raccrocher desligar

radio (poste) rádio (m) ; *(station)* rádio (f)

raide (cheveux) liso

raisin uva (f)

raison razão (f)

ranger arrumar

rappeler lembrar

rapprocher aproximar

rare raro

rarement raramente, poucas vezes

raser : se raser fazer a barba, barbear-se

rater (train, bus) perder

réaliser : se réaliser realizar-se

récemment recentemente

réception recepção (f)

recette receita (f)

recevoir receber

recommandable aconselhável

recommander recomendar

recommencer recomeçar

reconnaître reconhecer

reçu recibo (m)

réfrigérateur frigorífico (m) *(Eur.)*, geladeira (f) *(Br.)*

regarder olhar ; *(télévision)* ver

régime dieta (f)

région região (f)

règle regra (f)

règne reinado (m)

régulièrement regularmente

remarquer notar

remède remédio (m)

remercier agradecer

remettre repor

remplir encher ; *(formulaire)* preencher

rémunération remuneração (f)

rencontre encontro (m)

rencontrer conhecer ; *(par hasard)* encontrar

rendez-vous encontro (m) ; *donner rendez-vous* marcar encontro

rentrer voltar ; *rentrer chez soi* ir / voltar para casa

renverser : se faire renverser ser atropelado

réparer consertar

repas refeição (f)

repasser passar

répéter repetir

répondre responder ; *(au téléphone)* atender

réponse resposta (f)

repos repouso (m)

reposer : se reposer descansar

réputation reputação (f)

réservation reserva (f)

réserve reserva (f) ; *réserve naturelle* reserva natural

réserver reservar

résidence residência (f)

résidentiel residencial

résoudre resolver

respecter respeitar

restaurant restaurante (m)

résultat resultado (m)

retard : en retard atrasado

retarder atrasar

retirer tirar ; *(vêtements)* despir

retour volta (f), regresso (m)

retraité aposentado, reformado

réunion reunião (f)

réunir reunir

revanche : en revanche pelo contrário

rêve sonho (m)

revenir voltar

revoir : au revoir adeus

rez-de-chaussée rés-do-chão (m) *(Eur.)*, andar térreo (m) *(Br.)*

rhume constipação (f) *(Eur.)*, resfriado (m) *(Br.)*

riche rico

rien nada ; *de rien* de nada ; *ce n'est rien* não foi nada

rivière rio (m)

robe vestido (m)

rouge vermelho

roue roda (f)

rouleau rolo (m)

route estrada (f)

routine quotidienne dia-a-dia (m)

roux ruivo

rue rua (f)

sa dele ; dela ; sua *(Eur.)*

sac bolsa (f) ; saco (m) ; *sac à main* carteira (f) ; *sac de couchage* saco-cama (m) *(Eur.)*, saco de dormir

saison estação (do ano) (f)

sal sujo

salade salada (f)

salle sala (f) ; *salle de bain* casa de banho (f), banheiro (m) *(Br.)*

salon sala (f)

salut ! olá!, oi! *(Br.)*

salutations cumprimentos (m)

samedi sábado (m)

sandwich sandes (f) *(Eur.)*, sanduíche (f) *(Eur.)*, (m) *(Br.)*

sans sem

santé saúde (f)

santoméen ; Santoméen são-tomense

satisfait satisfeito

saucisse salsicha (f)

saveur sabor (m)

savoir saber ; *à savoir* nomeadamente

savonnette sabonete (m)

séance sessão (f)

sèche-cheveux secador de cabelo (m)

seconde segundo (m)

secours socorro (m) ; *au secours !* socorro!

sécurité segurança (f)

seize dezasseis *(Eur.)*, dezesseis *(Br.)*

séjour estada (f), estadia (f)

sel sal (m)

self-service auto-serviço (f)

selon de acordo com, segundo

semaine semana (f)

sensible sensível

sentier trilho (m)

sentir (ressentir) sentir ; *(odeur)* cheirar

sept sete ; *sept cents* setecentos

septembre Setembro (m)

septième sétimo

serré apertado

serrer apertar

service serviço (m) ; *en service* de serviço

serviette (de table) guardanapo (m) ; *(de toilette)* toalha (f)

servir servir

seul só, sozinho

seulement apenas, só, somente ; *non seulement... mais aussi...* não só... mas também...

sexe sexo (m)

si (condition) se ; *(intensité)* tão ; *(oui)* sim

siècle século (m)

sien, sienne dele, dela ; seu, sua *(Eur.)*

signaler assinalar

signature assinatura (f)

signer assinar

signifier significar

simple simples

sirop xarope (m)

six seis ; *six cents* seiscentos

sixième sexto

soda refrigerante (m)

sœur irmã (f)

soif sede (f) ; *avoir soif* estar com/ter sede

soigner tratar (de)

soin cuidado (m)

soirée tarde (f)

soixante sessenta

soixante-dix setenta

sol chão (m)

solde saldo (m)

soleil sol (m)

sombre escuro

sommet cume (m)

son dele, dela ; seu *(Eur.)*

sorbet sorvete (m)

sortie saída (f)

sortir sair

souffrir sofrer

soupe sopa (f)

sourire sorriso (m)

sous sob, debaixo de, por baixo de *(Eur.)*, embaixo de *(Br.)*

sous-vêtements roupa interior/de baixo (f)

souvenir lembrança (f) ; *se souvenir* lembrar-se

souvent muitas vezes

spécial especial

spécialité especialidade (f)

sport desporto (m) *(Eur.)*, esporte (m) *(Br.)*

stade estádio (m)

station estação (f) ; *station de taxis* praça de táxis (f) *(Eur.)*, ponto de táxi (m) *(Br.)*

station service bombas de gasolina (f pl), estação de serviço (f)

stationnement estacionamento (m)

steak bife (m)

steward hospedeiro (de bordo) (m) *(Eur.)*, aeromoço (m) *(Br.)*

store toldo (m)

stylo caneta (f)

succès êxito (m)

sucre açúcar (m)

sucré doce

sud sul (m) ; *au sud* no sul

suffire chegar ; *il suffit de* é só (questão) de

suggérer sugerir

sujet sujeito (m) ; *(thème)* tema (m) ; *au sujet de* acerca de

suisse ; Suisse suíço

suivant seguinte

suivre seguir ; *(un cours)* frequentar *(Eur.)*, freqüentar *(Br.)*

supermarché supermercado (m)

sur sobre, em cima de

surface área (f), superfície (f)

suspension suspensão (f)

sympathique simpático

ta tua

table mesa (f)

tabouret banco (m)

taille tamanho (m)

tailleur fato (de saia e casaco) (m), conjunto (m)

tandis que enquanto

tante tia (f)

tard tarde

tarder demorar

tarif tarifa (f)

tasse (à café) chávena (f) *(Eur.)*, xícara (f)

taxi táxi (m)

te te

tel, telle tal

téléphone telefone (m) ; *téléphone portable* telemóvel (m)

téléphoner telefonar

télévision televisão (f)

température temperatura (f)

temps tempo (m)

tente tenda (f)

terminer acabar

terrain terreno (m) ; *terrain de camping* parque de campismo (m) ; *terrain de jeux* parque infantil (m)

terrasse terraço (m) ; *(de café)* esplanada (f)

terre terra (f) ; *par terre* no chão

territoire território (m)

tête cabeça (f)

thé chá (m)

théâtre teatro (m)

thème tema (m), assunto (m)

thon atum (m)

ticket bilhete (m)

tien, tienne teu, tua

tiers terço (m)

timbre selo (m)

tire-bouchon saca-rolhas (m)

tirer puxar

toi ti ; tu

toilette toilete (f) *(Eur.)*, toalete *(Br.)* (m)

toilettes casa de banho (f), retrete (f) *(Eur.)*, banheiro (m) *(Br.)*

toit tecto *(Eur.)*, teto *(Br.)* (m)

tomate tomate (m)

tomber cair

ton teu

tordre torcer

tôt cedo

touche tecla (f)

toucher tocar ; *(percevoir)* cobrar

toujours sempre

tour torre (f) ; *(fois)* vez (f) ; *(promenade)* volta (f) ; *faire un tour* dar uma volta

tourisme turismo (m)

touriste turista (m)

tourner virar, voltar

tout tudo ; todo ; *ce sera tout ?* é só?

tradition tradição (f)

traducteur tradutor (m)

train comboio (m) *(Eur.)*, trem (m) *(Br.)*

tramway eléctrico (m) *(Eur.)*, bonde (m) *(Br.)*

tranche fatia (f)

transport public transporte público (m)

transporter transportar

transversal transversal

travail trabalho (m)

travailler trabalhar

traveller's cheque cheque de viagem (m)

traverser atravessar

treize treze

trente trinta

très muito

trois três ; *trois cents* trezentos

troisième terceiro

trop demais, demasiado

trouver achar

tu tu *(Eur.)*, você *(Br.)*

tube bisnaga *(pommade)* (f), tubo (m)

typique típico

un(e) um(a)

uni (tissu) liso

université universidade (f)

urgence urgência (f) *(Eur.)*, emergência (f)

urgent urgente

utile útil

utiliser usar, utilizar

vacances férias (f)

vaccin vacina (f)

vaisselle louça (f) ; *faire la vaisselle* lavar a louça

valeur valor (m)

valide válido

valise mala (de viagem) (f)

vanille baunilha (f)

variété variedade (f)

végétarien vegetariano

vendeur vendedor (m)

vendre vender

vendredi sexta-feira (f)

venir vir ; *venir de... (avoir terminé)* acabar de...

vent vento (m)

vente venda (f)

vérifier verificar

verglas gelo (m)

verre copo (m) ; *(matière)* vidro (m)

vert verde

veste casaco (m)

vêtements roupa (f)

veuf/veuve viúvo/a (m/f)

viande carne (f)

vide vazio

vie vida (f)

vieux velho

vigilance vigilância (f)

village aldeia (f)

ville cidade (f)

vin vinho (m) ; *vin rouge* vinho tinto ; *vin blanc* vinho branco

vingt vinte

visa visto (m)

visage cara (f)

visite visita (f) ; *rendre visite* fazer uma visita

visiter visitar

vite depressa, rápido ; *vite !* depressa!

vitesse velocidade (f)

vitrine montra (f) *(Eur.)*, vitrine (f) *(Br.)*

vivre viver

voie via (f) ; *(de train)* linha (f)

voile vela (f)

voir ver

voiture carro (m) ; *en voiture* de carro

vol voo *(Eur.) (m)*, vôo *(Br.)* (m)

voler roubar

volonté vontade (f)

votre ; *vôtre* seu ; sua ; vosso ; vossa

vouloir querer

vous você(s) ; o(s) senhor(es) ; a(s) senhora(s) ; *(pronoms objets)* -vos ; -o(s) ; -a(s) ; -lo(s), -la(s) ; lhe(s) ; vos ; se

voyage viagem (f) ; *bon voyage !* boa viagem!

vraiment mesmo, realmente

vue vista (f)

week-end fim-de-semana (m)

yaourt iogurte (m)

zéro zero

zone zona (f), área (f)

Voici quelques informations supplémentaires sur les opportunités d'apprentissage de la langue et les endroits à visiter.

Lectures et ressources sur le net

La langue portugaise

Vous trouverez sur les sites internet suivants des informations sur la lusophonie et les pays lusophones dans le monde, ainsi que des données socio-linguistiques et historiques.

http://www.tlfq.ulaval.ca.axl/europe/lusophonie.htm

http://www.tlfq.ulaval.ca.axl/europe/portugal.htm

Prendre des cours de portugais

http://www.instituto-camoes.pt/ple.htm

www.sapo.pt

www.gertrudes.com

www.google.fr

Dans ces moteurs de recherche il suffit d'entrer ce que vous recherchez pour faire apparaître une liste de liens appropriés. Vous pouvez utiliser le français, y compris pour les moteurs portugais « sapo » et « gertrudes ».

D'autres adresses

Les adresses internet proposées ci-dessous comprennent des sites ainsi que des moteurs de recherche. Certains offrent pléthore d'informations et de liens sur la lusophonie et les communautés lusophones. La plupart des adresses données proposent des résultats à la fois en portugais et en français, si vous entrez votre recherche en français sur un moteur de recherche portugais, les résultats que vous obtiendrez seront en français.

Visites

http://www.aeiou.pt/

http://www.google.pt/

www.sapo.pt

www.google.fr

http://br.yahoo.com/

Dans la boîte de dialogue **pesquisar**, tapez « Endroits à visiter au... », puis ajoutez la destination de votre choix, à savoir (dans l'ordre alphabétique) : l'Angola, les Açores, le Brésil, le Cap-Vert, le Timor Oriental, la Guinée-Bissau, Madère, le Mozambique, le Portugal, São Tomé et Príncipe.

http://br.cade.yahoo.com

Même méthode pour ce moteur de recherches brésilien, recherche à entrer dans la boîte **buscar**.

Informations, journaux et magazines

Les sites suivants proposent des brèves, des bulletins météorologiques ainsi que de nombreuses autres informations sur des sujets variés concernant divers pays lusophones (il vous suffit d'entrer le pays qui vous intéresse) :

www.sapo.pt

www.xl.pt

http://br.yahoo.com/

http://www.luso.fr (site en français)

Télévision

http://www.rtp.pt

RTP (informations sur les programmes télévisés au Portugal)

http://redeglobo.globo.com

TV Globo (programmes de télévision au Brésil)

Radio

Voici un lien qui vous permettra d'écouter du « vrai » portugais :

http://www.un.org/av/radio/portuguese/index.html

Culture

http://www.ifp-lisboa.com/

http://www.instituto-camoes.pt/

Les sites de l'institut franco-portugais de Lisbonne et de l'Institut Camões proposent un agenda culturel régulièrement actualisé. Le site de l'Institut Camões est exclusivement en portugais, vous pouvez y consulter l'agenda culturel de nombreux pays autres que le Portugal.

Ce bref index de sites intéressants pour qui cherche à en savoir plus sur les pays lusophones est loin d'être exhaustif. Cependant, si vous cherchez un site qui offre des liens vers divers médias, et qui offre en plus quelques informations élémentaires sur les pays lusophones, la Lusophonie sur le Web, conçue par le portail des langues de l'Académie de Paris, offre une page très complète d'informations et de liens hypertextes :

http://lve.scola.ac-paris.fr/portugais/La%20lusophonie%20sur%20le%20Web.htm

Cet index vous permet de retrouver certaines difficultés du portugais abordeés dans les chapitres

Contenuu des CD

CD1

Pistes 1-2	Introduction	Enchanté(e)
Pistes 3-7	Chapitre 1	Où est la sortie
Pistes 8-11	Chapitre 2	Aller-retour, s'il vous plaît
Pistes 12-15	Chapitre 3	Une chambre simple ou double ?
Pistes 16-20	Chapitre 4	Avez-vous du pain et du lait ?
Pistes 21-30	Chapitre 5	Ça va
Pistes 31-33	Chapitre 6	Etes-vous en vacances ?
Pistes 34-36	Chapitre 7	Quand l'excursion commence-t-elle ?
Pistes 37-39	Chapitre 8	J'ai rendez-vous avec elle demain
Pistes 40-42	Chapitre 9	Hier j'y suis allé(e) en voiture
Pistes 43-48	Chapitre 10	Des lieux et des gens

CD2

Pistes 1-2	Chapitre 11	Continuez tout droit
Pistes 3-4	Chapitre 12	Quand sera-t-elle prête ?
Pistes 5-6	Chapitre 13	D'habitude je chausse du 43
Pistes 7-8	Chapitre 14	Faire ceci, cela
Pistes 9-12	Chapitre 15	Hier, aujourd'hui, demain
Pistes 13-14	Chapitre 16	J'espère que le rendez-vous sera aujourd'hui
Pistes 15-16	Chapitre 17	Si vous les trouvez, téléphonez-moi aussitôt
Pistes 17-18	Chapitre 18	J'aimerais beaucoup voyager davantage
Pistes 19-21	Chapitre 19	Si cela avait été autre chose
Pistes 22-23	Chapitre 20	A notre retour, j'ouvrirai un compte bancaire
Piste 24	Chapitre 21	J'ai l'intention de visiter votre pays
Piste 25	Chapitre 22	J'aimerai qu'ils téléphonent
Piste 26	Chapitre 23	J'irai si je peux
Piste 27	Chapitre 24	J'aimerais pratiquer davantage le portugais
Piste 28	Guide de prononciation	**Voyelles** (Eur.)
Piste 29	Guide de prononciation	**Voyelles nasalisées** (Eur.)
Piste 30	Guide de prononciation	**Consonnes** (Eur.)
Piste 31	Guide de prononciation	**Voyelles** (Br.)
Piste 32	Guide de prononciation	**Voyelles nasalisées** (Br.)
Piste 33	Guide de prononciation	**Consonnes** (Br.).

Dépôt légal : août 2011
Imprimé en Espagne par Dédalo
307681-01/11015947